土木建筑类新形态融媒体教材

建筑工程技术专业群系列教材

建筑工程资料管理

主　编　杨茂华　韩玉麒

副主编　樊　林　黄　杉　黎　靖

主　审　杨　旗

科学出版社

北　京

内 容 简 介

本书根据"知行合一,工学结合"的职业教育理念,按照建筑工程资料员的工作过程和职业资格考试要求进行编写。本书以建筑工程资料类别为主线,主要内容包括建筑工程资料管理概述、工程准备阶段文件、监理文件、施工文件、竣工图和竣工验收文件、工程竣工验收备案与档案移交、建筑工程资料管理软件应用。本书各单元末附有同步训练,书末附有项目实训,以拓展和提升读者的实操能力。

本书可作为高职高专院校建筑工程技术相关专业的教材,也可作为从事建筑工程资料管理工作的人员和资料员考试的参考用书。

图书在版编目(CIP)数据

建筑工程资料管理 / 杨茂华,韩玉麒主编. —北京:科学出版社,2022.7
(2024.1 修订)
土木建筑类新形态融媒体教材 建筑工程技术专业群系列教材
ISBN 978-7-03-072585-1

Ⅰ.①建… Ⅱ.①杨…②韩… Ⅲ.①建筑工程—技术档案—档案管理—高等职业教育—教材 Ⅳ.①G275.3

中国版本图书馆 CIP 数据核字(2022)第 105221 号

责任编辑:张振华 刘建山 / 责任校对:王 颖
责任印制:吕春珉 / 封面设计:东方人华平面设计部

科学出版社出版
北京东黄城根北街 16 号
邮政编码:100717
http://www.sciencep.com
天津翔远印刷有限公司印刷
科学出版社发行 各地新华书店经销
*
2022 年 7 月第 一 版 开本:787×1092 1/16
2024 年 1 月第二次印刷 印张:16
字数:376 000
定价:58.00 元
(如有印装质量问题,我社负责调换〈翔远〉)
销售部电话 010-62136230 编辑部电话 010-62135120-2005

前　　言

党的二十大报告中深刻指出："加快建设国家战略人才力量，努力培养造就更多大师、战略科学家、一流科技领军人才和创新团队、青年科技人才、卓越工程师、大国工匠、高技能人才。"为了适应国家建筑行业发展需要和教学改革的需要，编者根据二十大报告精神和《国家职业教育改革实施方案》《职业院校教材管理办法》《高等学校课程思政建设指导纲要》《"十四五"职业教育规划教材建设实施方案》等相关文件精神，对本书进行了全面修订。在修订过程中，紧紧围绕"培养什么人、怎样培养人、为谁培养人"这一教育的根本问题，以落实"立德树人"为根本任务，以学生综合职业能力培养为中心，以培养卓越工程师、大国工匠、高技能人才为目标，以"科学、实用、新颖"为编写原则。

通过修订，本书的体例更加合理和统一，概念阐述更加严谨和科学，内容重点更加突出，文字表达更加简明易懂，工程案例和思政元素更加丰富，配套资源更加完善。具体而言，主要具有以下几个方面的突出特点。

（1）校企"双元"联合编写。本书是在行业专家、企业专家和课程开发专家的指导下，由校企"双元"联合编写的。编者均来自教学或企业一线，具有多年的教学或实践经验。在编写过程中，编者能紧扣该专业的培养目标，遵循教育教学规律和技术技能人才培养规律，将新理论、新标准、新规范融入教材，符合当前企业对人才综合素质的要求。

（2）体现"岗课赛证"融通。本书全部采用最新的国家标准，注重对接资料员资格考试、职业资格证书和国家职业技能标准以及技能大赛要求，体现"岗课赛证"融通。本书编写时加入了《建设工程文件归档规范（2019 年版）》（GB/T 50328—2014）、《建设工程监理规范》（GB/T 50319—2013）等规范的相关内容，更有利于读者理解相关规范。

（3）以实际工作岗位需求为导向。本书对接资料员岗位需求，以建筑工程资料类别为主线，采用"理实一体化"教学的编写理念，以真实工程项目、案例为载体组织教学内容，能够满足模块化、案例化等不同教学方式要求。

（4）体现思政融合。为充分发挥教材承载的思政教育功能，对教学内容进行了挖掘、改造，凝练思政要素，融入精益化生产管理理念，将安全意识、质量意识、职业素养、工匠精神的培养与教学内容相结合，落实课程思政。

（5）配套立体化教学资源。为便于实施信息化教学，本书配有教学资源，包括多媒体课件、教学方案、习题答案等，书中穿插有丰富的微课、视频等二维码链接。

本书由杨茂华（重庆建筑工程职业学院）、韩玉麒（重庆建筑工程职业学院）担任主编，马联华（重庆安全技术职业学院）、樊林（重庆建筑工程职业学院）、黄杉（重庆建筑工程职业学院）、黎靖（重庆建筑工程职业学院）担任副主编。具体分工如下：杨茂华编写单元 1、单元 3、单元 4，黎靖编写单元 2，韩玉麒编写单元 5、单元 6，樊林编写单元 7，黄杉编写单元 8，马联华负责资料的搜集、整理和图表绘制。全书由杨茂华统稿和定稿。

　　住建部施工现场专业人员培训资源库建设专家、教育部全国建材职业教育教学指导委员会委员、中国建筑节能协会副主任委员杨旗教授对全书内容进行审定。

　　杭州品茗安控信息技术股份有限公司提供了案例和资源支持，在此表示由衷的感谢。

　　由于编者水平有限，书中难免存在不足之处，恳请读者给予批评指正。

目　　录

⌂ **单元 1　建筑工程资料管理概述** ··· 1

1.1　建筑工程资料的基本知识 ·· 2
    1.1.1　与建筑工程资料相关的名词 ·· 2
    1.1.2　建筑工程资料的特征 ··· 4
    1.1.3　建筑工程资料的分类 ··· 4
    1.1.4　建筑工程资料的编号 ··· 5
1.2　建筑工程资料管理的基本知识 ·· 6
    1.2.1　建筑工程资料管理的意义 ··· 6
    1.2.2　建设单位和各参建单位的职责 ·· 6
    1.2.3　资料员的工作职责 ·· 8
1.3　建筑工程资料的组卷 ·· 8
    1.3.1　组卷的基本规定 ··· 8
    1.3.2　卷内文件排列 ·· 9
    1.3.3　案卷编目 ·· 9
1.4　建筑工程资料的归档 ··· 13
    1.4.1　纸质档案归档 ··· 13
    1.4.2　声像档案归档 ··· 14
    1.4.3　电子档案归档 ··· 15
同步训练 1 ·· 16

⌂ **单元 2　工程准备阶段文件** ·· 19

2.1　工程准备阶段文件的内容和形成过程 ·· 20
    2.1.1　工程准备阶段文件的内容 ·· 20
    2.1.2　工程准备阶段文件的形成过程 ·· 21
2.2　决策立项文件 ·· 21
    2.2.1　项目建议书 ·· 21
    2.2.2　可行性研究报告 ·· 22
    2.2.3　专家论证意见和项目评估文件 ·· 23
    2.2.4　有关立项的会议纪要及领导批示 ··· 23
2.3　建设用地文件 ·· 23
    2.3.1　选址申请及选址意见书 ··· 24
    2.3.2　建设用地规划许可证及附件 ··· 25
    2.3.3　拆迁安置意见、协议、方案 ··· 26
    2.3.4　土地使用证明文件及附件 ·· 26

2.3.5 建设用地钉桩通知单 ································ 27
2.4 勘察设计文件 ·· 27
2.4.1 工程地质勘察报告 ···························· 27
2.4.2 水文地质勘察报告 ···························· 28
2.4.3 初步设计文件 ································ 28
2.4.4 设计方案审查意见 ···························· 28
2.4.5 人防、环保、消防等有关主管部门（对设计方案）审查意见 ··· 29
2.4.6 设计计算书 ································ 29
2.4.7 施工图设计文件审查意见 ························ 29
2.5 招投标与合同文件 ····································· 29
2.5.1 勘察、设计招投标与合同文件 ····················· 29
2.5.2 施工招投标与合同文件 ·························· 30
2.5.3 工程监理招投标与合同文件 ······················ 32
2.6 开工审批文件 ·· 33
2.6.1 建设工程规划许可证及其附件、附图 ·················· 33
2.6.2 建设工程施工许可证 ···························· 34
2.7 工程造价文件 ·· 35
2.8 工程建设基本信息 ····································· 36
同步训练 2 ··· 37

单元 3 监理文件 ·· 39
3.1 监理文件概述 ·· 40
3.1.1 监理文件作用 ································ 40
3.1.2 监理文件管理 ································ 41
3.2 监理管理文件 ·· 41
3.2.1 项目监理机构人员任命书 ························ 41
3.2.2 监理规划 ·································· 42
3.2.3 监理实施细则 ································ 43
3.2.4 监理月报 ·································· 44
3.2.5 监理会议纪要 ································ 44
3.2.6 监理通知单 ································ 45
3.2.7 监理通知回复单 ······························ 47
3.2.8 监理报告 ·································· 48
3.2.9 工作联系单 ································ 49
3.2.10 监理日志 ·································· 51
3.3 进度控制文件 ·· 51
3.3.1 进场通知 ·································· 52
3.3.2 施工进度计划报审表 ···························· 53
3.3.3 工程开工报审表 ······························ 55

3.3.4　工程开工令 ·· 56

3.3.5　工程暂停令 ·· 57

3.3.6　工程复工报审表 ·· 59

3.3.7　工程复工令 ·· 60

3.4　质量控制文件 ·· 62

3.4.1　旁站记录 ·· 62

3.4.2　平行检验监理记录 ·· 63

3.4.3　见证取样送检记录表 ··· 65

3.4.4　见证取样和送检人员备案表 ·· 66

3.4.5　施工组织设计/（专项）施工方案报审表 ································ 66

3.4.6　分包单位资格报审表 ··· 67

3.4.7　施工控制测量成果报验表 ·· 69

3.4.8　工程材料、构配件、设备进场报审表 ····································· 70

3.4.9　工程材料、构配件、设备检验报审表 ····································· 71

3.4.10　隐蔽工程报验表 ·· 72

3.4.11　检验批报验表 ·· 73

3.4.12　分项工程报验表 ·· 74

3.4.13　分部（子分部）工程报验表 ··· 76

3.4.14　质量事故报告及事故调查报告 ·· 78

3.5　造价控制文件 ··· 79

3.5.1　工程款支付报审表 ·· 79

3.5.2　工程款支付证书 ·· 80

3.5.3　索赔意向通知书 ·· 82

3.5.4　费用索赔报审表 ·· 83

3.6　工期与合同管理文件 ··· 86

3.6.1　工程临时/最终延期报审表 ··· 86

3.6.2　合同争议处理意见 ·· 87

3.6.3　合同变更材料 ·· 88

3.7　监理验收文件 ··· 88

3.7.1　单位（子单位）工程竣工预验收报审表 ································· 88

3.7.2　工程竣工预验收通知书 ··· 89

3.7.3　单位（子单位）工程竣工预验收问题整改报审表 ······················ 91

3.7.4　工程质量评估报告 ·· 92

3.7.5　监理工作总结 ·· 92

同步训练 3 ··· 93

单元 4　施工文件 ·· 98

4.1　施工文件形成过程 ··· 100

4.1.1　施工管理文件形成过程 ·· 100

4.1.2 施工技术文件形成过程 ……………………………………………… 101

4.1.3 施工物资文件形成过程 ……………………………………………… 102

4.1.4 检验批质量验收文件形成过程 ………………………………………… 103

4.1.5 分项工程质量验收文件形成过程 ……………………………………… 104

4.1.6 子分部工程质量验收文件形成过程 …………………………………… 105

4.1.7 分部工程质量验收文件形成过程 ……………………………………… 106

4.1.8 工程验收文件形成过程 ……………………………………………… 107

4.2 施工管理文件 …………………………………………………………… 108

4.2.1 工程概况表 …………………………………………………………… 108

4.2.2 施工现场质量管理检查记录 …………………………………………… 109

4.2.3 企业资质及专业人员岗位证书 ………………………………………… 111

4.2.4 单位（子单位）工程质量事故处理记录 ……………………………… 112

4.2.5 施工检测计划表 ……………………………………………………… 114

4.2.6 施工日志 ……………………………………………………………… 115

4.3 施工技术文件 …………………………………………………………… 116

4.3.1 施工组织设计及施工方案 ……………………………………………… 117

4.3.2 危险性较大分部分项工程施工方案 …………………………………… 118

4.3.3 施工技术交底记录 …………………………………………………… 120

4.3.4 图纸会审记录 ………………………………………………………… 122

4.3.5 工程洽商记录 ………………………………………………………… 124

4.4 进度造价文件 …………………………………………………………… 125

4.4.1 施工进度计划 ………………………………………………………… 125

4.4.2 人、机、料动态表 …………………………………………………… 126

4.5 施工物资文件 …………………………………………………………… 128

4.5.1 出厂质量证明文件及检测报告 ………………………………………… 128

4.5.2 进场检验记录 ………………………………………………………… 129

4.5.3 进场检验和复试项目 ………………………………………………… 132

4.6 施工记录文件 …………………………………………………………… 136

4.6.1 隐蔽工程检查记录 …………………………………………………… 136

4.6.2 施工检查记录 ………………………………………………………… 138

4.6.3 中间交接检查记录 …………………………………………………… 140

4.6.4 工程定位（放线）测量记录 …………………………………………… 141

4.6.5 垂直度测量记录 ……………………………………………………… 142

4.6.6 高程（标高）检查记录 ………………………………………………… 144

4.6.7 沉降观测记录 ………………………………………………………… 145

4.6.8 混凝土浇灌申请书 …………………………………………………… 147

4.6.9 混凝土开盘鉴定 ……………………………………………………… 147

4.6.10 混凝土拆模申请单 …………………………………………………… 149

4.6.11 大体积混凝土浇筑施工现场测温记录 ………………………………… 150

4.6.12 焊接材料烘焙记录 …………………………………………………… 152

4.7　施工试验记录及检测文件 …………………………………………………………153

4.7.1　系统试运行及调试记录 …………………………………………………153

4.7.2　接地电阻测试记录 …………………………………………………………154

4.7.3　砂浆抗压强度统计评定表 …………………………………………………156

4.7.4　混凝土（标准养护/同条件养护）抗压强度统计评定表 ………………157

4.7.5　系统灌水（满水）试验记录 ………………………………………………159

4.7.6　通水试验记录 ………………………………………………………………160

4.7.7　系统吹洗（扫）记录 ………………………………………………………161

4.7.8　排水管道通球试验记录 ……………………………………………………163

4.8　施工质量验收文件 …………………………………………………………………164

4.8.1　检验批质量验收记录 ………………………………………………………164

4.8.2　分项工程质量验收记录 ……………………………………………………166

4.8.3　分部工程质量验收记录 ……………………………………………………168

4.8.4　单位工程质量验收 …………………………………………………………169

4.8.5　对施工质量不合格情况的处理规定 ………………………………………170

4.9　竣工验收文件 ………………………………………………………………………170

4.9.1　工程竣工报告 ………………………………………………………………170

4.9.2　单位（子单位）工程质量竣工验收记录 …………………………………172

4.9.3　单位（子单位）工程质量控制资料核查记录 ……………………………173

4.9.4　单位（子单位）工程安全和功能检验资料核查及主要功能抽查记录 …177

4.9.5　单位（子单位）工程观感质量检查记录 …………………………………179

4.9.6　工程质量保修通知书 ………………………………………………………182

同步训练 4 …………………………………………………………………………………187

单元 5　竣工图和竣工验收 ………………………………………………………………191

5.1　竣工图 ………………………………………………………………………………192

5.1.1　竣工图的概述 ………………………………………………………………192

5.1.2　竣工图的编制 ………………………………………………………………193

5.2　竣工验收 ……………………………………………………………………………194

5.2.1　竣工验收的依据 ……………………………………………………………194

5.2.2　竣工验收应具备的条件 ……………………………………………………195

5.2.3　竣工验收的程序 ……………………………………………………………195

5.2.4　竣工验收的内容 ……………………………………………………………195

5.2.5　竣工验收文件的编制 ………………………………………………………196

同步训练 5 …………………………………………………………………………………198

单元 6　工程竣工验收备案与档案移交 …………………………………………………201

6.1　工程竣工验收备案 …………………………………………………………………202

6.1.1　工程竣工验收备案的范围 …………………………………………………202

6.1.2　竣工验收备案文件 ·· 202

6.1.3　竣工验收备案流程 ·· 203

6.1.4　竣工验收备案程序 ·· 203

6.1.5　竣工验收备案证书 ·· 204

6.2　工程档案移交 ··· 204

同步训练 6 ··· 205

单元 7　建筑工程资料管理软件应用 ··· 207

7.1　软件应用概述 ··· 208

7.1.1　软件的特点 ··· 208

7.1.2　软件的主要功能 ·· 208

7.2　软件操作基本流程 ·· 209

7.2.1　软件界面及各功能模块 ··· 209

7.2.2　软件操作 ··· 216

7.3　软件辅助功能 ··· 222

7.3.1　工程概况自动更新 ··· 222

7.3.2　子单位工程同步编辑 ·· 223

7.3.3　工程文件的导出、导入 ··· 224

7.3.4　自建表格 ··· 225

7.3.5　关于"我的资料"的相关操作 ·· 225

7.3.6　填表说明及范例 ·· 226

7.4　软件快捷键 ··· 228

同步训练 7 ··· 229

单元 8　项目实训 ··· 230

8.1　混凝土强度试验强度代表值的确定 ·· 230

8.2　混凝土试块强度统计、评定 ·· 231

8.3　图纸的折叠 ··· 234

8.4　单位（子单位）工程观感质量验收 ··· 234

8.5　编制施工日志 ··· 236

8.6　隐蔽工程验收 ··· 237

8.7　编制工作联系单 ·· 239

8.8　建筑工程质量验收划分 ··· 240

参考文献 ·· 244

建筑工程资料管理概述

思维导图

建筑工程资料管理概述思维导图如图 1-1 所示。

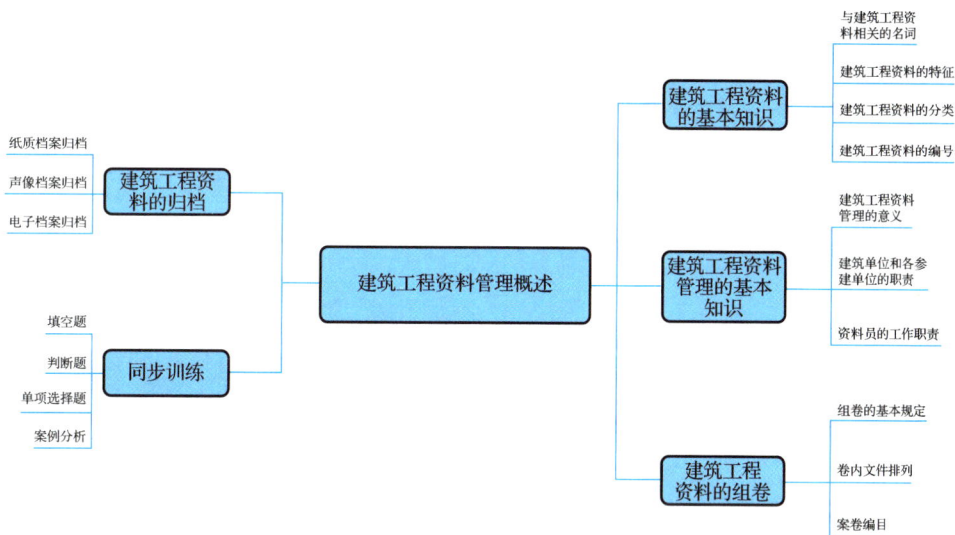

图 1-1　建筑工程资料管理概述思维导图

学习目标

1. 知识目标

（1）了解建筑工程资料的特征、建筑工程资料管理的意义。

（2）理解建筑工程资料管理的相关概念、建设单位和参建单位的职责、资料员的工作职责。

（3）掌握建筑工程资料的分类，建筑工程资料的编号，建筑工程资料的整理、归档、移交的标准。

2. 能力目标

（1）能够对建筑工程资料进行编号。
（2）具备建筑工程资料收集、整理与组卷的能力。
（3）能够对建筑工程资料进行归档。

3. 思政目标

（1）树立正确的学习观、价值观，积极学习新知识、新技术，自觉践行行业道德规范。
（2）树立"工程质量，百年大计"的强烈意识，严格遵守相关规范、规程、标准。
（3）培养公平公正、科学严谨、认真细致、求真务实的工作作风，养成独立思考、计划与总结的良好工作习惯。

▌课程导入

美国得克萨斯州达拉斯市曾经的第一高楼在爆破拆除时，并没有应声倒下，而是出现了倾斜（图 1-2），最后不得不由施工队进入进行拆除。爆破失败的原因是该楼年代久远，相关的建筑工程资料部分遗失，起爆工程师无法依据建筑工程资料预估炸药用量。由此可见，建筑工程资料管理的重要性不仅体现在建筑时，还体现在建筑之后的修缮，甚至拆除。

图 1-2　倾斜的大楼

1.1 建筑工程资料的基本知识

▌1.1.1　与建筑工程资料相关的名词

（1）建筑工程资料：建筑工程在建设过程中形成的各种形式信息记录的统称。
（2）建设工程资料管理：建筑工程资料的填写、编制、审核、审批、收集、整理、组卷、移交及归档等工作的统称。
（3）工程准备阶段文件：建筑工程开工前，在立项、审批、征地、拆迁、勘察、设计、招投标等工程准备阶段形成的文件。
（4）监理文件：建筑工程在工程建设监理过程中形成的文件。
（5）施工文件：建筑工程在工程施工过程中形成的文件。
（6）竣工图：建筑工程竣工验收后，反映建筑工程施工结果的图纸。
（7）工程竣工文件：建筑工程竣工验收、备案和移交等活动中形成的文件。
（8）案卷：由互有联系的若干文件组成的档案。

（9）组卷：按照一定的原则和方法，将有保存价值的工程资料分类整理成案卷的过程，也称立卷。

（10）归档：文件形成部门或者形成单位完成其工作任务，将形成的文件整理立卷后，按规定向本单位档案室或向城建档案管理机构移交的过程。

（11）建设工程电子文件：在工程建设中通过数字设备及环境生成，以数码形式存储于磁带、磁盘或光盘等载体，依赖计算机等数字设备阅读、处理，并可在通信网络上传送的文件。

（12）建设工程电子档案：在工程建设中形成的、具有参考和利用价值并作为档案保存的电子文件及其元数据。

（13）建设工程声像档案：记录工程建设活动，具有保存价值的，用照片、影片、录音带、录像带、光盘、硬盘等记载的声音、图片和影像等历史记录。

（14）建筑工程档案：在工程建设活动中直接形成的，具有归档保存价值的文字、图表、声像等各种形式的历史记录。

（15）建设工程项目：经批准按照一个总体设计进行施工，经济上实行统一核算，行政上具有独立组织形式，实行统一管理的工程基本建设单位。

（16）单位工程：具有独立的设计文件，竣工后可以独立具有生产功能或产生工程效益的工程，是建设工程项目的组成部分。

（17）分部工程：按照工程部位、设备种类和型号的不同而划分的工程，是单位工程的组成部分。

（18）分项工程：按照不同的施工方法、材料进行划分的工程，是分部工程的进一步划分。

（19）检验批：按相同的生产条件或规定的方式汇总起来供抽样检验用的、由一定数量样本组成的检验体。

（20）隐蔽工程：在施工过程中，上道工序的工作成果被下道工序掩盖，无法再对其自身的质量进行检查的工程。

（21）检验：对被检验项目的特征、性能进行量测、检查、试验等，并将结果与标准规定的要求进行比较，以判定项目每项性能是否合格的活动。

（22）进场检验：对进入施工现场的建筑材料、构配件、设备及器具，按相关标准的要求进行检验，并对其质量、规格及型号等是否符合要求作出确认的活动。

（23）见证检验：施工单位在工程监理单位或建设单位的见证下，按照有关规定从施工现场随机抽取试样，送至具备相应资质的检测机构进行检验的活动。

（24）复验：建筑材料、设备等进入施工现场后，在外观质量检查和质量证明文件核查符合要求的基础上，按照有关规定从施工现场抽取试样送至实验室进行检验的活动。

（25）永久保管：工程档案保管期限的一种，指工程档案无限期地、尽可能长远地保存下去。

（26）长期保管：工程档案保管期限的一种，指工程档案保存到该工程被彻底拆除。

（27）短期保管：工程档案保管期限的一种，指工程档案保存 10 年以内。

1.1.2 建筑工程资料的特征

1. 复杂性

建筑工程建设周期长，建设过程中阶段性和季节性较强，材料种类繁多，生产工艺复杂，因此工程文件和档案资料具有一定的复杂性。

2. 随机性

工程资料产生于工程建设的整个过程中，即立项审批、勘察设计、开工准备、监理、施工或竣工验收各个阶段和环节都会产生各种文件和档案。当影响工程的因素发生变化时，也会产生相关资料。

3. 时效性

工程文件和档案资料一经生成，就必须及时送达有关部门进行备案。另外，随着施工工艺水平、管理水平的不断提高，以及新材料的发明，文件和档案资料的价值也会随着时间的推移而衰减，但文件和档案资料仍有借鉴和参考的价值。

4. 真实性

建筑工程文件和档案只有全面、真实地反映项目的各类信息，包括曾经发生的事故和存在的隐患，才具有实用价值。

5. 综合性

建筑工程项目是综合的系统工程，需多个专业、多个工种的协同合作才能完成，如建筑、市政、园林、消防、智能、电力、电信、环境工程、声学、美学等多种学科，同时综合了合同、造价、进度、质量、安全等诸多方面的工作内容，相关资料的集成具有很强的综合性。

1.1.3 建筑工程资料的分类

按照《建筑工程资料管理规程》（JGJ/T 185—2009），建筑工程资料可分为工程准备阶段文件、监理文件、施工文件、竣工图和工程竣工文件 5 类，其中工程准备阶段、监理文件、施工文件、工程竣工文件又可进行如下分类。

（1）工程准备阶段文件可分为决策立项文件、建设用地文件、勘察设计文件、招投标及合同文件、开工文件、商务文件 6 类。

（2）监理文件可分为监理管理文件、进度控制文件、质量控制文件、造价控制文件、合同管理文件和竣工验收文件 6 类。

（3）施工文件可分为施工管理文件、施工技术文件、施工进度及造价文件、施工物资文件、施工记录文件、施工试验记录及检测文件、施工质量验收文件、竣工验收文件 8 类。

（4）工程竣工文件可分为竣工验收文件、竣工决算文件、竣工交档文件、竣工总结文件 4 类。

▌1.1.4　建筑工程资料的编号

建筑工程资料的编号规定如下。

1. 工程准备阶段文件、工程竣工文件的编号

工程准备阶段文件、工程竣工文件宜按《建筑工程资料管理规程》（JGJ/T 185—2009）附录 A 中 A.2.1 规定的类别和形成时间顺序编号。

2. 监理文件的编号

监理文件宜按《建筑工程资料管理规程》（JGJ/T 185—2009）附录 A 中 A.2.1 规定的类别和形成时间顺序编号。

3. 施工文件的编号

施工文件的编号宜符合下列规定。

（1）施工文件编号可由分部工程代号（2 位）、子分部工程代号（2 位）、资料的类别编号（2 位）、顺序号（3 位）4 组代号 9 位编号组成，组与组之间应用横线隔开，如图 1-3 所示，施工文件编号示例如图 1-4 所示。

（2）属于单位工程整体管理内容的资料，编号中的分部、子分部工程代号可用"00"代替。

$$XX—XX—XX—XXX$$
$$①\quad②\quad③\quad④$$

①为分部工程代号，可按《建筑工程资料管理规程》（JGJ/T 185—2009）附录 A 中 A.3 的规定执行；②为子分部/工程代号，可按《建筑工程资料管理规程》（JGJ/T 185—2009）附录 A 中 A.3 的规定执行；③为资料的类别编号，可按《建筑工程资料管理规程》（JGJ/T 185—2009）附录 A 中 A.2.1 的规定执行；④为顺序号，可根据相同表格、相同检查项目，按形成时间顺序填写。

图 1-3　施工文件编号

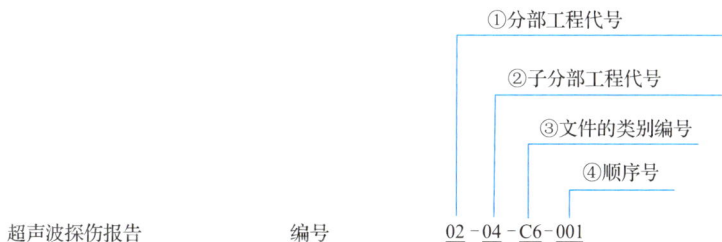

①分部工程代号
②子分部工程代号
③文件的类别编号
④顺序号

超声波探伤报告　　　　　编号　　　02 - 04 - C6 - 001

图 1-4　施工文件编号示例

（3）同一厂家、同一品种、同一批次的施工物资用在两个分部、子分部工程中时，资料编号中的分部、子分部工程代号可按主要使用部位填写。

（4）竣工图宜按《建筑工程资料管理规程》（JGJ/T 185—2009）附录 A 中 A.2.1 规定的类别和形成时间顺序编号。

（5）工程资料的编号应及时填写，专用表格的编号应填写在表格右上角的编号栏中；非专用表格应在资料右上角的适当位置注明资料编号。

1.2 建筑工程资料管理的基本知识

1.2.1 建筑工程资料管理的意义

按照要求立卷归档的建筑工程资料间接反映了工程质量状况，而工程质量是项目管理中最重要的控制点之一，所以对建筑工程资料管理具有非常重要的意义。

（1）建筑工程资料是工程竣工验收的必备条件。

（2）建筑工程资料为工程质量及安全事故的处理，以及工程的检查、维修、改建、扩建、审计等提供可靠的依据。

（3）对优良工程的评定，更有赖于技术资料的真实性和完整性。

（4）建筑工程资料管理是项目管理的重要内容。

（5）建筑工程资料管理是建设单位对工程管理的依据。

1.2.2 建设单位和各参建单位的职责

各参建单位立卷归档的资料对本单位今后的工程项目具有指导作用，故有必要对工程资料进行管理。根据有关规定，建设单位和各参建单位均对工程资料管理负有责任。有些职责是相同的，称为通用职责；而有些是建设单位和各参建单位特有的职责。

1. 通用职责

（1）工程资料的形成应符合国家相关的法律、法规、施工质量验收标准和规范、工程合同与设计文件的要求。

（2）工程资料应随工程进度同步收集、整理并按规定移交。

（3）工程资料应实行分级管理，由建设单位、监理单位、施工单位主管负责人负责本单位工程资料的全过程管理工作。

（4）工程资料的编制、收集和整理应采用计算机管理。

（5）不得任意涂改、伪造、随意抽撤、损毁或丢失文件，对于弄虚作假、玩忽职守、故意隐瞒质量隐患而造成文件不符合真实情况的，由有关部门追究责任单位和个人的责任。

2. 建设单位职责

（1）负责工程准备阶段和竣工验收文件的整理、收集、归档工作。

（2）在工程招标及签订合同时，应对工程资料和工程档案的编制责任、套数、费用、质量、移交期限等提出明确要求。

（3）向参建单位提供与建设工程有关的资料。

（4）应负责监督和检查各参建单位工程资料的形成、积累、立卷工作，也可委托监理单位检查工程资料的形成、积累、立卷工作。

（5）收集和汇总各参建单位归档的资料。

（6）在组织工程竣工验收前，应按照要求将全部文件材料收集齐全并完成工程档案的立卷；在组织竣工验收时，应组织对工程档案进行验收，验收结论应在工程竣工验收报告、专家组竣工验收意见中明确。

（7）对列入城建档案管理机构接收范围的工程，工程竣工验收备案前，建设单位应向当地城建档案管理机构移交一套符合规定的工程档案。

3. 监理单位职责

（1）监理单位应加强对监理文件的管理工作，实行项目总监理工程师负责制，指定专人负责监理文件的收集、整理、保管和归档工作。负责编制两套监理文件，其中移交建设单位一套，自行保存一套。

（2）应按照合同约定，在施工阶段监督、检查施工单位资料的形成、收集、归档工作，保证施工文件的真实性、准确性、完整性。

（3）对施工单位报送的资料按规定进行审查，符合要求后予以签认。

（4）监理文件在移交和归档前必须由项目总监理工程师审核并签字，并在工程竣工验收后，及时向建设单位移交。

4. 施工单位职责

（1）施工单位应负责编制、收集、整理所承包工程的施工文件。实行总承包的工程项目，总包单位负责收集、汇总各分包单位形成的工程施工文件。

（2）建设工程项目由建设单位分别向几个单位发包的，各承包单位负责编制、收集、整理其承包项目的工程施工文件，交建设单位汇总、整理，或由建设单位委托一个承包单位汇总、整理。

（3）接受建设、监理单位对施工文件的监督和检查。

（4）施工单位应负责编制两套施工文件，其中移交建设单位一套，自行保存一套。

（5）施工过程中形成的施工文件应及时通过报验、报审程序，通过施工单位相关部门或总包单位审核后，方可报建设（监理）单位。

5. 勘察、设计单位职责

（1）应按合同和规范要求提供勘察、设计文件，并接受建设或监理单位对勘察设计文件的形成、积累和归档进行的监督和检查。

（2）施工过程中，及时对需要勘察、设计单位签认的工程施工文件签署意见。

（3）工程竣工验收，应出具勘察、设计文件质量检查报告。

6. 城建档案管理机构职责

（1）接收、收集、保管和利用城建档案的日常管理工作。

（2）指导和服务工作。

（3）按照要求对建设单位移交的建设工程档案进行联合验收。

1.2.3 资料员的工作职责

1. 资料员任职资格

建筑工程资料员必须满足以下条件才能胜任。

（1）熟悉国家、省、市等城建档案工作，熟悉法律、法规、政策、规定、标准。

（2）能看懂工业与民用建筑施工图。

（3）了解建筑结构和施工技术的有关知识。

（4）了解工程测量的有关知识，熟悉工程定位测量、施工测量、竣工测量。

（5）熟悉城建档案的内容、范围。

（6）掌握工程档案收集、编制、整理的方法。

（7）具有较强的写作能力和文字处理能力。

（8）熟练操作计算机，能熟练操作常用办公软件和资料管理软件。

2. 资料员岗位职责

（1）负责工程项目的内业管理工作，负责接收上级有关部门及各部、室发送的各种图纸、文件等资料，并登记造册。

（2）负责发放本部门对外发送的各种图纸、文件等资料，并办理登记手续。

（3）负责工程项目资料、图纸等档案的收集、管理。

（4）对各种工程资料进行科学规范的编号、登记、复印。

（5）负责有关工程技术资料的归档保存和借阅管理，并按有关工程技术资料的重要性进行分类，及时清理作废资料。

（6）发放的图纸资料必须留一份原件，连同发放清单一起存档。

（7）负责定期清理工程档案，将合同、资质和建设、规划、国土等主管部门审批的原件，及时移交公司档案室存档。

（8）负责视具体情况定期清理资料室档案。

1.3 建筑工程资料的组卷

1.3.1 组卷的基本规定

（1）工程资料组卷应遵循自然形成规律，保持卷内文件、资料内在联系，工程资料可根据数量多少组成一卷或多卷。

（2）工程准备阶段文件和工程竣工文件可按建设项目或单位工程进行组卷。

（3）监理文件应由监理单位负责收集、整理与组卷，应按单位工程进行组卷。

（4）施工文件应由施工单位负责收集、整理与组卷，并应符合下列规定。

① 专业承包工程形成的施工文件应由专业承包单位负责，并应单独组卷。

②　电梯应按不同型号每台电梯单独组卷。

③　室外工程应按室外建筑环境、室外安装工程单独组卷。

④　当施工文件中部分内容不能按一个单位工程分类组卷时，可按建设项目组卷。

⑤　施工文件目录应与其对应的施工文件一起组卷。

（5）竣工图应由建设单位负责组卷，也可委托其他单位，应按专业分类组卷。

（6）当一项建设工程由多个单位工程组成时，工程文件应按单位工程组卷。

（7）不同载体的文件应分别组卷。

（8）不同幅面的工程图纸，应统一折叠成 A4 幅面（297mm×210mm）。应图面朝内，首先沿标题栏的短边方向以 W 形折叠，然后沿标题栏的长边方向以 W 形折叠，并使标题栏露在外面。

（9）案卷不宜过厚，文字材料卷厚度不宜超过 20mm，图纸卷厚度不宜超过 50mm。

（10）案卷内不应有重份文件。

（11）印刷成册的工程文件宜保持原状。

（12）建设工程电子文件的组织和排序可按纸质文件进行。

1.3.2　卷内文件排列

（1）卷内文件应按《建筑工程文件归档规范（2019 年版）》（GB/T 50328—2014）附录 A 的类别和顺序排列。

（2）文字材料应按事项、专业顺序排列。同一事项的请示与批复、同一文件的印本与定稿、主体与附件不应分开，并应按批复在前、请示在后，印本在前、定稿在后，主体在前、附件在后的顺序排列。

（3）图纸应按专业排列，同专业图纸应按图号顺序排列。

（4）当案卷内既有文字材料又有图纸时，文字材料应排在前面，图纸应排在后面。

1.3.3　案卷编目

1. 编制卷内文件页号的基本规定

（1）卷内文件均应按有书写内容的页面编号。每卷单独编号，页号从"1"开始。

（2）页号编写位置单面书写的文件在右下角；双面书写的文件，正面在右下角，背面在左下角。折叠后的图纸一律在右下角。

（3）成套图纸或印刷成册的文件材料，自成一卷的，原目录可代替卷内目录，不必重新编写页号。

（4）案卷封面、卷内目录、卷内备考表不编写页号。

2. 编制卷内目录的基本规定

（1）卷内目录排列在卷内文件首页之前，式样如图 1-5 所示。

（2）"序号"应以一份文件为单位编写，用阿拉伯数字从 1 依次标注。

（3）"文件编号"应填写文件形成单位的发文号或图纸的图号，或设备、项目代号。

（4）"责任者"应填写文件的直接形成单位或个人。当有多个责任者时，应选择两个主要责任者，其余用"等"代替。

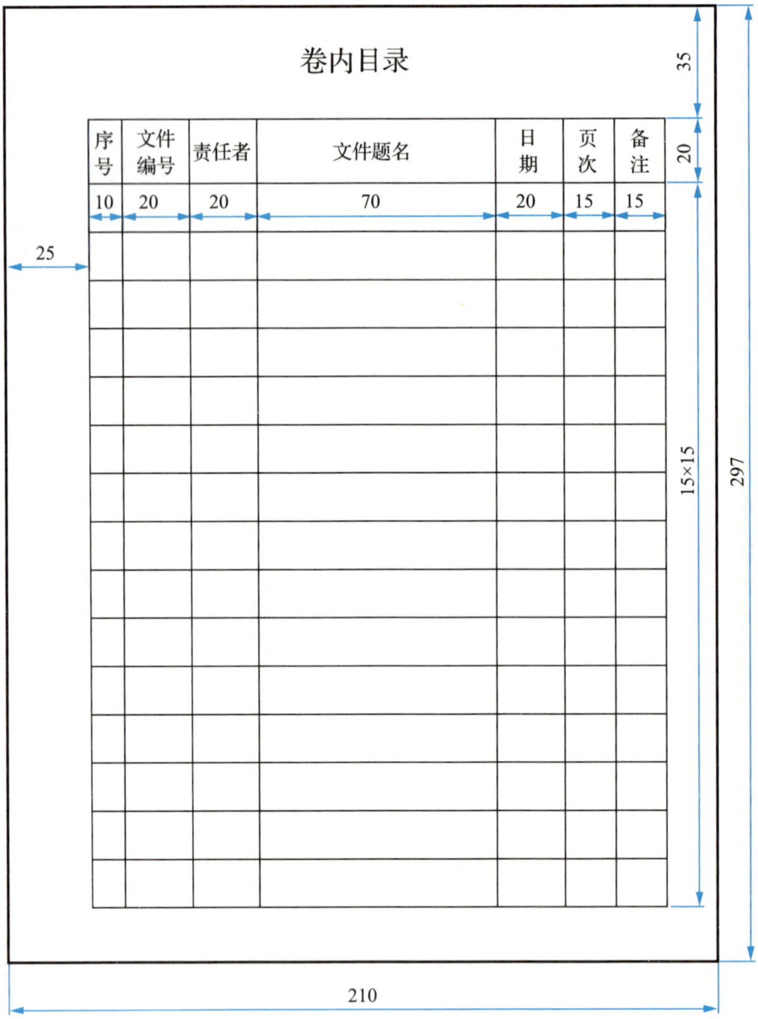

图 1-5　卷内目录式样（单位：mm）

（5）"文件题名"应填写文件标题的全称。当文件无标题时，应根据内容拟写标题，拟写标题外应加"[　]"符号。

（6）"日期"应填写文件的形成日期或文件的起止日期，竣工图应填写编制日期。日期中"年"应用 4 位数字表示，"月"和"日"均应用 2 位数字表示。

（7）"页次"应填写文件在卷内所排的起始页号，最后一份文件应填写起止页号。

（8）"备注"应填写需要说明的问题。

（9）卷内目录宜采用 70g/m² 以上的白色书写纸制作，幅面应统一采用 A4 幅面。

3. 编制卷内备考表的基本规定

（1）卷内备考表应排列在卷内文件的尾页之后，式样如图 1-6 所示。

（2）卷内备考表应标明卷内文件的总页数、各类文件页数或照片张数及立卷单位对案卷情况的说明。

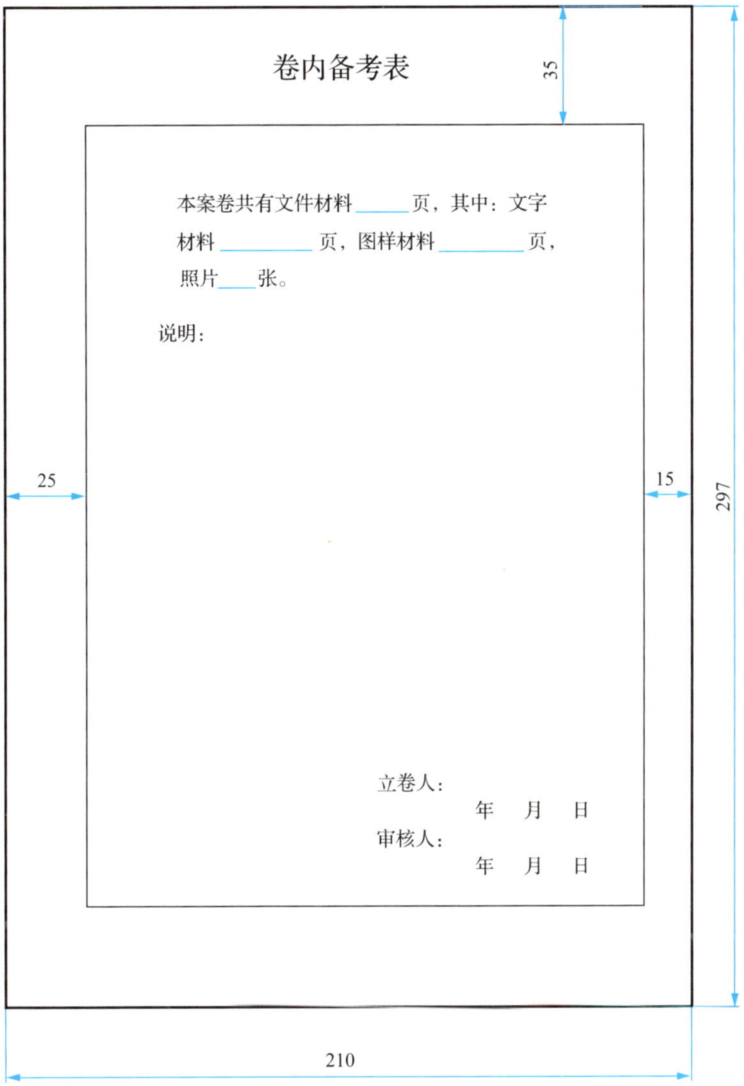

图 1-6　卷内备考表式样（单位：mm）

（3）立卷单位的立卷人和审核人应在卷内备考表上签名，年、月、日应按立卷、审核时间填写。

（4）卷内备考表宜采用 70g/m^2 以上的白色书写纸制作，幅面应统一采用 A4 幅面。

4. 编制案卷封面的基本规定

（1）案卷封面应印刷在卷盒、卷夹的正表面，也可采用内封面形式。案卷封面式样如图 1-7 所示。

（2）案卷封面的内容应包括档号、案卷题名、编制单位、起止日期、密级、保管期限、本案卷所属工程的案卷总量、本案卷在该工程案卷总量中的排序。

（3）"档号"应由分类号、项目号和案卷号组成。档号由档案保管单位填写。

（4）"案卷题名"应简明、准确地揭示卷内文件的内容。

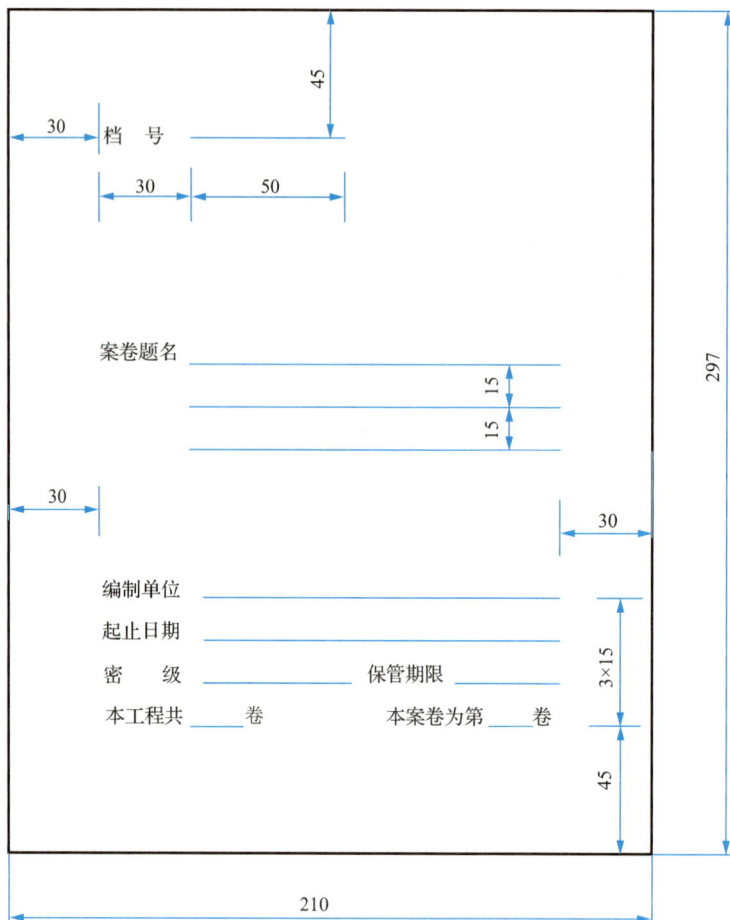

图 1-7　案卷封面式样（单位：mm）

（5）"编制单位"应填写案卷内文件的形成单位或主要责任者。

（6）"起止日期"应填写案卷内全部文件形成的起止日期。

（7）"保管期限"应根据卷内文件的保存价值在永久保管、长期保管、短期保管 3 种保管期限中选择划定。当同一案卷内有不同保管期限的文件时，该案卷保管期限应从长。

（8）"密级"应在绝密、机密、秘密 3 个级别中选择划定。当同一案卷内有不同密级的文件时，应以高密级为本卷密级。

（9）案卷内封面宜采用 70g/m² 以上白色书写纸制作，幅面应统一采用 A4 幅面。

5. 编写案卷题名和脊背的基本规定

（1）建筑工程案卷题名应包括工程名称（含单位工程名称）、分部工程或专业名称及卷内文件概要等内容；当房屋建筑有地名管理机构批准的名称或正式名称时，应以正式名称为工程名称，建设单位名称可省略；必要时可增加工程地址内容。

（2）案卷脊背包括档号、案卷题名，由档案保管单位填写；案卷脊背式样如图 1-8 所示。

图 1-8　案卷脊背式样（单位：mm）

注：D 可取 20mm、30mm、40mm、50mm。

6. 案卷装订与装具的基本规定

（1）案卷可采用装订与不装订两种形式。文字材料必须装订，装订时不应破坏文件的内容，并应保持整齐、牢固，便于保管和使用。

（2）案卷装具可采用卷盒、卷夹两种形式。卷盒的外表尺寸应为 310mm×220mm，厚度可为 20mm、30mm、40mm、50mm。卷夹的外表尺寸应为 310mm×220mm，厚度宜为 20mm。卷盒、卷夹应采用无酸纸制作。

1.4　建筑工程资料的归档

1.4.1　纸质档案归档

1. 归档文件范围

（1）对与工程建设有关的重要活动、记载工程建设主要过程和现状、具有保存价值的各种载体的文件，均应收集齐全、整理组卷后归档。

（2）根据《建设工程文件归档规范（2019 年版）》（GB/T 50328—2014）的要求归档，工程文件的具体归档范围详见其附录 A。

（3）不属于归档范围、没有保存价值的工程文件，文件形成单位可自行组织销毁。

2. 归档文件质量要求

（1）归档的纸质工程文件应为原件。

（2）工程文件的内容及其深度应符合国家现行有关工程勘察、设计、施工、监理等标准的规定。

（3）工程文件的内容必须真实、准确，应与工程实际相符合。

（4）计算机输出文字、图件以及手工书写材料，其字迹的耐久性和耐用性应符合现行国家标准《信息与文献 纸张上书写、打印和复印字迹的耐久和耐用性 要求与测试方法》（GB/T 32004—2015）的规定。

（5）工程文件应字迹清楚，图样清晰，图表整洁，签字盖章手续应完备。

（6）工程文件中文字材料幅面尺寸规格宜为 A4 幅面（297mm×210mm）。图纸宜采用国家标准图幅。

（7）工程文件的纸张，其耐久性和耐用性应符合现行国家标准《信息与文献 档案纸 耐久性和耐用性要求》（GB/T 24422—2009）的规定。

（8）所有竣工图均应加盖竣工图章，如图 1-9 所示，并应符合下列规定。

① 竣工图章的基本内容应包括"竣工图"字样、施工单位、编制人、审核人、技术负责人、编制日期、监理单位、总监理工程师和监理工程师的签章。

② 竣工图章尺寸应为：50mm×80mm。

③ 竣工图章应使用不易褪色的印泥，应盖在图标栏上方空白处。

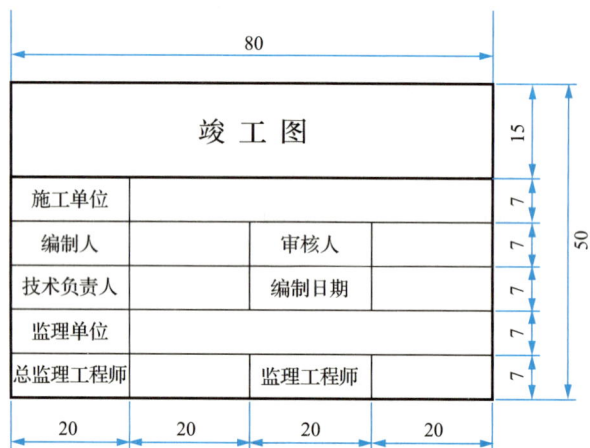

图 1-9 竣工图章示例（单位：mm）

1.4.2 声像档案归档

1. 声像档案归档范围

（1）反映工程原址、原貌及周边状况的声像档案。

（2）记录工程建设活动的重大活动、重大事件，如拆迁情况、招商引资、签约仪式、工程招标与投标、奠基仪式等的声像档案。

（3）记录基础施工过程中工程测量、放线、打桩、基槽开挖、桩基处理等关键工序的声像档案。

（4）记录主体工程施工过程中施工现场整体情况，钢筋、模板、混凝土施工，隐蔽工程施工，内外装修装饰的声像档案。

（5）反映工程采用的各种新技术、新材料、新工艺的声像档案。

（6）记录工程重大事故第一现场、事故指挥和处理措施、处理结果等情况的声像档案。

（7）记录工程验收情况、竣工典礼的声像档案。

（8）反映竣工后的工程面貌的声像档案。

2. 声像档案归档要求

（1）录音录像档案归档前应进行筛选和鉴别，选择声音、画面清晰、完整，图像稳定、色彩真实，体现主题内容、主要人物、场景特色等主要因素的录音录像材料归档。

（2）录像磁带制作应采用 PAL 制式和 MPEG2 或 AVI 格式；录音应采用 MP3 或 WAV 格式。

（3）向城建档案管理机构移交的录音录像档案应配有说明的原始素材，以及编辑后的录像专题片，载体为录音带、录像带或光盘。

（4）专题录像片应结构完整，片长不应少于 10min，并应附有解说词稿。

（5）录音录像载体应材质完好，不得有变形、断裂、发霉、磁粉脱落、磨损及划伤现象。

（6）录音录像档案归档时，应经过相应设备的检测。

1.4.3　电子档案归档

1. 电子档案管理的基本要求

（1）城建档案管理机构配置的计算机等数字设备和应用软件，应能有效读取归档的电子文件。

（2）档案形成、保管单位应确保电子文件的真实性、完整性和有效性，并应采取下列措施。

① 从制度上和技术上采取与系统安全和保密等级要求相符的网络设备安全保证、数据安全保证、操作安全保证、身份识别方法等防范对策。

② 从电子文件形成开始，不间断地对有关处理操作进行登记管理。

③ 通过软件系统设置采集元数据。

（3）电子文件形成部门和个人应将已归档的电子文件保存至少 1 年。

（4）归档的电子文件和电子档案应定期备份。

（5）城建档案管理机构应对工程档案、业务管理档案形成单位电子文件的归档与管理工作进行监督与指导，并适时组织检查。

2. 电子档案归档要求

（1）归档的建筑工程电子文件应采用或转换为表 1-1 所列开放式文件格式或通用格式进行存储。专用软件产生的非通用格式的电子文件应转换成通用格式。

表 1-1　工程电子文件归档格式表

文件类别	格式
文本（表格）文件	OFD、DOC、DOCX、XLS、XLSX、PDF/A、XML、TXT、RTF
图像文件	JPEG、TIFF
图形文件	DWG、PDF/A、SVG
视频文件	AVS、AVI、MPEG2、MPEG4
音频文件	AVS、WAV、AIF、MID、MP3
数据库文件	SQL、DDL、DBF、MDB、ORA
虚拟现实/3D 图像文件	WRL、3DS、VRML、X3D、IFC、RVT、DGN
地理信息数据文件	DXF、SHP、SDB

（2）归档的建筑工程电子文件应包含元数据，保证文件的完整性和有效性。元数据应符合现行行业标准《建设电子档案元数据标准》（CJJ/T 187—2012）的规定。

（3）归档的建筑工程电子文件应采用电子签名，所载内容应真实和可靠。

（4）归档的建筑工程电子文件的内容必须与其纸质档案一致。

（5）建筑工程电子文件离线归档的存储媒体，可采用移动硬盘、闪存盘、光盘、磁带等。

（6）存储移交电子档案的载体应经过检测，应无病毒、无数据读写故障，并应确保接收方能通过相应设备读出数据。

同步训练 *1*

一、填空题

1. 建筑工程资料包括工程准备阶段文件、_____、_____、_____、工程竣工文件。

2. 工程档案的密级分为绝密、_____、_____。

3. 工程档案的保管期限分为_____、_____和短期保管。

二、判断题

1. 工程文件应采用碳素墨水、蓝黑墨水、红色墨水、纯蓝墨水书写。　　　（　　）

2. 工程档案一般不少于两套，一套由建设单位保管，一套移交当地城建档案管理机构。　　　（　　）

3. 建筑工程档案在装订前应剔除金属物。　　　（　　）

4. 当同一案卷内有不同保管期限的文件时，该案卷保管期限应从短。　　　（　　）

5. 绝密级档案是最重要的国家秘密，泄露会使国家安全和利益遭受特别严重的损害。
　　　（　　）

三、单项选择题

1．施工单位的文件采用的英文编号是（　　）。

    A．"A"　　　　　　B．"B"　　　　　　C．"C"　　　　　　D．"D"

2．档案案卷封面的内容有（　　）。

    A．卷内目录　　　　B．案卷题名　　　　C．卷内备考表　　　D．页面编号

3．编写页号位置正确的是（　　）。

    A．正面右上角，背面左上角　　　　　　B．各页下侧中间

    C．正面右侧中间，背面左侧中间　　　　D．正面右下角，背面左下角

4．所有竣工图均应加盖竣工图章，应盖在图标栏（　　）空白处。

    A．上方　　　　　　B．下方　　　　　　C．左方　　　　　　D．右方

5．竣工图纸中不同幅面的工程图纸应按照《技术制图　复制图的折叠方法》（GB/T 10609.3—2009）统一折叠成（　　）幅面。

    A．1 号　　　　　　B．2 号　　　　　　C．3 号　　　　　　D．4 号

6．案卷一般采用工程所在地建设行政主管部门或城建档案管理机构统一监制的卷盒，卷盒外表尺寸通常为（　　）。

    A．310mm×220mm　　　　　　　　　　B．297mm×420mm

    C．297mm×210mm　　　　　　　　　　D．300mm×220mm

7．卷内目录中的起止页号应是（　　）。

    A．每卷应独立从"1"开始编写　　　　B．从 1 开始编序号

    C．卷与卷之间应连续编写张页号　　　　D．从卷内目录 1 开始编序号

8．电子档案采取（　　）式归档。

    A．程序　　　　　　B．网络　　　　　　C．在线　　　　　　D．离线

9．卷夹外表尺寸为（　　）。

    A．305mm×215mm　　　　　　　　　　B．310mm×220mm

    C．305mm×220mm　　　　　　　　　　D．310mm×210mm

10．城建档案卷内目录的责任者应是（　　）。

    A．该工程的资料员个人　　　　　　　　B．该工程的施工单位

    C．该工程的建设单位　　　　　　　　　D．该项文件形成的主要责任单位

11．文件材料的（　　）是工程档案的突出特点。

    A．综合性　　　　　B．整体性　　　　　C．系统性　　　　　D．完整性

12．建筑工程档案记录形式的（　　）主要表现在载体和记录形式的多样性。

    A．多样性　　　　　B．综合性　　　　　C．动态性　　　　　D．完整性

13．A2 图纸幅面尺寸为（　　）。

    A．841mm×1189mm　　　　　　　　　B．594mm×841mm

    C．420mm×594mm　　　　　　　　　　D．297mm×420mm

14．城建档案归档原则是对国家和社会具有（　　）的文件材料。

    A．有用　　　　　　B．保存价值　　　　C．所有形成　　　　D．真实

15. 档案卷内备考表填写的内容有（　　　）。

  A. 文件材料题名 B. 序号   C. 说明   D. 责任者

16. 竣工图图标应绘制在图纸的（　　　）。

  A. 右上角   B. 右下角   C. 左上角   D. 左下角

17. 工程电子文件形成各单位应将已经归档的电子档案保存至少（　　　）年。

  A. 一   B. 二   C. 三   D. 四

18. 档案案卷的编目主要有（　　　）。

  A. 卷内文件页号 B. 纸质   C. 装具   D. 装订厚度

四、案例分析

1. 某学校图书馆是一座现代化的智能型建筑，框架剪力墙结构，地下 1 层，地上 25 层，建筑面积 4.8 万 m^2。由房建甲级资质的 A 监理公司负责施工阶段的监理工作，由施工总承包一级企业 B 公司负责施工总承包工作。由于该工程设备先进，要求高，B 公司将机电设备安装工程分包给具有相应资质的某大型安装公司 C。在工程档案归档中，发生以下情况。

情况一：安装公司 C 将机电设备分包部分的竣工资料直接交给监理单位 A。

情况二：发包人要求设计、监理及施工总承包单位将工程档案直接移交给市档案馆。

问题：（1）情况一做法是否妥当？为什么？

（2）情况二做法是否妥当？为什么？

2. 某工程在组织建筑工程档案专项验收后，施工单位应单独移交建筑工程声像档案，其中工程录像专题片归档载体为光盘，片长不详。根据背景资料，回答下列问题。

（1）（判断题）建筑工程声像档案移交的主体为施工单位。（　　　）

（2）（判断题）录像专题片可无普通话配音。（　　　）

（3）（单选）工程录像专题片片长应大于（　　　）min。

  A. 8   B. 10   C. 12   D. 15

（4）（单选）工程专题片录像的制式应为（　　　）。

  A. FLV   B. MPEG-2   C. MP3   D. MP

（5）（多选）根据工程录像光盘的形成要求，不能出现的现象包括（　　　）。

  A. 整洁   B. 变形   C. 磨损   D. 贴标签

  E. 划伤

2 单元

工程准备阶段文件

思维导图

工程准备阶段文件思维导图如图 2-1 所示。

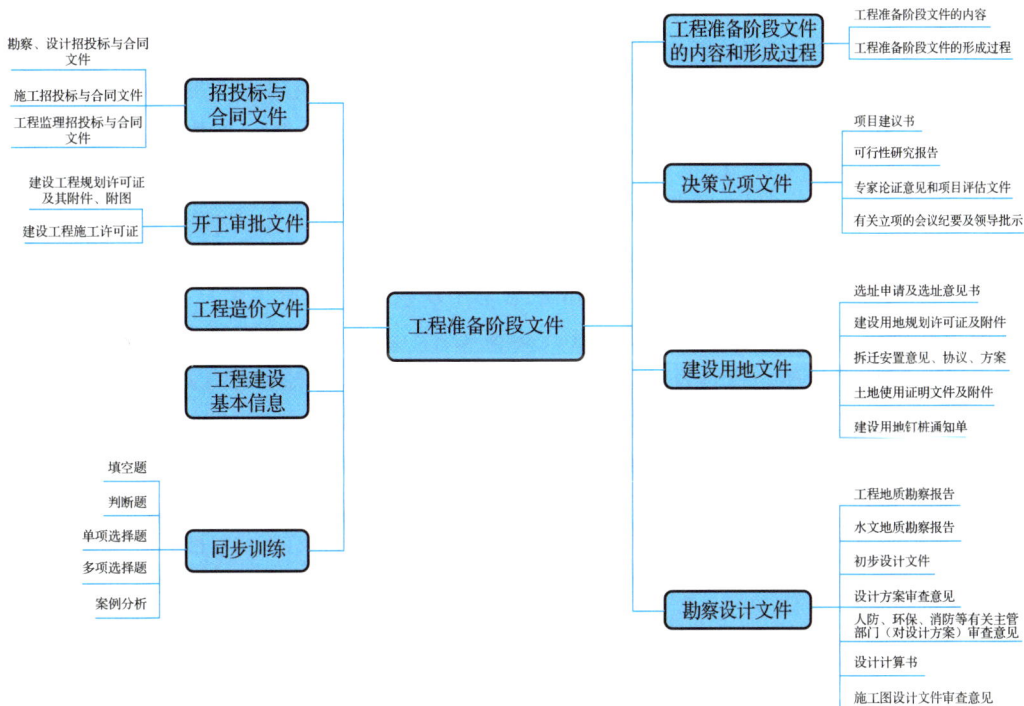

图 2-1　工程准备阶段文件思维导图

学习目标

1. 知识目标

（1）了解工程准备阶段文件管理相关规定。

（2）理解工程准备阶段文件资料的相关概念及各阶段文件的组成。

（3）掌握工程准备阶段文件的分类以及各种文件的编制和相关申请程序，特别是建设用地、勘察设计、招投标等阶段文件的编制和整理。

2. 能力目标

（1）熟悉工程准备阶段文件的形成过程。
（2）能按照工程准备阶段文件形成过程对文件进行整理、组卷、归档。
（3）能熟练编制和整理建设用地、勘察设计、招投标等阶段相关文件。

3. 思政目标

（1）树立正确的学习观、价值观，积极学习新知识、新技术，自觉践行行业道德规范。
（2）树立"工程质量，百年大计"的强烈意识，严格遵守相关规范、规程、标准。
（3）培养公平公正、科学严谨、认真细致、求真务实的工作作风，养成独立思考、计划与总结的良好工作习惯。

课程导入

某公司基地边坡支护工程施工现场发生一起坍塌事故，造成 3 人死亡、1 人轻伤，直接经济损失 60 万元。该工程拟建场地北侧为东西走向的自然山体，坡体高 12～15m，长 145m，自然边坡坡度（1∶0.5）～（1∶0.7）。边坡工程 9m 以上部分设计为土钉喷锚支护，9m 以下部分为毛石挡土墙，总面积为 2000m²，其中毛石挡土墙部分由施工单位分包给私人劳务队（无法人资格和施工资质）进行施工。事故发生当日上午，劳务队 5 名施工人员人工开挖北侧山体边坡东侧 5m×1m×1.2m 毛石挡土墙基槽。16 时左右，自然地面上方 5m 处坡面突然坍塌，除在基槽东端作业的 1 人逃离之外，其余 4 人被坍塌土体掩埋。

造成该事故的一部分原因为建设单位在工程建设过程中，未做地质灾害危险性评估，且在未办理工程招投标、工程质量监督、工程安全监督、施工许可证的情况下组织开工建设。施工单位委派不具备项目经理执业资格的人员负责该工程的现场管理。另一部分原因为项目部未编制挡土墙施工方案，没有对劳务人员进行安全生产教育和安全技术交底。监理单位在监理过程中，对施工单位资料审查不严，对施工现场落实安全防护措施的监督不到位。

2.1 工程准备阶段文件的内容和形成过程

2.1.1 工程准备阶段文件的内容

工程准备阶段文件是指工程开工以前，在立项、审批、用地、勘察、设计、招投标等工程准备阶段形成的文件，主要包括决策立项文件、建设用地文件、勘察设计文件、招投标与合同文件、开工审批文件、工程造价文件等。工程准备阶段文件主要由建设单位提供。

▌2.1.2　工程准备阶段文件的形成过程

工程准备阶段文件的形成按立项与土地征得时间的先后分为两种情况：一种是先立项后征地，另一种是先征得土地后立项。第一种情况较多，其文件形成过程如图 2-2 所示。

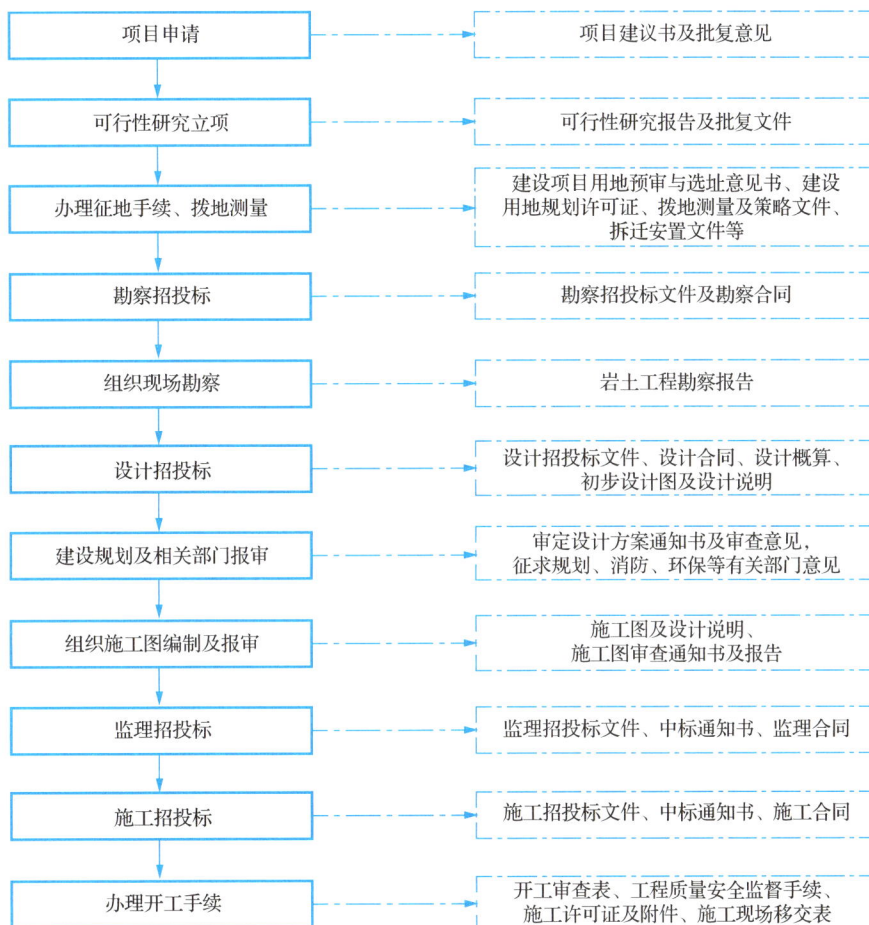

流程	文件
项目申请	项目建议书及批复意见
可行性研究立项	可行性研究报告及批复文件
办理征地手续、拨地测量	建设项目用地预审与选址意见书、建设用地规划许可证、拨地测量及策略文件、拆迁安置文件等
勘察招投标	勘察招投标文件及勘察合同
组织现场勘察	岩土工程勘察报告
设计招投标	设计招投标文件、设计合同、设计概算、初步设计图及设计说明
建设规划及相关部门报审	审定设计方案通知书及审查意见，征求规划、消防、环保等有关部门意见
组织施工图编制及报审	施工图及设计说明、施工图审查通知书及报告
监理招投标	监理招投标文件、中标通知书、监理合同
施工招投标	施工招投标文件、中标通知书、施工合同
办理开工手续	开工审查表、工程质量安全监督手续、施工许可证及附件、施工现场移交表

图 2-2　工程准备阶段文件形成过程

2.2　决策立项文件

▌2.2.1　项目建议书

项目建议书（又称项目立项申请书或立项申请报告）是由建设单位根据国民经济的发展、国家和地方中长期规划、产业政策、生产力布局、国内外市场、所在地的内外部条件等，提出并申报的就某一具体项目的建议性文件，是对拟建项目提出的轮廓设想。项目建议书经批准后，才能进行下一步可行性研究。

1. 项目建议书的内容

项目建议书由建设单位自行编制或委托其他有相应资质的咨询单位、设计单位编制，其主要包括以下内容。

（1）建设项目提出的必要性和依据说明。

（2）拟建工程规模、产品方案、建设地点的初步设想。

（3）资源情况、建设条件、协作关系等的初步分析。

（4）投资估算和资金筹措的初步设想。

（5）拟建项目的实施进度计划。

（6）经济效益和社会效益的估算。

（7）环境有关的初步结论和建议。

2. 项目建议书的审批

在项目建议书审批前，建设单位应组织有关部门和专家参与审查，经审查符合要求的，根据项目的规模和级别，再由建设单位通过其主管部门报行业主管部门和当地发展和改革部门审查、报批。项目建议书报经有审批权限的部门批准后，才可以进行可行性研究，并为其提供依据和基础。

3. 项目建议书批复文件

项目建议书批复文件是指上级对项目建议书的批复文件，根据项目规模、投资主体的不同，分别由国家、行业或地方有关主管部门审批，其主要包括以下内容。

（1）建设项目名称。

（2）建设规模及主要建设内容。

（3）总投资及资金来源。

（4）建设年限。

（5）批复意见说明、批复单位及时间。

2.2.2 可行性研究报告

可行性研究是在项目建议书被批准后，对项目投资必要性以及技术、经济、组织可行性等方面进行深入的、科学的、全面的分析和论证，为项目决策提供可靠的技术经济依据，是项目决策的核心。其主要任务是对多种方案进行分析、比较，提出科学的评价意见，推荐最佳方案。

1. 可行性研究报告的内容

在可行性研究的基础上，由建设单位或其委托有资质的工程咨询单位编制可行性研究报告，可行性研究报告是拟建项目最终决策研究的文件，其主要包括以下内容。

（1）建设项目提出的背景、经济意义和依据。

（2）根据经济、市场预测确定项目建设规模和产品方案。

（3）建设地点、建设条件、场地布置及项目设计方案。

（4）技术工艺、主要设备选型、建设标准和相应的技术经济指标，对有关部门协作配套供应的要求等。

（5）主要单项工程、公共辅助设施、布置方案和土建工程量等。

（6）节能环保、城市规划、防震、防洪、文物保护等措施。

（7）企业组织、劳动定员和人员培训计划。

（8）建设工期和实施进度。

（9）投资估算和资金筹措。

（10）经济效益分析和社会效益分析。

（11）项目风险分析及对策。

（12）结论与建议。

2．可行性研究报告批复文件

我国对可行性研究报告的审批权限作出了明确规定，建设单位必须按规定将编制好的可行性研究报告送交有审批权限的部门审批，如大、中型项目由国家发展和改革委员会或由国家发展和改革委员会委托的有关部门审批，小型项目分别由行业或国家有关主管部门审批。经审批同意的，审批部门应发布可行性研究报告批复文件，同时对建设项目的规模、方案、建设用地、工期、投资和效益等提出具体要求。可行性研究报告批复文件即建设项目正式立项的文件，具有法律效力，正式立项的建设项目应当按批复要求严格执行，任何部门、单位或个人不得随意修改和变更。如因各种情况，确实要修改或调整已批准可行性研究报告中的内容或指标时，应经原批准单位复审同意，并正式办理变更手续。

2.2.3　专家论证意见和项目评估文件

专家论证意见即为在项目立项过程中，专家评议形成的有关建议性的文件，由专家论证会议的组织单位提供。项目评估文件指在项目可行性研究基础上，建设单位或其主管部门对与项目有关的政策合规性、适用性、技术性、综合效益等方面的因素进行综合评估分析，对项目可行性研究报告的客观性、全面性、正确性等进行评估论证之后形成的文件。

2.2.4　有关立项的会议纪要及领导批示

有关立项的会议纪要是指在立项过程中，由建设单位或其上级主管部门召开立项会议后形成的用于记载、传达会议情况和议定事项的法定公文。有关立项的领导批示是指在立项过程中，上级有关领导对项目所作的批示。

2.3　建设用地文件

建设用地是建设单位可用于工程建设的土地。建设单位使用国有土地，应当以出让等有偿使用方式取得。以出让等有偿使用方式取得国有土地使用权的建设单位，按照国务院规定的标准和办法，缴纳土地使用权出让金等土地有偿使用费和其他费用后，方可使用土地。

2.3.1 选址申请及选址意见书

1. 选址申请

在城市规划区域内进行的建设项目，申请人根据申请条件和依据，向城市规划管理部门提出选址申请，按照要求准备以下申报材料。

（1）建设项目用地预审与选址意见书申请表（表2-1）。

表2-1 建设项目用地预审与选址意见书申请表

项目名称					行业分类		
项目批准类型	○审批　　○核准　　○备案				项目批准机关		
项目拟建地点					项目投资/万元		
统一项目代码					涉及区县		
是否涉及新增建设用地	○是　　○否						
项目建设依据							
申请内容							
用地规模/公顷	总规模	农用地			建设用地		未利用地
用地规模/公顷			耕地	基本农田			
主要功能分区和技术指标							
拟建设规模/m²			投资性质				
申请信息 ○单位 ○个人	名称				法定代表人		
申请信息 ○单位 ○个人	通信地址				邮政编码		
申请信息 ○单位 ○个人	联系人		手机		座机		
申请信息 ○单位 ○个人	行政相对人证件类型				行政相对人证件代码		
申请信息 ○单位 ○个人	○统一社会信用代码○组织机构代码○工商登记码 ○税务登记号（注：此栏为建设单位时任选一个填写） ○身份证号码（注：此栏为建设个人时填写）						
联建单位信息	名称				地址		
联建单位信息	法定代表人		联系人			电话	
备注							

建设单位申明：

　　填报的内容及提交的所有材料（含复印件）及其内容是真实、合法、有效的。如因虚假而引致的法律责任，概由申明单位承担，与许可或审批机关无关。

设计单位申明：

　　所提交的设计图的纸质文件与电子文件内容一一对应，且对同一内容的表达完全一致。

　　已进行无障碍设计并符合国家标准。

　　已按规定设计充电基础设施或预留安装条件。

　　相关材料遵守城乡规划法律、法规、规章和工程建设有关强制性标准，所提供的信息、数据真实有效。如因虚假而引致的法律责任，概由申明单位承担，与许可或审批机关无关。

（2）法定代表人委托书、组织机构代码证。

（3）1∶500 实测现状地形图。

（4）道路、管线等线性工程项目还应当提供选址、选线说明书及图纸（原件 1 份，附电子文档）。

（5）项目已被纳入经审批且对外发布的中长期规划的相关证明文件或者项目建议书批复（纸质版）。

（6）建设项目用地预审申请报告。

（7）建设项目用地需要修改土地利用总体规划的，应提供土地利用总体规划修改方案。

（8）项目用地边界拐点坐标表、占用永久基本农田拐点坐标表、补划永久基本农田拐点坐标表。

（9）项目用地踏勘论证报告。

（10）建设项目用地节地评价报告。

（11）城乡规划编制机构诚信承诺书。

（12）建筑（市政）设计机构城乡规划诚信承诺书。

（13）建设单位（个人）城乡规划诚信承诺书等。

2. 选址意见书

根据建设用地"多审合一、多证合一"改革要求，规划自然资源主管部门收到选址申请后，将合并建设项目规划选址和用地预审，规划选址与用地预审均审查通过后，由受理申请的规划自然资源主管部门向建设单位核发建设项目用地预审与选址意见书。

2.3.2　建设用地规划许可证及附件

建设用地规划许可证及附件是依据控制性详细规划核定建设用地的位置、面积、允许建设范围，批准的建设用地规划许可证和表式文件，并附批准的规划设计总图。

建设单位持已获准的立项文件，向县级以上人民政府规划自然资源管理部门提出规划用地申请，填写建设用地规划许可证申请表（表 2-2）。

办理建设用地规划许可证需要以下材料。

（1）申请人身份证明材料。

（2）有关主管部门的批准、核准或者备案文件。

（3）发展改革部门立项批复文件（投资备案证明、核准证明）。

（4）关于划拨用地的相关文件。

（5）农用地征、转用批文等土地来源证明。

（6）征地办出具的征收补偿安置完毕证明。

（7）用地情况说明（定额）。

（8）划拨土地价款发票。

（9）地质灾害危险性评估报告。

（10）针对教育、体育等公益项目需提供行业主管部门出具的项目"非营利性"证明。

（11）其他法律、法规要求的材料。

表 2-2　建设用地规划许可证申请表

建设 ○单位 ○个人	名称		联建单位		名称		
	投资项目统一代码						
	○社会信用代码 ○组织机构代码 ○工商登记码 ○税务登记号 （注：此栏为建设单位时，任选一个填写）						
	○身份证号码（注：此栏为建设个人时，填写）				地址		
	地址						
	法定代表人				法定代表人		
	联系人		电话		联系人		电话
项目名称				建设地址			
土地获得方式	○出让 ○划拨	用地规模/ m^2		建设规模/ m^2		投资总额/万元	
						投资性质	
申请内容							
建设单位申明	填报的内容及提交的所有材料（含复印件）及其内容是真实、合法、有效的。如因虚假而引致的法律责任，概由申明单位承担，与许可或审批机关无关。 建设单位（人）（签章）： 年　　月　　日						

建设项目用地预审与选址意见书、建设用地规划许可证、建设工程规划许可证等规划用地许可证书，实行全国统一编号。编号数字共 15 位，前 6 位数按照《〈中华人民共和国行政区划代码〉国家标准第 1 号修改单》（GB/T 2260—2007/XG 1—2016）执行，7～10 位数代表证书发放年份，11～15 位数代表证书发放序号。

2.3.3　拆迁安置意见、协议、方案

拆迁安置意见、协议、方案是指征地、拆迁过程中经双方同意，并经县级以上人民政府有关部门签证的意见、协议、方案等。根据《中华人民共和国土地管理法实施条例》，市、县人民政府规划自然资源主管部门根据经批准的征收土地方案，会同有关部门拟订征地补偿、安置方案，在被征收土地所在地的乡（镇）、村予以公告，听取被征收土地的农村集体经济组织和农民的意见。征地补偿、安置方案报市、县人民政府批准后，由市、县人民政府规划自然资源主管部门组织实施。对补偿标准有争议的，由县级以上地方人民政府协调；协调不成的，由批准征收土地的人民政府裁决。

2.3.4　土地使用证明文件及附件

土地使用证明文件及附件是指县级以上人民政府核发的用地位置、面积、界限的文件，即国有土地使用证，是证明土地使用者使用国有土地的法律文件，其附件为宗地图。

2.3.5　建设用地钉桩通知单

建设用地钉桩通知单（表 2-3）是建设单位委托勘察、设计单位根据用地文件提供的用地测绘资料。

表 2-3　建设用地钉桩通知单

工程名称		许可证号			
建设单位		涉及图编号			
施工单位		钉桩时间			
建设项目钉线情况说明					
现场签名	建设单位代表	施工单位代表		规划院代表	其他

2.4　勘察设计文件

2.4.1　工程地质勘察报告

工程地质勘察报告是建设单位委托勘察单位对建设场地工程地质条件和工程地质问题进行调查、勘探、测试和分析评价后形成的技术文件。工程地质勘察报告的内容分为文字和图表两部分。

1. 文字部分

（1）勘察目的、任务要求和依据的技术标准。

（2）拟建工程情况、勘察阶段、勘察范围。

（3）勘察方法、工作量布置、勘察工作完成情况及质量评述。

（4）自然地理概况。

（5）工程地质条件。

（6）岩体基本质量等级划分。

（7）各项岩土参数的统计、分析与选用，岩土强度参数、变形参数、地基承载力的建议值。

（8）不良地质现象的描述、不良地质现象对工程影响的评价及治理措施建议。

（9）边坡（斜坡）、洞室围岩、洞室地基、岩溶地基、地震效应及其他工程地质问题评价。

（10）拟建工程与相邻建（构）筑物及环境的相互影响评价。

（11）场地稳定性和适宜性评价。

（12）地基均匀性、地下水作用、地基持力层及基础形式、特殊性土、成桩条件的评价。

（13）结论及建议。

2. 图表部分

（1）勘探点平面布置图。

（2）钻孔地质柱状图。

（3）工程地质剖面图。

（4）钻探点数据表。

（5）原位试验成果数理统计表。

（6）室内岩、土、水测试成果数理统计表。

必要时，还应有综合工程地质图、工程地质分区图、综合地质柱状图、基岩等高线图、计算简图、计算成果图表、物探成果图表及影像资料。

2.4.2 水文地质勘察报告

水文地质勘察报告是建设单位委托勘察单位完成工程项目水文地质勘察工作后形成的技术文件。其内容包括水文地质勘探、水文地质测绘、水文地质试验、地下水动态长期观测、水文地质参数计算、地下水资源保护和地下水资源评价等。

2.4.3 初步设计文件

建筑工程一般分为方案设计、初步设计和施工图设计 3 个阶段。对于技术要求相对简单的民用建筑工程，当有关主管部门在初步设计阶段没有审查要求，且合同中没有做初步设计的约定时，可在方案设计审批后直接进入施工图设计；对于法律规定的需要进行初步设计的项目，其初步设计文件应满足编制施工图设计文件的需要，且编制完成后应报有关政府部门审查。初步设计文件包括以下内容。

（1）设计说明书，包括设计总说明、各专业设计说明。对于涉及建筑节能、环保、绿色建筑、人防、装配式建筑等，其设计说明应有相应的专项内容。

（2）有关专业的设计图纸。

（3）主要设备或材料表。

（4）工程概算书。

（5）有关专业计算书（计算书不属于必须交付的设计文件）。

2.4.4 设计方案审查意见

设计方案审查意见主要是规划自然资源主管部门对建设单位报送的设计方案的功能布局、空间形态、交通组织、建筑风貌、配套设施、间距退让、竖向设计、规划指标等进行审查形成的文件。根据规定，建设项目设计应科学合理，满足国家、省、市有关法律法规的要求，贯彻"适用、经济、绿色、美观"的建筑方针，确保建筑使用功能以及节能、节水、节地、节材等要求。报审的建筑工程设计方案应真实、准确，建设单位和设计单位在报审过程中的失信行为和违法、违规行为将纳入社会诚信管理体系，予以定期公布。大型商业办公、文化、娱乐、体育、会展等大空间或超高层公共建筑及工业建筑，对造型和工艺设计有特殊需要的，经论证后，以审定的设计方案为准。

2.4.5　人防、环保、消防等有关主管部门（对设计方案）审查意见

人防、环保、消防等有关主管部门（对设计方案）审查意见是有关行政主管部门（人防、环保、消防）对项目涉及有关方面的审查批准文件或协议文件。

2.4.6　设计计算书

设计计算书是建设单位委托设计单位提供的与施工图内容相符的设计计算资料。

2.4.7　施工图设计文件审查意见

施工图设计文件是建设单位委托设计单位提供的施工图设计技术文件资料。施工图设计文件审查意见则是由具有相应资质的施工图审查机构对施工图设计文件的审查、审批意见。施工图设计文件未经审查批准的，不得使用。

2.5　招投标与合同文件

2.5.1　勘察、设计招投标与合同文件

勘察、设计招投标文件是指建设单位选择工程项目勘察、设计单位所进行的招标、投标、评标、中标等过程形成的文件资料。

1. 勘察、设计招投标文件

凡勘察、设计业务应当依法实行勘察、设计招标的，招标人应当根据建设工程特点和需要编制招标文件。

1）招标文件内容

（1）投标须知。

（2）投标技术文件要求。

（3）投标商务文件要求。

（4）评标、定标标准及方法说明。

（5）勘察、设计合同授予及投标补偿费用说明。

（6）招标可能涉及的其他内容。

2）投标文件内容

投标人应当按照勘察、设计招标文件的要求编制投标文件，投标文件应当对招标文件提出的实质性要求和条件作出响应。

商务标文件应包括投标函、法定代表人资格证明、法定代表人授权委托书、工程勘察设计费报价表、拟投入项目勘察设计人员汇总表、投标人近几年完成与投标项目类似工程勘察设计情况及其获奖情况、招标文件要求提供的其他资料。

方案设计招标时，设计项目技术标文件应包括方案设计说明、方案设计图纸、主要技

术经济指标、工程投资估算和经济分析、效果图、招标文件提出的其他要求。

施工图设计招标时，设计项目技术标文件应包括：施工图设计综合说明；根据已确定的设计方案，明确结构、机电、节能等专业的技术方案；设计图纸；工程投资概算；招标文件提出的其他要求。

岩土工程项目技术标文件应包括岩土工程（勘察、设计、监测）方案说明，实施大纲，相关图纸，施工组织方案及安全文明施工措施，招标文件提出的其他要求。

招标人可根据项目特点在招标文件中进一步明确技术标深度要求。

2. 勘察、设计承包合同

勘察、设计承包合同是建设单位同中标或委托的勘察、设计单位就完成拟建项目勘察、设计任务，明确双方权利义务签订的合同，其合同文件主要包括以下内容。

（1）合同协议书。包括工程概况、勘察范围和阶段、技术要求及工作量、合同工期、质量标准、合同价款、合同文件构成、承诺、词语定义、签订时间、签订地点、合同生效时间和合同份数等。

（2）通用合同条款。包括一般约定、发包人、勘察人、工期、成果资料、后期服务、合同价款与支付、变更与调整、知识产权、不可抗力、合同生效与终止、合同解除、责任与保险、违约、索赔、争议解决及补充条款等。

（3）专用合同条款。勘察、设计承包合同在当事人双方经过协商取得一致意见，由双方负责人或指定的代表签字并加盖公章后，方为有效。

2.5.2 施工招投标与合同文件

1. 施工招投标文件

建设工程施工招投标是建设单位对拟建工程项目通过法定的程序和方式吸引施工承包单位进行公平竞争，并从中选择条件优越者来完成施工任务的行为。

1）建设工程施工招标条件

（1）已下达固定资产投资计划。

（2）已向建设行政主管部门办理报建。

（3）已取得建设工程规划许可证。

（4）工程建设资金或资金来源已经落实（需出具金融、财政、审计等职能部门的有效证明）。

（5）有满足施工招标需要的设计文件、施工图审查批准书及其他技术资料。

2）招标基本程序

建设工程施工招标的基本程序主要包括以下内容。

（1）履行项目审批手续。招标项目按照国家有关规定需要履行项目审批手续的，应当先履行审批手续，取得批准。项目审批、核准部门应当及时将审批、核准确定的招标范围、招标方式、招标组织形式通报有关行政监督部门。招标人应当有进行招标项目的相应资金或者资金来源已经落实，并应当在招标文件中如实载明。

（2）委托招标代理机构。招标人具有编制招标文件和组织评标能力的，可以自行办理招标事宜，否则应当委托具有相应资格的招标代理机构代理招标。

（3）编制招标文件、标底及工程量清单。招标人应当根据招标项目的特点和需要编制招标文件。招标人可以自行决定是否编制标底，一个招标项目只能有一个标底，标底必须保密。全部使用国有资金投资或者以国有资金投资为主的建筑工程应当采用工程量清单计价；非国有资金投资的建筑工程，鼓励采用工程量清单计价。工程量清单应当作为招标文件的组成部分。

（4）发布招标公告或投标邀请书。招标人采用公开招标方式的，应当发布招标公告。招标人采用邀请招标方式的，应当向 3 个以上具备承担招标项目的能力、资信良好的特定法人或者其他组织发出投标邀请书。

（5）资格审查。资格审查分为资格预审和资格后审。招标人采用资格预审办法对潜在投标人进行资格审查的，应当发布资格预审公告、编制资格预审文件。招标人采用资格后审办法对投标人进行资格审查的，应当在开标后由评标委员会按照招标文件规定的标准和方法对投标人的资格进行审查。

（6）开标。开标应当在招标文件确定的提交投标文件截止时间的同一时间公开进行，开标地点应当为招标文件中预先确定的地点。开标由招标人主持，邀请所有投标人参加。开标时，由投标人或者其推选的代表检查投标文件的密封情况，也可以由招标人委托的公证机构检查并公证，经确认无误后，由工作人员当众拆封，宣读投标人名称、投标价格和投标文件的其他主要内容。开标过程应当记录，并存档备查。

（7）评标。评标由招标人依法组建的评标委员会负责。招标人应当采取必要的措施，保证评标在严格保密的情况下进行。任何单位和个人不得非法干预、影响评标的过程和结果。评标完成后，评标委员会应当向招标人提交书面评标报告和中标候选人名单。中标候选人应当不超过 3 个，并标明排序。

（8）中标和签订合同。招标人根据评标委员会提出的书面评标报告和推荐的中标候选人确定中标人。招标人也可以授权评标委员会直接确定中标人。招标人和中标人应当自中标通知书发出之日起 30 日内，按照招标文件和中标人的投标文件订立书面合同。

3）在招标过程中形成的文件

（1）招标公告或投标邀请书。招标公告或投标邀请书均应当载明招标人的名称和地址，招标项目的性质、数量、实施地点和时间，以及获取招标文件的办法等事项。

（2）资格预审文件。资格预审文件由招标人编制，也可委托设计单位、咨询公司编制。其主要内容包括资格预审邀请书、申请人须知、资格审查标准和方法、申请文件格式、招标项目的介绍等。资格预审文件应当载明招标项目名称、内容、范围、规模、资金来源，投标资格能力要求，是否接受联合体投标，获取资格预审文件的时间、方式，递交资格预审文件的截止时间、方式，招标人及其招标代理机构的名称、地址、联系人及联系方式等。

（3）招标文件。招标文件应当载明招标人的名称和地址，招标项目的性质、数量、实施地点和时间，以及获取招标文件的办法等事项。招标文件的主要内容有：投标须知；采用工程量清单招标的，应当提供工程量清单（无法提供工程量清单的特殊工程除外）；投标书和投标报价表的格式及附录；拟签订合同的格式及主要条款；技术条款；设计图纸；评标标准和方法；招标所需的其他材料。

4）编制投标文件

投标人应当严格按照招标文件的要求编制投标文件，对招标文件提出的实质性要求和条件作出响应，并在提交投标文件的截止时间前，将投标文件密封送达投标地点。

投标文件应包括以下内容。

（1）投标函及投标函附录。

（2）法定代表人身份证明或附有法定代表人身份证明的授权委托书。

（3）联合体协议书。

（4）投标保证金。

（5）已标价工程量清单。

（6）施工组织设计。

（7）项目管理机构。

（8）拟分包项目情况表。

（9）资格审查资料。

（10）投标人须知前附表规定的其他材料。

2. 建设工程施工合同

建设工程施工合同分为施工总承包合同和施工分包合同。施工总承包合同是建设单位同中标或委托的施工总承包单位签订的施工合同。施工分包合同是从事建筑工程施工的总承包单位将所承包的建筑工程的一部分依法分包给具有相应资质的单位而订立的合同。建设工程施工合同的内容主要包括工程范围、建设工期、中间交工工程的开工和竣工时间、工程质量、工程造价、技术资料交付时间、材料和设备供应责任、拨款和结算、竣工验收、质量保修范围和质量保证期、双方相互协作等条款。

建设工程施工合同文件应能相互解释，互为说明，除专用条款另有约定外，施工合同文件主要包括以下内容。

（1）合同协议书。

（2）中标通知书。

（3）投标书及其附件。

（4）合同专用条款。

（5）合同通用条款。

（6）标准、规范及有关技术文件。

（7）图纸。

（8）工程量清单。

（9）工程报价单或预算书等。

2.5.3 工程监理招投标与合同文件

1. 工程监理招投标文件

工程监理招投标文件是建设单位选择项目监理单位所进行招标、投标、评标、中标等过程形成的文件资料。

2．工程监理合同文件

工程监理合同文件是建设单位同中标或委托的监理单位就委托的建设工程监理相关服务内容签订的明确双方义务和责任的协议。合同标的是服务，即由监理工程师凭借自己的知识、经验、技能受委托人委托履行实施监督管理。

监理合同组成文件包括以下内容。

（1）合同协议书。

（2）中标通知书或委托书。

（3）投标文件或监理与相关服务建议书。

（4）专用条件。

（5）通用条件。

（6）附录。

2.6　开工审批文件

2.6.1　建设工程规划许可证及其附件、附图

依据《中华人民共和国城乡规划法》第四十条：在城市、镇规划区内进行建筑物、构筑物、道路、管线和其他工程建设的，建设单位或者个人应当向城市、县人民政府城乡规划主管部门或者省、自治区、直辖市人民政府确定的镇人民政府申请办理建设工程规划许可证。

建设工程规划许可证是由城市、县人民政府城乡规划主管部门核发的，是确认有关建设工程符合城市规划要求的法律凭证。经批准的建设工程规划许可证附页、建设工程建筑面积及计容建筑面积明细表是建设工程规划许可证附件；经批准的建设工程规划总平面图、平面图、立面图、剖面图是建设工程规划许可证附图。

1．建设工程规划许可证

1）申请建设工程规划许可证应具备的条件

（1）通过"招、拍、挂"方式取得土地的建设工程，拆迁行政主管部门确定该建筑项目拆迁范围内的全部应拆迁建筑物已拆除，应拆除而未拆除建筑物的国有土地使用证和房屋所有权证（或房地产权证）已注销。

（2）以划拨方式取得国有土地使用权和以出让方式取得国有土地使用权的建设项目应提供使用土地的有关证明文件（含附图）。

2）办理建设工程规划许可证应提供的材料

（1）建设项目规划管理报建申请表。

（2）申请人身份证明材料。

（3）建设工程设计方案。

（4）建设工程技术经济指标计算书。

（5）国土权属证明及附图。

（6）建设项目放线测量合同和跟踪测量合同。

（7）建设工程建筑面积及计容建筑面积明细表。

（8）规划部门工程规划许可初审意见。

（9）属地政府、用地权属单位意见。

（10）消防、人防、环保、市政、园林等有关行政主管部门的审批意见和要求。

（11）法律、法规、规章规定的其他材料。

2. 建设工程规划许可证附件

（1）建设工程规划许可证附页应载明建设工程总建筑面积、总计容建筑面积、分项建筑面积、配套设施（类型、面积、位置）、停车位个数（室内、室外）。

（2）建设工程建筑面积及计容建筑面积明细表应载明总计容建筑面积和建筑面积、分项（楼栋、楼层、建筑功能）的计容建筑面积和建筑面积、层高。

3. 建设工程规划许可证附图

建设工程规划许可证附图包括总平面图、平面图、立面图、剖面图。

2.6.2　建设工程施工许可证

建筑工程开工前，建设单位应当按照国家有关规定向工程所在地建设行政主管部门申请领取施工许可证，但是国务院建设行政主管部门确定的限额以下的小型工程除外。

1. 申请领取施工许可证应当满足的条件

（1）依法应当办理用地批准手续的，已经办理该建筑工程用地批准手续。

（2）在城市、镇规划区的建筑工程，已经取得建设工程规划许可证。

（3）施工场地已经基本具备施工条件，需要征收房屋的，其进度符合施工要求。

（4）已经确定施工企业。按照规定应当招标的工程没有招标，应当公开招标的工程没有公开招标，或者肢解发包工程，以及将工程发包给不具备相应资质条件的企业的，所确定的施工企业无效。

（5）有满足施工需要的技术资料，施工图设计文件已按规定审查合格。

（6）有保证工程质量和安全的具体措施。

（7）按照规定应当委托监理的工程已委托监理。

（8）建设资金已经落实。

（9）法律、行政法规规定的其他条件。

2. 办理施工许可证应提供的材料

（1）建筑工程施工许可证申请表。

（2）建设工程规划许可证。

（3）施工企业主要技术负责人签署已经具备施工条件的意见。

(4）中标通知书或施工合同协议书部分。

（5）施工图图纸（属于施工图审查范围的，需提供经审查合格的图纸）。

（6）危险性较大的分部分项工程清单和安全管理措施。

（7）建设资金已经落实承诺书。

（8）施工单位为该工程办理保险的凭证或承诺书。

（9）法律、法规、规章规定的其他材料。

3. 申请办理施工许可证的程序

（1）建设单位向发证机关领取建筑工程施工许可证申请表。

（2）建设单位持加盖单位及法定代表人印鉴的建筑工程施工许可证申请表，并附证明文件，向发证机关提出申请。

（3）发证机关在收到建设单位报送的建筑工程施工许可证申请表和所附证明文件后，对于符合条件的，应当自收到申请之日起 15 日内颁发施工许可证；对于证明文件不齐全或者失效的，应当当场或者 5 日内一次告知建设单位需要补正的全部内容，审批时间可以自证明文件补正齐全后作相应顺延；对于不符合条件的，应当自收到申请之日起 15 日内书面通知建设单位，并说明理由。

建设单位应当自领取施工许可证之日起 3 个月内开工。因故不能按期开工的，应当向发证机关申请延期；延期以 2 次为限，每次不超过 3 个月。既不开工又不申请延期或者超过延期时限的，施工许可证自行废止。

2.7 工程造价文件

工程造价文件又称为商务文件，主要包括工程投资估算文件、工程设计概算文件、工程预算造价文件、招标控制价格文件、合同价格文件、结算价格文件等。

1. 工程投资估算文件

工程投资估算文件是在项目建议书和可行性研究阶段通过编制估算文件预先测算和确定的工程造价成果文件。投资估算是建设项目进行决策、筹集资金和合理控制造价的主要依据。

2. 工程设计概算文件

工程设计概算文件包括设计概算和修正设计概算。设计概算是在初步设计阶段，根据设计意图，通过编制工程概算文件预先测算和确定的工程造价。与投资估算相比，设计概算造价的准确性有所提高，但受投资估算的控制。设计概算造价一般分为建设项目概算总造价、各个单项工程概算综合造价、各单位工程概算造价。修正设计概算是在技术设计阶段，根据技术设计的要求，通过编制修正概算文件，预先测算和确定的工程造价。修正设计概算造价是对初步设计阶段的概算造价进行的修正和调整，比概算造价准确，但受概算造价控制。

3. 工程预算造价文件

工程预算造价文件是在施工图设计阶段，根据施工图纸，通过编制预算文件，预先测算和确定的工程造价。预算造价比概算造价或修正概算造价更为详尽和准确，但同样受前一阶段工程造价的控制，并非每一个工程项目都要确定预算造价。

4. 招标控制价格文件

招标控制价格文件是建设单位或建设单位委托的工程造价咨询单位编制的招标工程的最高投标限价资料。

5. 合同价格文件

合同价格文件是施工单位与建设单位在签订合同时形成的价格文件。

6. 结算价格文件

结算价格文件是在合同实施阶段施工单位与建设单位结算工程价款时形成的价格文件。

2.8 工程建设基本信息

工程建设基本信息主要包括工程概况信息表、建设单位工程项目负责人及现场管理人员名册、监理单位工程项目总监及监理人员名册、施工单位工程项目经理及质量管理人员名册。

1. 工程概况信息表

工程概况信息表是对工程基本情况及有关单位情况的简要描述，主要包括工程名称、地址、占地面积、总建筑面积、规划用地许可、规划许可、施工许可、建设单位基本情况、工程相关单位的基本情况等信息。

2. 建设单位工程项目负责人及现场管理人员名册

建设单位工程项目负责人及现场管理人员名册，即建设单位在本项目上的相关负责人及现场管理人员相关信息表，包括工程名称、建设单位名称、项目相关负责人及现场管理人员的姓名、职务、职责、本项工作的起始时间等信息。

3. 监理单位工程项目总监及监理人员名册

监理单位工程项目总监及监理人员名册，即监理单位派驻在本项目上的总监理工程师、专业监理工程师、监理员等监理人员的信息表，包括工程名称、监理单位名称，项目总监及专业监理人员的姓名、职务、职责、职业资格证书编号等信息。

4. 施工单位工程项目经理及质量管理人员名册

施工单位工程项目经理及质量管理人员名册，即施工单位在本项目上的项目经理及质量管理人员的信息表，应包括工程名称、施工单位名称，项目负责人（即项目经理）及质量管理人员的姓名、职务、职业资格证书编号等信息。

同步训练 2

一、填空题

1. 建筑工程准备阶段文件包括决策立项文件、_____、_____、_____、_____、工程造价文件、工程建设基本信息。

2. 建设单位应当自领取施工许可证之日起_____个月内开工。因故不能按期开工的，应当向发证机关申请延期；延期以_____次为限，每次不超过_____个月。

二、判断题

1. 可行性报告的批复文件是由建设单位对该项目的可行性研究报告作出的批复文件。
（　　）

2. 可行性研究报告报经有审批权限的部门批准后，才可以编制项目建议书，并为其提供依据和基础。
（　　）

3. 建设工程规划许可证由县级以上人民政府建设行政主管部门核发。（　　）

三、单项选择题

1. 主要负责工程准备阶段文件的管理工作，并设专人对工程准备阶段文件进行收集、整理和归档属于（　　）的职责。

A. 监理单位　　　　B. 设计单位　　　　C. 施工单位　　　　D. 建设单位

2. 项目建议书是由（　　）自行编制或委托其他有相应资质的咨询单位、设计单位编制并申报的文件。

A. 监理单位　　　　B. 设计单位　　　　C. 施工单位　　　　D. 建设单位

3. （　　）一经审查通过，拟建的建设项目便正式获准立项。

A. 项目建议书　　　　　　　　　　B. 可行性研究报告

C. 设计任务书　　　　　　　　　　D. 施工图设计文件

4. 下列不属于立项申请材料的是（　　）。

A. 项目建议书　　　　　　　　　　B. 可行性研究报告

C. 选址意见书　　　　　　　　　　D. 专家论证意见

5．在建设单位文件的形成过程中办理开工手续形成的是（　　）。

    A．可行性研究报告   B．施工招投标文件

    C．建设工程施工许可证   D．施工合同

6．下列属于立项文件的是（　　）。

    A．建设用地文件   B．施工图设计文件的审查意见

    C．施工许可证   D．项目建议书

四、多项选择题

1．立项文件包括（　　）。

    A．发展改革部门批复的立项文件   B．项目建议书

    C．立项会议纪要   D．可行性研究报告

    E．施工许可证

2．工程招投标文件包括（　　）等。

    A．工程监理招投标文件   B．勘察、设计招投标文件

    C．造价咨询合同   D．设计合同

    E．招标公告

3．开工审批文件包括（　　）。

    A．建设工程开工意见书   B．建设工程规划许可证及其附件

    C．建设工程施工许可证   D．建设工程开工审批表

    E．可行性研究报告

4．建设单位应按照国家验收规范的规定和城建档案管理的有关要求，对（　　）等单位汇总的工程资料进行验收，使其完整、准确、真实。

    A．咨询   B．监理   C．总包   D．勘察设计

    E．分包

5．建设工程规划许可证附图包括（　　）。

    A．总平面图   B．平面图   C．立面图   D．剖面图

    E．断面图

6．施工招标文件的内容主要有（　　）。

    A．招标书   B．标底   C．招标资质预审   D．评标

    E．投标文件

五、案例分析

    某房地产开发有限公司在项目开发之初收集国民经济发展规划、区域经济发展规划、土地利用总体规划、年度建设用地计划、城市规划、房地产开发年度计划等资料，进行房地产市场调查、资源调查和分析，拟对某写字楼大厦进行投资开发，形成投资意向后根据资产投资计划、城市规划、年度建设用地计划和市场需求，编制项目建议书，进行项目投资的详细可行性研究测算，编制可行性研究报告，该研究报告审批通过后，项目正式立项。

    请简要回答本项目涉及的立项文件主要包括哪些？其中可行性研究报告内容主要包括什么？

监 理 文 件

思维导图

监理文件思维导图如图 3-1 所示。

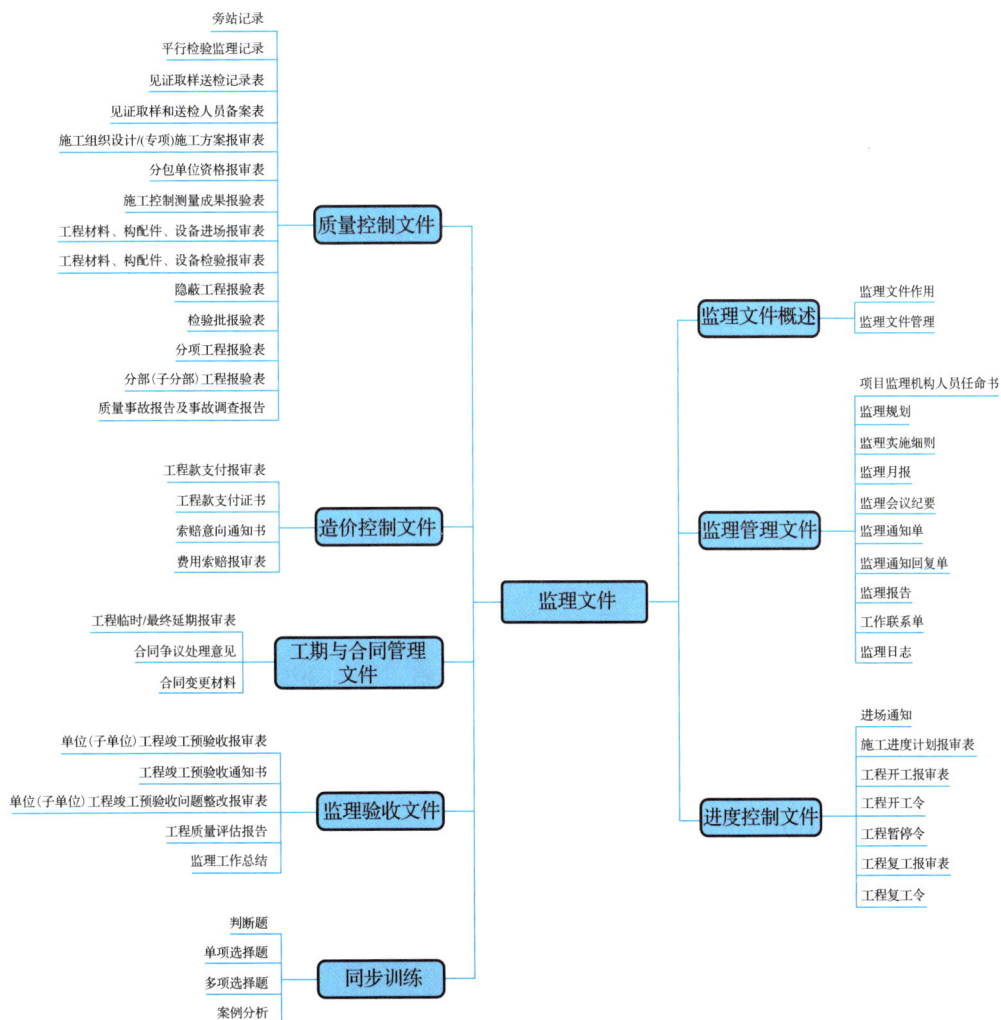

图 3-1　监理文件思维导图

1. 知识目标

（1）了解监理文件概述。
（2）理解各种监理文件的作用。
（3）掌握监理文件的组成，各种监理文件的概念、填表说明及表格样式。

2. 能力目标

（1）能够熟练填写、收集、整理、归档监理文件。
（2）能够正确运用各种监理文件。

3. 思政目标

（1）树立正确的学习观、价值观，积极学习新知识、新技术，自觉践行行业道德规范。
（2）树立"工程质量，百年大计"的强烈意识，严格遵守相关规范、规程、标准。
（3）培养公平公正、科学严谨、认真细致、求真务实的工作作风，养成独立思考、计划与总结的良好工作习惯。

课程导入

某家居广场中心工程在施工过程中采光井模板支撑系统突然垮塌，造成 7 人死亡、17 人受伤。初步调查认定，该事故是一起安全生产责任事故。存在的主要问题：一是施工人员未严格按照施工方案和标准规范搭设模板支撑系统，方案要求现浇梁下立杆间距为 0.4m×0.4m，实际搭设 1.3m×1.3m，并且缺少剪刀撑和扫地杆；二是监理单位现场监管不力，未及时制止施工人员违规作业行为；三是施工单位在浇捣混凝土过程中施工工序错误，造成局部受力集中，超过模板支撑系统承载能力。

3.1 监理文件概述

监理文件（B 类）是指监理单位在工程设计、施工等监理过程中形成的信息记录。其主要包括监理管理文件、进度控制文件、质量控制文件、造价控制文件、工期与合同管理文件、监理验收文件。

3.1.1 监理文件作用

（1）监理文件是记录监理工作过程的主要载体。
（2）监理文件是检查监理工作质量的重要依据。
（3）监理文件是追溯工程建设过程的主要依据。

3.1.2　监理文件管理

1. 监理文件管理的概念

建设工程监理文件管理是指监理工程师受建设单位委托，在进行建设工程监理的工作期间，对建设工程实施过程中形成的与监理相关的文件和档案进行收集积累、加工整理、立卷归档和检索利用等一系列工作。它是监理工程师进行目标控制的基础性工作。

总监理工程师为工程监理部监理文件的总负责人，负责监理文件的日常管理工作，并指定专职或兼职资料员具体管理。

2. 监理文件管理的基本要求

（1）监理文件应满足"真实、有效、完整、齐全"的要求。任何人不得对文件进行涂改、伪造和随意抽撤，防止损毁和丢失。

（2）各专业监理工程师应随着工程的进展负责收集、整理本专业的监理文件，并进行认真检查，保证监理文件的完整性和准确性。每月 25 日前应将整理好的资料交与资料管理员存放保管。

（3）文件管理员应按时验收各专业的监理文件，分类别、分专业建立案卷盒，按规定编目、整理，做到分类有序、存放整齐。

（4）对于已归资料员保管的监理文件，如本工程监理部人员需要借用，应办理借用手续，用后及时归还；其他人员借用，须经总监理工程师同意，办理借用手续，资料员负责收回。

3.2　监理管理文件

监理管理文件主要包括项目监理机构人员任命书、监理规划、监理实施细则、监理月报、监理会议纪要、监理通知单、监理通知回复单、监理报告、工作联系单、监理日志。

3.2.1　项目监理机构人员任命书

工程监理单位在建设工程监理合同签订后，应及时将项目监理机构的组织形式、人员构成及对总监理工程师的任命书面通知建设单位。

1. 样例

项目监理机构人员任命书样例如图 3-2 所示。

2. 填表说明

"监理［　　］任命书　　号"为监理表编号，其中"［　　］"内填写年份，"号"前填写序列号，按形成时间顺序从 001 开始编号。

项目监理机构人员任命书

（监理[×]任命书 × 号）

工程名称：××综合大楼工程

致：＿＿＿＿＿＿××房地产开发公司＿＿＿＿＿＿（建设单位）

我公司任命以下人员组成本工程的项目监理机构，履行建设工程监理合同，实施项目监理机构工作。

序号	职务	姓名	专业技术职称及证书号	执业资格及证书号	身份证号	备注
1	总监理工程师	×××	高级工程师/×××	注册监理工程师/×××	×××	
2	总监理工程师代表	×××	高级工程师/×××	注册监理工程师/×××	×××	
3	专业监理工程师	×××	高级工程师/×××	一级建造师（建筑）/×××	×××	
4		×××	高级工程师/×××	一级建造师（机电）/×××	×××	
5		×××	中级工程师/×××	无	×××	
6		×××	中级工程师/×××	无	×××	
7	监理员	×××	工程师/×××	无	×××	
8		×××	助理工程师/×××	无	×××	
9		×××	助理工程师/×××	二级建造师（机电）/×××	×××	
10						
11						

单位法定代表人（签字）：　　　　　　　　　　　　工程监理单位（盖章）：

年　　月　　日

图 3-2　项目监理机构人员任命书

"姓名"与本人身份证上的姓名一致。

"专业技术职称及证书号"应填写与被授权人岗位一致的职业资格名称及编号。例如，总监理工程师需为取得注册职业证书和执业印章的注册监理工程师。

"执业资格及证书号"应填写与被授权人岗位一致的技术职称名称及编号。例如，专业监理工程师需具有工程类注册执业资格或中级以上专业技术职称。

"工程监理单位（盖章）"由该工程监理单位盖章。

日期采用年 4 位、月 2 位、日 2 位的格式，不足用 0 补位。

3.2.2　监理规划

监理规划是监理单位接受业主委托并签订委托监理合同之后，在总监理工程师的主持下，根据委托监理合同和工程设计文件，在监理大纲的基础上，结合工程的具体情况，广泛收集工程信息和资料的情况下编制，经监理单位技术负责人批准，用来指导项目监理机构全面开展工作的指导性文件，并应在召开第一次工地会议前报送建设单位。

在实施建设工程监理过程中，实际情况或条件发生变化而需要调整监理规划时，应由总监理工程师组织专业监理工程师修改，并应经工程监理单位技术负责人批准后报建设单位。

1. 监理规划的作用

（1）指导项目监理机构全面开展监理工作。

（2）建设监理主管机构对监理单位监督管理的依据。

（3）业主确认监理单位履行合同的主要依据。

（4）监理单位内部考核的依据和重要的存档资料。

2. 监理规划的编制依据

（1）建设工程的相关法律、法规及项目审批文件。

（2）与建设工程项目有关的标准、设计文件、技术资料。

（3）监理大纲、委托监理合同文件及与建设工程项目相关的合同文件。

3. 监理规划的主要内容

（1）工程项目概况。

（2）监理工作内容。

（3）监理工作范围。

（4）监理工作目标。

（5）监理工作依据。

（6）项目监理机构的组织形式。

（7）项目监理机构的人员配备计划。

（8）项目监理机构的人员岗位职责。

（9）监理工作程序。

（10）监理工作方法及措施。

（11）监理工作制度。

（12）监理设施。

3.2.3　监理实施细则

监理实施细则是由专业监理工程师根据监理规划编写，并经总监理工程师批准，针对工程项目中某一专业或某一方面监理工作的操作性文件。

1. 监理实施细则的编制依据

（1）已批准的监理规划。

（2）与工程相关的标准、设计文件及资料。

（3）施工组织设计。

2. 监理实施细则的主要内容

（1）专业工程的特点。

（2）监理工作的流程。

（3）监理工作的控制要点及目标值。

（4）监理工作的方法及措施。

3. 监理实施细则编制说明

（1）监理实施细则应在相应工程施工开始前编制完成，并必须由总监理工程师批准。

（2）监理实施细则应由监理工程师编写。

（3）编制监理实施细则的依据一般包括已批准的监理规划、与工程有关的设计文件和技术资料、施工组织设计。

3.2.4 监理月报

监理月报应由总监理工程师组织编写，签认后报建设单位和本监理单位。

1. 监理月报的编制依据

（1）《建设工程监理规范》（GB/T 50319—2013）。

（2）工程质量验收系列规范、规程和技术标准。

（3）监理单位的有关规定。

2. 监理月报的主要内容

（1）本月工程描述。

（2）工程质量控制，包括本月工程质量状况及影响因素分析、工程质量问题处理过程及采取的控制措施等。

（3）工程进度控制，包括本月施工资源投入、实际进度与计划进度比较、对进度完成情况的分析、存在的问题及采取的措施等。

（4）工程投资控制，包括本月工程计量、工程款支付情况及分析，本月合同支付中存在的问题及采取的措施等。

（5）合同管理其他事项，包括本月施工合同双方提出的问题、监理机构的答复意见，工程分包、变更、索赔、争议等处理情况，对存在的问题采取的措施等。

（6）施工安全和环境保护，包括本月施工安全措施执行情况、安全事故及处理情况、环境保护情况、对存在的问题采取的措施等。

（7）监理机构运行状况，包括本月监理机构的人员及设施、设备情况，尚需发包人提供的条件或解决的情况等。

（8）本月监理小结，包括对本月工程质量、进度、计量与支付、合同其他事项管理、施工安全、监理机构运行状况的综合评价。

（9）下月监理工作计划，包括监理工作重点，在质量、进度、投资、合同其他事项和施工安全等方面需采取的预控措施等。

（10）本月工程监理大事记。

（11）其他应提交的资料和说明事项等。

3.2.5 监理会议纪要

监理会议纪要是由项目监理机构负责整理的会议纪要，主要包括第一次工地会议纪要、监理例会纪要、专题会议纪要。

1. 第一次工地会议纪要

第一次工地会议由建设单位主持召开，主要包括以下内容。

（1）建设单位、施工单位和工程监理单位分别介绍各自驻现场的组织机构、人员及分工。

（2）建设单位介绍工程开工准备情况。

（3）施工单位介绍施工准备情况。

（4）建设单位代表和总监理工程师对施工准备情况提出意见和要求。

（5）总监理工程师介绍监理规划的主要内容。

（6）研究确定各方在施工过程中参加监理例会的主要人员，召开监理例会的周期、地点及主要议题。

（7）其他有关事项。

2. 监理例会纪要

监理例会由总监理工程师或其授权的专业监理工程师定期主持召开的，主要包括以下内容。

（1）检查上次会议议定事项的落实情况，分析未完事项原因。

（2）检查分析工程项目进度计划完成情况，提出下一阶段进度目标及其落实措施。

（3）检查分析工程项目质量情况、施工安全管理状况，针对存在的质量问题提出改进措施。

（4）检查工程量核定及工程款支付情况。

（5）解决需要协调的有关事项。

（6）其他有关事宜。

3. 专题会议纪要

专题会议是由总监理工程师或其授权的专业监理工程师主持或参加的，为解决监理过程中的工程专项问题而不定期召开的会议。各参建单位均可向项目监理机构书面提出召开专题会议的动议，主要包括以下内容。

（1）会议主要议题。

（2）会议内容。

（3）与会单位。

（4）参加人员及召开时间。

3.2.6 监理通知单

监理通知单是由监理工程师发现施工存在质量问题，或施工单位采用不适当的施工工艺，或因施工不当造成工程质量不合格，要求施工单位进行整改时发出的。监理工程师在现场发出口头指令及要求时，也应及时补填监理通知单。

1. 样例

监理通知单样例如图 3-3 所示。

2. 填表说明

"监理 [   ] 通知单   号"为监理表编号，其中"[   ]"内填写年份，"号"前填写序列号，按形成时间的顺序从 001 开始编号。

"事由"应填写通知单内容的主题词，相当于标题。

监理通知单

（监理[　　×　　]通知单　×　号）

工程名称：××综合大楼工程

致：＿＿＿＿＿＿＿××综合大楼项目部＿＿＿＿＿＿＿（施工项目管理机构）

事由：

关于5层梁板钢筋安装质量事宜。

内容：

我部监理工程师在5层梁板钢筋安装验收过程中发现现场钢筋安装存在以下问题：
1.③轴～④轴处框架梁处梁板上层钢筋保护层过大，偏差大于《混凝土结构工程施工质量验收规范》(GB50204—2015)表5.5.3中"板纵向受力钢筋保护层厚度允许偏差±3mm"的规定。
2.楼板预留（⑤轴～⑥轴/Ⓔ轴～Ⓕ轴）补强钢筋、八字筋不满足设计长度要求。要求贵方立即对5层梁板钢筋保护层厚度及补强钢筋长度按规范及设计要求进行整改，自检合格后再报送我部复查，整改未合格前不得进入下道工序施工。

专业监理工程师(签字)：

年　　月　　日

施工单位整改完毕后报我项目监理机构验收，未经我项目监理机构复验，不得进行下道工序施工。

总监理工程师：
(签字、加盖执业印章)

项目监理机构（盖章）：

年　　月　　日

我方于 ＿×＿ 年 ＿×＿ 月 ＿×＿ 日收到监理通知单(监理[　×　]通知单　×　号)，并将按要求整改完善。

施工单位项目负责人：
(签字、加盖执业印章)

施工项目管理机构(盖章)：

年　　月　　日

图3-3　监理通知单

"内容"应写明产生问题的具体部位、具体内容，并写明监理工程师的要求、依据。必要时，应补充相应的文字、图纸、图像等作为附件进行具体说明。

监理工程师签发监理通知单，应经总监理工程师签字。

施工单位收到监理通知单后，标明收到监理通知单的时间，并由施工单位项目负责人签字并加盖执业印章确认。施工单位应及时准备组织整改。

3.2.7 监理通知回复单

施工单位接到项目监理部的监理通知单，按照要求整改完毕后，报请项目监理部进行核查时，应填写监理通知回复单。

1. 样例

监理通知回复单样例如图 3-4 所示。

监理通知回复单

（监理 [×] 通知回复单 × 号）

工程名称：××综合大楼工程

致：_____××监理有限责任公司_____（项目监理机构）

　　我方于 ×年 ×月 ×日收到监理通知单（监理 [×] 通知单 × 号），现已按要求完成工作，请予以复查。

　　　附件：☑ 监理通知单（监理 [×] 通知单 × 号）

　　　　　　☑ 相关证明文件

施工单位项目负责人：　　　　　　　　　施工项目管理机构（盖章）：
（签字、加盖执业印章）

　　　　　　　　　　　　　　　　　　　　年　　月　　日

复查意见：

经检查，已按要求整改完毕。

专业监理工程师（签字）：

　　　　　　　　　　　　　　　　　　　　年　　月　　日

复核意见：

整改完毕，同意进行下道工序施工。

总监理工程师：　　　　　　　　　　　　项目监理机构（盖章）：
（签字、加盖执业印章）

　　　　　　　　　　　　　　　　　　　　年　　月　　日

图 3-4 监理通知回复单

2. 填表说明

"监理〔   〕通知回复单   号"为监理表编号，其中"〔   〕"内填写年份，"号"前填写序列号，按形成时间的顺序从001开始编号。

施工单位应对监理通知单中所提出问题产生的原因、整改经过和今后预防同类问题准备采取的措施进行详细说明，且要求承包单位对每一份监理通知单都要予以答复，如果表不够填写可加附页或附件整改方案。

施工单位应依据监理通知单的要求，简要说明落实整改情况，必要时应附整改相关证明资料，包括检查记录、对应部位的影像资料等。

"复查意见"和"复核意见"处，项目监理机构应根据施工单位报送的监理通知回复单对整改情况进行复查、复核，并提出复查意见。

3.2.8 监理报告

当项目监理机构在实施监理过程中，发现工程存在安全事故隐患时，应签发监理通知单，要求施工单位再整改；情况严重时，应签发工程暂停令，并应及时报告建设单位。施工单位拒不整改或不停止施工时，项目监理机构应及时向有关主管部门报送监理报告。

1. 样例

监理报告样例如图3-5所示。

2. 填表说明

"监理〔   〕报告   号"为监理表编号，其中"〔   〕"内填写年份，"号"前填写序列号，按形成时间的顺序从001开始编号。

若项目监理机构签发的是监理通知单，表格中应把斜线后的"工程暂停令（监理〔   〕暂停令   号）"用横线或者斜线划掉。"附件"须附监理通知单，且"□监理通知单（监理〔   〕通知单   号）"前面的"□"需画"√"。若项目监理机构签发的是工程暂停令，操作类似。

附件中提到的各文件，除注明文件名称外，还应注明文件的编号。

"总监理工程师"处应总监理工程师本人签字并加盖执业印章。

监理报告

(监理[　×　]报告　×　号)

工程名称：××综合大楼工程

致：　　　　　重庆市工程质量监督管理站　　　　　（主管部门）

　　由　　　　××建筑工程有限公司　　　　(施工单位)施工的　　　　　脚手架　　　　　(工程部

位)存在质量安全隐患，我方已于　　×　年　×　月　×　日发出监理通知单(监理[　　　　]

通知单　　号)／工程暂停令(监理[　　×　　]暂停令　×　号)，但施工单位未整改/停工。

　　特此报告。

　　附件：☐　监理通知单(监理[　　　]通知单　　号)

　　　　　☑　工程暂停令(监理[　　×　]暂停令　×　号)

　　　　　☐　其他

总监理工程师：　　　　　　　　　　　　项目监理机构（盖章）：
(签字、加盖执业印章)

　　　　　　　　　　　　　　　　　　　　　　　　　　年　　月　　日

图 3-5　监理报告

3.2.9　工作联系单

　　工作联系单主要用于项目监理机构与工程建设有关方（包括建设、施工、监理、勘察设计和上级主管部门）相互之间的日常书面工作联系。

1. 样例

工作联系单样例如图 3-6 所示。

工作联系单

(监理［ × ］工作联系 × 号)

工程名称：××综合大楼工程

<table>
<tr><td>致：</td><td colspan="2">重庆市××监理工程有限公司</td></tr>
<tr><td colspan="3"></td></tr>
<tr><td>事由：</td><td colspan="2"></td></tr>
<tr><td colspan="3" style="text-align:center">更换项目经理。</td></tr>
<tr><td>内容：</td><td colspan="2"></td></tr>
<tr><td colspan="3">根据工作需要，我项目部将项目经理×××调出，更换为×××接替项目经理工作，具备上岗证，特此通知。</td></tr>
<tr><td>项目负责人（签字）：</td><td>发文单位（盖章）：</td><td></td></tr>
<tr><td colspan="3" style="text-align:right">年 月 日</td></tr>
</table>

图 3-6　工作联系单

2. 填表说明

"监理［　　］工作联系　　号"为监理表编号，其中"［　　］"内填写年份，"号"前填写序列号，按形成时间的顺序从 001 开始编号。

"事由"应填写通知内容的主题词，相当于标题。

"内容"包括施工过程中，与监理有关的某一方需向另一方告知某一事项或督促某项工作、提出某项建议等。

"发文单位"有权签发的负责人应为建设单位的现场代表、施工单位的项目经理、监理单位的项目总监理工程师、设计单位的本工程设计负责人及项目其他参建单位的相关负责人等。

3.2.10　监理日志

监理日志是项目监理机构每日对建设工程监理工作及施工进展情况所做的记录，是监理工程师实施监理活动的原始记录，是执行监理委托合同、编制监理竣工文件和处理索赔、延期、变更的重要资料，还是分析工程质量问题的重要的、最原始、最可靠的材料。

1. 监理日志的作用

（1）监理日志是监理公司、监理工程师的工作内容、效果的重要外在表现，管理部门可以通过监理日志的记录内容了解监理公司的日常管理活动。

（2）通过监理日志，监理工程师可以对一些质量问题和一些重要事件进行准确追溯和定位，为监理工程师或总监理工程师的重要决定提供依据。

（3）对监理日志进行统计和总结，可以为监理月报、质量评估报告、监理工作总结、监理会议等提供重要内容。

（4）监理日志需要正确反映工程建设过程中监理人员参与工程投资、进度、质量、合同管理及现场协调的实际情况，尤其是施工中存在的安全、质量隐患和对承包商的重要建议、要求等，因此，监理日志也是监理项目部和监理企业用于检查、评价监理工程师日常工作的重要依据之一。

（5）监理日志是记录项目管理过程中施工质量、安全、费用、工期等各方面最原始、最可靠的资料，特别是在发生工程延期、索赔、结算的纠纷或法律诉讼时将成为最主要的举证资料。因此，监理部门需要妥善保管监理日志。

2. 监理日志的主要内容

（1）当日施工情况，包括施工部位及内容，主要材料、机械、劳动力进出场情况，原材料、构配件等的抽样和现场检测情况，验收情况（包括参加人员）。

（2）当日监理情况，包括施工过程巡视、旁站、见证取样、平行检验等情况。

（3）存在问题及处理情况，包括工程质量、进度、安全生产等方面存在的问题，对问题的处理情况及结果，签发的证书和单据（监理通知单、监理会议纪要、监理月报、工程变更等）。

（4）其他有关事项，专业协调、专题现场会议、停工情况、合理化建议等，上级主管部门及公司领导巡视检查情况。

3.3　进度控制文件

进度控制文件主要包括进场通知、施工进度计划报审表、工程开工报审表、工程开工令、工程暂停令、工程复工报审表、工程复工令。

3.3.1 进场通知

当施工现场已具备进场条件时，监理单位应向施工单位签发进场通知。

1. 样例

进场通知样例如图 3-7 所示。

进场通知

（监理[×]进场通知 × 号）

工程名称：××综合大楼工程

致：_____××建筑工程有限公司_____（施工单位）

　　根据施工合同约定，现签发 _____××综合大楼工程_____ 工程项目进场通

知，你方在接到该通知后，应及时调遣人员和组织施工设备、材料进场，完成各项施工准备工作，并请尽快

提交工程开工报审表。

　　该工程项目的合同开工日期为 __×__ 年 __×__ 月 __×__ 日。

　　据施工合同双方的施工准备情况，监理机构另行签发工程开工令。

总监理工程师：　　　　　　　　　　项目监理机构（盖章）：
（签字、加盖执业印章）

　　　　　　　　　　　　　　　　　　　　年　　月　　日

　　我方于 __×__ 年 __×__ 月 __×__ 日收到 _____××监理有限责任公司_____ （监理机构）签发的进

场通知（监理[×]进场通知 × 号），我方将按要求组织进场。

施工单位项目负责人：　　　　　　　施工单位（盖章）：
（签字、加盖执业印章）

　　　　　　　　　　　　　　　　　　　　年　　月　　日

图 3-7　进场通知

2．填表说明

"监理［　　］进场通知　　号"为监理表编号，其中"［　　］"内填写年份，"号"前填写序列号，按形成时间的顺序从 001 开始编号。

施工单位在接到该通知后，应及时回执，并调遣人员和组织施工设备、材料进场，完成各项施工准备工作后提交工程开工报审表。

"总监理工程师（签字、加盖执业印章）"处应总监理工程师本人签字并加盖执业印章。

"项目监理机构（盖章）"处应盖监理机构项目章，若无项目章需盖监理单位公章。

"施工单位项目负责人（签字、加盖执业印章）"处应由该项目负责人本人签字并加盖执业印章。

"施工单位（盖章）"处需盖该项目施工单位公章。

3.3.2　施工进度计划报审表

施工进度计划报审表为施工单位向项目监理机构报审工程进度计划的用表，由施工单位填报，项目监理机构审批。工程进度计划的种类有总进度计划，年、季、月、周进度计划及关键工程进度计划等，报审时均可使用施工进度计划报审表。

项目监理机构应检查施工进度计划的实施情况，发现实际进度严重滞后于计划进度且影响合同工期时，应签发监理通知单，要求施工单位采取调整措施加快施工进度。总监理工程师应向建设单位报告工期延误风险。

项目监理机构应比较分析工程施工实际进度与计划进度，预测实际进度对工程总工期的影响，并应在监理月报中向建设单位报告工程实际进展情况。

1．施工进度计划报审表的基本内容

（1）施工进度计划是否符合施工合同中工期的约定。

（2）施工进度计划中主要项目有无遗漏，是否满足分批投入试运行、分批动用的需要，阶段性施工进度计划是否满足总进度控制目标的要求。

（3）施工顺序的安排是否符合施工工艺的要求。

（4）施工人员、工程材料、施工机械等资源供应计划是否能满足施工进度计划的需要。

（5）施工进度计划是否符合建设单位提供的资金、施工合同、施工场地、物资等施工条件。

2．样例

施工进度计划报审表样例如图 3-8 所示。

3．填表说明

"监理［　　］进度计划报审　　号"为监理表编号，其中"［　　］"内填写年份，"号"前填写序列号，按形成时间的顺序从 001 开始编号。

本表由施工单位填报，施工单位项目负责人签字加盖执业印章。

本表由项目监理机构专业监理工程师审查签字，总监理工程师签字加盖执业印章。

附件中提到的各文件，除注明文件名称外，还应注明文件的编号。

施工进度计划报审表

（监理[　×　]进度计划报审　×　号）

工程名称：××综合大楼工程

<table>
<tr><td colspan="2">
致：　　　　　××监理有限责任公司　　　　　　　　（项目监理机构）

　　根据施工合同约定，我方于 ＿×＿ 年 ＿×＿ 月 ＿×＿ 日已完成工程施工进度计划的编制和批准，请予以审查。

　　附件：☑ 施工总进度计划

　　　　　☑ 阶段性进度计划

施工单位项目负责人：　　　　　　　　　施工项目管理机构(盖章)：
(签字、加盖执业印章)

　　　　　　　　　　　　　　　　　　　　　　　　　　　　年　　　月　　　日
</td></tr>
<tr><td colspan="2">
审查意见：

　　　　　报审的施工进度计划符合施工合同要求，请总监理工程师审查。

专业监理工程师(签字)：

　　　　　　　　　　　　　　　　　　　　　　　　　　　　年　　　月　　　日
</td></tr>
<tr><td colspan="2">
审查意见：

　　　　　同意专业监理工程师审查意见，严格按此施工进度计划组织施工。

总监理工程师：　　　　　　　　　　　　项目监理机构（盖章）：
(签字、加盖执业印章)

　　　　　　　　　　　　　　　　　　　　　　　　　　　　年　　　月　　　日
</td></tr>
</table>

图 3-8　施工进度计划报审表

3.3.3 工程开工报审表

施工单位接到监理单位的进场通知，且工程满足开工条件后，施工单位填写工程开工报审表报项目监理机构复核和建设单位批复开工时间，整个项目一次开工，只填报一次，若工程项目中含有多个单位工程且开工时间不同，则每个单位工程都应填报一次。

1. 样例

工程开工报审表样例如图 3-9 所示。

工程开工报审表

（监理[×]开工报审 × 号）

工程名称：××综合大楼工程

致：_____×× 房地产开发公司_____（建设单位）

_____×× 监理有限责任公司_____（项目监理机构）

我方承担的 _____×× 综合大楼_____ 工程，已完成相关准备工作，具备开工条件，申请于 __×__ 年 __×__ 月 __×__ 日开工，请予以审批。

附件：☑ 单位（子单位）工程开工报告

☑ 施工现场质量管理检查记录

施工单位项目负责人：   施工项目管理机构(盖章)：
(签字、加盖执业印章)

年　　月　　日

审核意见：

经审查，设计交底和图纸会审已完成，施工组织设计已由总监理工程师签认，施工单位现场质量安全生产管理体系已建立，管理人员已到位，施工机械具备使用条件，主要工程材料已落实，进场道路及水、电、通信已满足开工条件，符合开工条件，请建设单位审批。

总监理工程师：   项目监理机构（盖章）：
(签字、加盖执业印章)

年　　月　　日

审批意见：

同意开工。

建设单位项目负责人(签字)：   建设单位（盖章）：

年　　月　　日

图 3-9　工程开工报审表

2. 填表说明

"监理［　　］开工报审　　号"为监理表编号，其中"［　　］"内填写年份，"号"前填写序列号，按形成时间的顺序从 001 开始编号。

施工单位在填报工程开工报审表时应同时附单位（子单位）工程开工报告及施工现场质量管理检查记录。

总监理工程师应组织专业监理工程师审查施工单位报送的工程开工报审表及相关资料。具备开工条件时，应由总监理工程师签署审查意见，并报建设单位批准后，总监理工程师签发工程开工令，同时签认附件文件。

3.3.4 工程开工令

监理机构收到施工单位报送的工程开工报审表及相关资料，经专业监理工程师审查已具备施工合同约定的开工条件后，由总监理工程师签署审查意见，并应报建设单位批准后，再由总监理工程师签发工程开工令。

1. 签发工程开工令应具备的条件

（1）设计交底和图纸会审已完成。

（2）施工组织设计已由总监理工程师签认。

（3）施工单位现场质量、安全生产管理体系已建立，管理及施工人员已到位，施工机械具备使用条件，主要工程材料已落实。

（4）进场道路及水、电、通信等已满足开工要求。

2. 样例

工程开工令样例如图 3-10 所示。

3. 填表说明

"监理［　　］开工令　　号"为监理表编号，其中"［　　］"内填写年份，"号"前填写序列号，按形成时间的顺序从 001 开始编号。

"开工日期"应填写符合开工的实际日期。

施工单位收到监理单位发出的工程开工令之后应及时作出回执，填写收到工程开工令的日期，施工单位项目负责人签字并加盖执业印章，施工项目管理机构盖项目章。

工程开工令

(监理[　×　]开工令　×　号)

工程名称：××综合大楼工程

致：_____××建筑工程有限公司_____（施工单位）

于 __×__ 年 __×__ 月 __×__ 日收到工程开工报审表（监理[　×　]开工报审　×　号），经

审查，本工程已具备施工合同约定的开工条件，现签发工程开工令同意你方开始施工，并确定开工日期为：

__×__ 年 __×__ 月 __×__ 日。

总监理工程师：　　　　　　　　　　项目监理机构（盖章）：
（签字、加盖执业印章）

　　　　　　　　　　　　　　　　　　　　　　　年　　　月　　　日

我方于 __×__ 年 __×__ 月 __×__ 日收到工程开工令（监理[　×　]开工令　×　号），并按要

求正式开工建设。

施工单位项目负责人：　　　　　　　　施工项目管理机构（盖章）：
（签字、加盖执业印章）

　　　　　　　　　　　　　　　　　　　　　　　年　　　月　　　日

图 3-10　工程开工令

▌3.3.5　工程暂停令

工程暂停令是指在施工过程中发生了需要停工处理事件，总监理工程师签发停工指令用表。总监理工程师签发工程暂停令应事先征得建设单位同意，当在紧急情况下未能事先报告时，应在事后及时向建设单位作出书面报告。监理工程师在签发工程暂停令时，可根据停工的影响范围和影响程度，确定停工范围。

当项目监理机构发现下列情况之一时，总监理工程师应按施工合同和建设工程监理合同的约定及时签发工程暂停令。

（1）建设单位要求暂停施工且工程需要暂停施工的。

（2）施工单位未经批准擅自施工或拒绝项目监理机构管理的。

（3）施工单位未按审查通过的工程设计文件施工的。

（4）施工单位未按批准的施工组织设计、（专项）施工方案进行施工或违反工程建设强制性标准的。

（5）施工存在重大质量、安全事故隐患或发生质量、安全事故的。

1. 样例

工程暂停令样例如图3-11所示。

工程暂停令

（监理[×]暂停令 × 号）

工程名称：××综合大楼工程

致：××建筑工程有限公司（施工项目管理机构） 由于你单位未上报脚手架专项施工方案就擅自搭设脚手架原因，现通知你方于 × 年 × 月 × 日 × 时起，暂停脚手架搭设部位（工序）施工，并按下述要求做好后续工作。 要求： 1. 上报脚手架专项施工方案 2. 对架子工进行安全交底及安全教育 总监理工程师：（签字、加盖执业印章）　　项目监理机构（盖章）： 年　月　日
审批意见： 同意暂停施工。 建设单位项目负责人(签字)：　　建设单位（盖章）： 年　月　日
我方于 × 年 × 月 × 日 × 时收到工程暂停令（监理[×]暂停令 × 号），现已暂停脚手架搭设部位（工序）施工，并按要求进行整改。 施工单位项目负责人：（签字、加盖执业印章）　　施工项目管理机构(盖章)： 年　月　日

图3-11　工程暂停令

2. 填表说明

"监理 [　　] 暂停令　　号"为监理表编号，其中"[　　]"内填写年份，"号"前填写序列号，按形成时间的顺序从 001 开始编号。

工程暂停令中应注明工程暂停原因和停工的具体部位或工序。总监理工程师应对停工期间，施工单位应完成的整改内容或完善内容提出明确、具体的要求。

建设单位项目负责人若同意总监理工程师签发的工程暂停令，则应及时签认。紧急情况未能事先报告建设单位项目负责人，但事后总监理工程师向建设单位作出书面报告的，建设单位项目负责人应及时签认书面报告。

施工单位收到工程暂停令之后应作出回执，标明收到工程暂停令的具体时间，精确到"时"且格式为 24 小时制的 2 位。

3.3.6　工程复工报审表

当导致工程暂停的问题已解决，具备复工条件时，施工单位应填写工程复工报审表报项目监理机构审查，申请复工。

1. 样例

工程复工报审表样例如图 3-12 所示。

2. 填表说明

"监理 [　　] 复工报审　　号"为监理表编号，其中"[　　]"内填写年份，"号"前填写序列号，按形成时间的顺序从 001 开始编号。

施工单位填报工程复工报审表时应明确所针对的某一份工程暂停令，即注明工程暂停令编号，并且附相应证明材料，如整改施工记录文件、自检记录、现场照片等。

项目监理机构应审查施工单位报送的工程复工报审表及有关材料，现场检查记录符合复工条件的，总监理工程师应及时签发意见，报送建设单位批准后签发工程复工令。项目监理机构审查施工单位不满足复工条件的，总监理工程师应在工程复工报审表中注明不同意复工的具体原因，并要求施工单位整改完善。

工程复工报审表

(监理[　×　]复工报审　×　号)

工程名称：××综合大楼工程

致：　　　　　　　××监理有限责任公司　　　　　　　(项目监理机构)

你方于　×　年　×　月　×　日发出工程暂停令(监理[　×　]暂停令　×　号)，所停工的　　　　脚手架搭设　　　　部位(工序)已满足复工条件，我方申请于　×　年　×　月　×　日　×　时复工，请予以审批。

附件：相关证明文件资料

施工单位项目负责人：　　　　　　　　　　施工项目管理机构(盖章)：
(签字、加盖执业印章)

　　　　　　　　　　　　　　　　　　　　　　　年　　月　　日

审批结论：

☑　具备复工条件，同意复工。

☐　不具备复工条件，暂不同意复工。

不同意原因：

总监理工程师：　　　　　　　　　　　　　项目监理机构(盖章)：
(签字、加盖执业印章)

　　　　　　　　　　　　　　　　　　　　　　　年　　月　　日

审批意见：

同意复工。

建设单位项目负责人(签字)：　　　　　　　建设单位(盖章)：

　　　　　　　　　　　　　　　　　　　　　　　年　　月　　日

图 3-12　工程复工报审表

3.3.7　工程复工令

监理单位收到施工单位发出的工程复工报审表，经查已具备复工条件，经建设单位同意后签发工程复工令。施工单位未提出复工申请的，总监理工程师应根据工程实际情况指令施工单位恢复施工。

1. 样例

工程复工令样例如图 3-13 所示。

工程复工令

（监理[　×　]复工令 　×　 号）

工程名称：××综合大楼工程

致：_____××建筑工程有限公司_____（施工项目管理机构）

我方于　×　年　×　月　×　日　×　时已收到你方发出的工程复工报审表（监理[　×　]复工报审 　×　 号）。我方要求暂停_____脚手架搭设_____部位（工序）的施工，经查已具备复工条件，经建设单位同意，现通知你方于　×　年　×　月　×　日　×　时起恢复施工。

总监理工程师：
（签字、加盖执业印章）

项目监理机构（盖章）：

　　　　　　　　　　　　　　　　　　　　　　年　　　月　　　日

我方于　×　年　×　月　×　日　×　时收到工程复工令（监理[　×　]复工令 　×　 号），并于　×　年　×　月　×　日　×　时起恢复施工。

施工单位项目负责人：
（签字、加盖执业印章）

施工项目管理机构(盖章)：

　　　　　　　　　　　　　　　　　　　　　　年　　　月　　　日

图 3-13　工程复工令

2. 填表说明

"监理[　　]复工令 　　 号"为监理表编号，其中"[　　]"内填写年份，"号"前填写序列号，按形成时间的顺序从 001 开始编号。

工程复工令中必须注明复工的部位（工序）、复工日期等，并按工程复工报审表等其他相关说明文件填写。

监理单位要求工程恢复施工的时间应精确到"时"，且格式为 24 小时制的 2 位。施工单位收到工程复工令之后应作出回执，标明收到工程复工令的具体时间，精确到"时"，且不得与监理单位要求的时间不符。施工单位收到工程复工令之后，施工单位项目负责人应对收到工程复工令的时间和恢复施工的时间签字并加盖执业印章确认。

3.4 质量控制文件

质量控制文件主要包括旁站记录，平行检验监理记录，见证取样送检记录表，见证取样和送检人员备案表，施工组织设计/（专项）施工方案报审表，分包单位资格报审表，施工控制测量成果报验表，工程材料、构配件、设备进场报审表，工程材料、构配件、设备检验报审表，隐蔽工程报验表，检验批报验表，分项工程报验表，分部（子分部）工程报验表，质量事故报告及事故调查报告等内容。

3.4.1 旁站记录

旁站记录是指项目监理机构对工程的关键部位或关键工序的施工质量进行的监督活动所见证的有关情况的记录。项目监理机构应根据工程特点和施工单位报送的施工组织设计，确定旁站的关键部位、关键工序，安排监理人员进行旁站，并应及时记录旁站情况。项目监理机构应当安排旁站监理人员按照旁站监理方案，依据《房屋建筑工程施工旁站监理管理办法（试行）》实施旁站监理。

1. 房屋建筑工程需实施旁站监理的部位或工序

（1）基础工程：桩基工程、沉井过程、水下混凝土浇筑、承载力检测、独立基础框架、基础土方回填。

（2）结构工程：混凝土浇筑、施加预应力、施工缝处理、结构吊装。

（3）钢结构工程：重要部位焊接、机械连接安装。

（4）设备进场验收测试，单机无负荷试车、联动试车、联动试运转，设备安装验收，压力容器验收测试等。

（5）隐蔽工程的隐蔽过程。

（6）建筑材料的见证取样、送样，新技术、新材料、新工艺、新设备试验过程。

（7）建设工程委托监理合同规定的应旁站监理的部位。

2. 样例

旁站记录样例如图3-14所示。

3. 填表说明

"监理［　　］旁站记录　　号"为监理表编号，其中"［　　］"内填写年份，"号"前填写序列号，按形成时间的顺序从001开始编号。

"施工情况"记录所旁站部位（工序）的施工作业内容、主要施工机械、材料、人员和完成的工程数量等内容及监理人员检查旁站部位施工质量的情况。

旁站记录

(监理[×]旁站记录 × 号)

工程名称：××综合大楼工程

旁站的关键部位、关键工序	①轴~⑤轴/Ⓐ轴~Ⓒ轴 基础底板混凝土浇筑	施工单位	××建筑工程有限公司
旁站开始时间	× 年 × 月 × 日 × 时 × 分	旁站结束时间	× 年 × 月 × 日 × 时 × 分

施工情况：

1.机械设备的数量、运行、使用情况。
2.混凝土浇捣的部位、轴线与浇捣的顺序、方向。
3.混凝土浇捣的数量、等级及混凝土的相关质保资料交接检验单等。
4.混凝土浇筑开始、结束时间。

监理情况：

1.检查施工单位的人员配备及到位情况。
2.施工过程中混凝土质量控制情况及质量问题的处理程序、结果是否符合要求。
3.混凝土试块的见证取样、平行检验的内容、数量及结果。
4.混凝土浇捣完成后的检验，如表面质量、标高等控制情况记录。

发现的问题：

　　混凝土浇筑后未及时进行覆盖养护。

处理情况：

　　由施工单位派人将浇筑完成的混凝进行　　覆盖养护。

旁站监理人员（签字）：

年　　月　　日

图 3-14　旁站记录

"监理情况"为施工记录文件当中对旁站部位（工序）施工作业内容、主要施工机械、材料等的抽查内容，或记录操作人员的操作情况。

"发现的问题"为根据记录情况，对比相关办法、规定，描述施工单位操作人员具体的违法或违规问题。

"处理情况"处记录对于所发现问题的处理方案。

3.4.2　平行检验监理记录

平行检验是项目监理机构在施工单位自检的同时，按建设工程监理合同约定对同一检验项目进行的检测试验活动。监理单位进行工序验收时填写平行检验监理记录。

1. 样例

平行检验监理记录样例如图 3-15 所示。

平行检验监理记录

（监理[　×　]平行检验　×　号）

工程名称：××综合大楼工程

检验项目	建筑物标高、全高测量	检验时间	×　年　×　月　×　日
检验部位/工序	四层		

检验情况及结果：

层次与设计标高/m		位置	标高/m	全高/m
四层	11.250	7-1～7-2/7-E	11.248	11.248
四层	11.250	7-2～7-3/7-C	11.247	11.247
四层	11.250	7-2～7-3/7-B	11.254	11.254
四层	11.250	7-3～7-5/7-B	11.251	11.251
四层	11.250	7-4～7-7/7-C	11.245	11.245
四层	11.250	7-5～7-6/7-B	11.256	11.256
四层	11.250	7-6～7-8/7-A	11.255	11.255
四层	11.250	7-7～7-9/7-C	11.247	11.247

符合设计及质量规范要求。

与施工单位检验结果对比：

对比结果真实准确，符合规范要求。

检验结论：

符合设计及规范规定要求。

监理检验人员(签字)：

年　　月　　日

图 3-15　平行检验监理记录

2. 填表说明

"监理[　]平行检验　号"为监理表编号，其中"[　]"内填写年份，"号"前填写序列号，按形成时间的顺序从 001 开始编号。

"检验情况及结果"记录现场检查时的问题及实际情况。

"与施工单位检验结果对比"为平行监理人员对检验项目的检验情况和施工单位对同一

检验项目的检验情况的对比，不同结果予以详细记录。

"检验结论"为根据与勘察设计及相关规定的要求对比所作出的检验结论。

3.4.3　见证取样送检记录表

见证取样是项目监理机构对施工单位进行的涉及结构安全的试块、试件及工程材料现场取样、封样、送检工作的监督活动。

1. 必须实行见证取样和送检的试件、试块或材料

（1）用于承重结构的混凝土试块。
（2）用于承重墙体的砌筑砂浆试块。
（3）用于承重结构的钢筋及接头试件。
（4）用于承重墙的砖和混凝土小型砌块。
（5）用于拌制混凝土和砌筑砂浆的水泥。
（6）用于承重结构的混凝土中使用的掺加剂。
（7）用于地下、屋面和厕浴间使用的防水材料。
（8）国家规定必须实行见证取样和送检的其他试块、试件和材料。

2. 样例

见证取样送检记录表样例如图 3-16 所示。

见证取样送检记录表

（监理[　×　]见证送检　×　号）

工程名称：××综合大楼工程

按见证取样送检方案及有关规定，在我方监理人员见证下，完成了取样送检工作。

序号	取样日期	样品名称	样品数量	取样部位	取样人员	见证人员	检验结果	备注
1	×年×月×日	混凝土试块	标养试块1组	一层剪力墙柱	×××	×××	合格	

总监理工程师：　　　　　　　　　　　　　　　项目监理机构（盖章）：
（签字、加盖执业印章）

图 3-16　见证取样送检记录表

3. 填表说明

"监理 [　　] 见证送检　　号"为监理表编号，其中"[　　]"内填写年份，"号"前填写序列号，按形成时间的顺序从 001 开始编号。

取样送检应按见证取样送检方案及取样实际情况如实填写。

"取样日期"按取样的实际日期填写，应与施工单位的相关记录文件时间一致。

见证取样可由监理员完成，见证取样送检记录表填写后应由总监理工程师签字加盖执业印章确认。

3.4.4 见证取样和送检人员备案表

为了加强建设工程质量管理和监督，每个单位工程必须有1~2名取样和送检见证人，见证人由施工现场监理人员或建设单位委派具有一定试验经验的专业技术人员担任。

3.4.5 施工组织设计/（专项）施工方案报审表

施工组织设计/（专项）施工方案报审表是施工单位在开工前向项目监理部报送施工组织设计/（专项）施工方案时需要填写的资料。在施工过程中，经批准的施工组织设计/（专项）施工方案发生改变，或报送（专项）施工方案、重点部位关键工序专项施工方案、"四新"（新技术、新材料、新设备、新工艺）技术施工方案及按规定须报送监理机构审批的方案等，均可用施工组织设计/（专项）施工方案报审表报审。

项目监理机构应审查施工单位报审的施工组织设计，符合要求的，应由总监理工程师签认后报建设单位。项目监理机构应要求施工单位按已批准的施工组织设计组织施工。当施工组织设计需要调整时，项目监理机构应按程序重新审查。

项目监理机构应审查施工单位报审的专项施工方案，符合要求的，应由总监理工程师签认后报建设单位。超过一定规模的危险性较大的分部分项工程的专项施工方案，应检查施工单位组织专家进行论证、审查的情况，以及是否附安全验算结果。项目监理机构应要求施工单位按已批准的专项施工方案组织施工。当专项施工方案需要调整时，施工单位应按程序重新提交项目监理机构审查。

项目监理机构应巡视检查危险性较大的分部分项工程专项施工方案实施情况。当发现未按专项施工方案实施时，应签发监理通知单，要求施工单位按专项施工方案实施。

1. 施工组织设计审查内容

（1）编审程序是否符合相关规定。

（2）施工进度、施工方案及工程质量保证措施是否符合施工合同要求。

（3）资金、劳动力、材料、设备等资源的供应计划是否满足工程施工需要。

（4）安全技术措施是否符合工程建设强制性标准。

（5）施工总平面图布置是否科学合理。

2.（专项）施工方案审查内容

（1）编审程序是否符合相关规定。

（2）安全技术措施（工程质量保证措施）是否符合工程建设强制性标准。

3. 样例

施工组织设计/（专项）施工方案报审表样例如图3-17所示。

4. 填表说明

"监理[ ]施组/方案报审 号"为监理表编号，其中"[ ]"内填写年份，"号"前填写序列号，按形成时间的顺序从001开始编号。

施工单位若报审的是施工组织设计,则需划掉斜线后面的"(专项)施工方案"。施工单位若报审的是施工方案或专项施工方案,则需划掉斜线前面的"施工组织设计"。

施工组织设计/(专项)施工方案报审表

（监理[×]施组/方案报审 × 号）

工程名称：××综合大楼工程

致：_____××监理有限责任公司_____（项目监理机构）

我方已完成_____××综合大楼_____工程施工组织设计/(专项)施工方案的编制和审批,请予以审查。

附件：☑ 施工组织设计
　　　☐ 施工方案
　　　☐ 专项施工方案

施工单位项目负责人：　　　　　　　　施工项目管理机构(盖章)：
(签字、加盖执业印章)

　　　　　　　　　　　　　　　　　　　　　年　　月　　日

审查意见：

　经审查,施工进度及工程质量保证措施符合合同要求,资金、劳动力、材料、设备等资源的供应计划能满足工程施工需要,安全技术措施符合工程建设强制性标准,施工总平面图布置科学合理。

专业监理工程师(签字)：

　　　　　　　　　　　　　　　　　　　　　年　　月　　日

审核意见：

　　　　　同意专业监理工程师审批意见,严格按此施工组织设计施工。

总监理工程师：　　　　　　　　　　　项目监理机构(盖章)：
(签字、加盖执业印章)

　　　　　　　　　　　　　　　　　　　　　年　　月　　日

审批意见(仅对超过一定规模的危险性较大的分部分项工程的专项施工方案)：

　　　　　　　　　　　　　　　/

建设单位项目负责人(签字)：　　　　　　建设单位(盖章)：

　　　　　　　　　　　　　　　　　　　　　年　　月　　日

图 3-17　施工组织设计/(专项)施工方案报审表

总监理工程师应组织专业监理工程师审查施工单位报审的施工方案,符合要求后应予以签认。

分包单位编制的专项施工方案也可用施工组织设计/(专项)施工方案报审表报审。

3.4.6　分包单位资格报审表

分包单位资格报审表用于总承包单位对选择的专业分包单位的资格报建设(监理)单位审批。总承包单位将分包单位资格报审表报送监理单位,经专业监理工程师和总监理工程师审查批准分别签署意见后,分包单位方可进场完成相应施工任务。

1. 分包单位资格报审的内容

（1）营业执照、企业资质等级证书。

（2）安全生产许可文件。

（3）类似工程业绩。

（4）专职管理人员和特种作业人员等的资格证书。

2. 样例

分包单位资格报审表样例如图 3-18 所示。

分包单位资格报审表

（监理[　×　]分包资格报审　×　号）

工程名称：××综合大楼工程

致：＿＿＿＿＿＿＿×× 监理有限责任公司＿＿＿＿＿＿＿（项目监理机构）

经考察，我方认为拟选择的＿＿＿＿重庆市××防水工程公司＿＿＿＿（分包单位）具有承担下列工程的
施工或安装资质的能力，可以保证本工程按施工合同第　××　条款的约定进行施工或安装。我方仍然承担
总承包的责任，请予以审查。

分包工程名称（部位）	分包工程量	分包工程合同额
防水工程	4200m^2	136752.00元
合计		136752.00元

附件：1. 分包单位资质材料（营业执照、企业资质等级证书、安全生产许可文件等）

　　　2. 分包单位业绩材料

　　　3. 分包单位项目管理机构人员授权书及质量责任承诺书

　　　4. 分包单位项目管理机构专职管理人员、特种作业人员等的资格证书

　　　5. 施工单位对分包单位的管理制度

　　　6. 其他

施工单位项目负责人：　　　　　　　　　施工项目管理机构(盖章)：
(签字、加盖执业印章)

　　　　　　　　　　　　　　　　　　　　　　　　年　　　月　　　日

审查意见：

　　　　　经审查，所选择的分包单位具备承担此分包任务的能力。

专业监理工程师(签字)：

　　　　　　　　　　　　　　　　　　　　　　　　年　　　月　　　日

审核意见：

　　　　　同意此分包单位进场施工。

总监理工程师：　　　　　　　　　　　项目监理机构（盖章）：
(签字、加盖执业印章)

　　　　　　　　　　　　　　　　　　　　　　　　年　　　月　　　日

图 3-18　分包单位资格报审表

▎3.4.7 施工控制测量成果报验表

施工控制测量成果报验表适用于施工单位控制测量完成后，报送项目监理机构复核确认。

施工控制测量成果报验分为开工前的交桩复测及施工平面控制网、高程控制网、临时水准点的测量成果及施工过程中的施工测量放线成果。

1. 样例

施工控制测量成果报验表样例如图 3-19 所示。

施工控制测量成果报验表

（监理[×]测量报验 × 号）

工程名称：××综合大楼工程

致： ××监理有限责任公司 （项目监理机构）
我方已完成 ①轴～㉕轴/Ⓐ轴～Ⓖ轴一层剪力墙、柱、梁、板 的施工控制测量，经自检合格，请予以查验。 附件：1.施工单位测量人员的资格证书及测量设备检定证书 　　　2.施工控制测量依据资料 　　　3.施工控制测量成果表（包含施工平面控制网、高程控制网和临时水准点） 　　　4.控制桩的成果保护措施   施工单位项目技术负责人(签字)：　　　　　　　　　　　　　　　年　　月　　日
经自检，符合要求。 施工单位项目负责人：　　　　　　　施工项目管理机构(盖章)： (签字、加盖执业印章) 　　　　　　　　　　　　　　　　　　　　　　　　　　年　　月　　日
审查意见： 　经审查，施工单位测量人员的资格证书及测量设备检定证书符合要求，施工平面控制网、高程控制网和临时水准点符合设计及规范要求。 专业监理工程师(签字)：　　　　　　　　　　　　　　　　　　年　　月　　日
审核意见： 　　　　　　符合设计及规范要求，同意进行下道工序施工。 总监理工程师：　　　　　　　　　　项目监理机构(盖章)： (签字、加盖执业印章) 　　　　　　　　　　　　　　　　　　　　　　　　　　年　　月　　日

图 3-19　施工控制测量成果报验表

2. 填表说明

"监理 [   ] 测量报验   号"为监理表编号，其中"[   ]"内填写年份，"号"前填写序列号，按形成时间的顺序从 001 开始编号。

专业监理工程师应审查、复核施工单位的施工控制测量成果及保护措施，签署意见。

施工单位测量人员应持证上岗。测量仪器仪具应经国家法定检测机构检定，且在检定合格期内。专业监理工程师应对测量人员资格及仪器检定证书进行审核。

3.4.8 工程材料、构配件、设备进场报审表

工程材料、构配件、设备进场报审表为施工单位对拟进场的主要工程材料、构配件和设备经自检合格后，向项目监理机构报审所用的表。工程材料、构配件、设备进场报审表为项目监理机构对工程材料、构配件、设备进场时，检验前的审查用表。

1. 样例

工程材料、构配件、设备进场报审表样例图 3-20 所示。

图 3-20　工程材料、构配件、设备进场报审表

2. 填表说明

"监理 [ ] 进场报审 号"为监理表编号，其中"[ ]"内填写年份，"号"前填写序列号，按形成时间的顺序从 001 开始编号。

项目监理机构应审查施工单位报送的用于工程的材料、构配件、设备的质量证明文件，并应按有关规定、建设工程监理合同约定，对用于工程的材料进行见证取样、平行检验。

"审查意见"处需要见证取样的，在"□"中打钩，不需要见证取样的，在"□"中划斜线。

3.4.9 工程材料、构配件、设备检验报审表

工程材料、构配件、设备检验报审表为施工单位对进场的主要工程材料、构配件和施工设备在监理单位见证取样送检，检验合格后，向项目监理机构报审所用的表。

1. 样例

工程材料、构配件、设备检验报审表样例如图 3-21 所示。

工程材料、构配件、设备检验报审表

（监理[×]检验报审 × 号）

工程名称：××综合大楼工程

致：_____××监理有限责任公司_____（项目监理机构）

　　我方于 × 年 × 月 × 日进场的工程材料、构配件、设备（监理[×]进场报审 × 号），经你方见证取样送检，检验合格，现将相关资料报上，请予审查。

　　附件：1. 工程材料、构配件或设备清单

　　　　　2. 检测报告

施工单位项目技术负责人（签字）：　　　　　施工项目管理机构（盖章）：

　　　　　　　　　　　　　　　　　　　　　　　　　　　　　年　　月　　日

审查意见：

　　经审查，该批工程材料、构配件、设备（监理[×]进场报审 × 号），符合 / 不符合 设计文件和规范要求，　同意 / 不同意 使用于拟定部位。

专业监理工程师（签字）：　　　　　　　　项目监理机构（盖章）：

　　　　　　　　　　　　　　　　　　　　　　　　　　　　　年　　月　　日

图 3-21　工程材料、构配件、设备检验报审表

2. 填表说明

"监理［　　］检验报审　　号"为监理表编号，其中"［　　］"内填写年份，"号"前填写序列号，按形成时间的顺序从 001 开始编号。

项目监理机构应要求施工单位限期将已进场检验不合格的工程材料、构配件、设备撤出施工现场。

"附件"内容为必附项。

"审查意见"处应由专业监理工程师填写所审查的工程材料、构配件、设备是否符合设计文件和规范的要求。

3.4.10 隐蔽工程报验表

隐蔽工程报验表用于施工项目隐蔽工程报验。在施工中，施工单位应按照相关规定、标准及规范的要求将各隐蔽工程完成。项目应经建设（监理）单位审查批准的，应形成相关文字材料报监理工程师审查。

1. 样例

隐蔽工程报验表样例如图 3-22 所示。

图 3-22　隐蔽工程报验表

2．填表说明

"监理 ［　　］隐蔽报验　　号"为监理表编号，其中"［　　］"内填写年份，"号"前填写序列号，按形成时间的顺序从 001 开始编号。

项目监理机构应对施工单位报验的隐蔽工程进行验收，对验收合格的应给予签认；对验收不合格的应拒绝签认，同时应要求施工单位在指定的时间内整改并重新报验。对已同意覆盖的工程隐蔽部位质量有疑问的，或发现施工单位私自覆盖工程隐蔽部位的，项目监理机构应要求施工单位对该隐蔽部位通过钻孔探测，或揭开，或其他方法进行重新检验。

"项目专业技术负责人（签字）"处应由施工现场负责本次隐蔽工程检验项目验收的专业技术负责人本人签字。

"专业监理工程师（签字）"处应由项目监理机构负责本次隐蔽工程检验项目验收的专业监理工程师本人签字。

3.4.11　检验批报验表

检验批报验表用于施工项目检验批报验。在施工中施工单位应按照有关规定、标准和规范的要求在各检验批工程施工完成后，将形成的相关文字材料填报专业监理工程师审查。

项目监理机构应对施工单位报验的检验批进行验收，对验收合格的应给予确认；对验收不合格的应拒绝确认，同时应要求施工单位在指定的时间内整改并重新报验。

1．样例

检验批报验表样例如图 3-23 所示。

2．填表说明

"监理 ［　　］检验批报验　　号"为监理表编号，其中"［　　］"内填写年份，"号"前填写序列号，按形成时间的顺序从 001 开始编号。

"项目专业质量检查员（签字）"处应由施工单位项目专业质量检查员本人签字。

"专业监理工程师（签字）"处应由监理单位专业监理工程师本人签字。

检验批报验表

（监理[　×　]检验批报验　×　号）

工程名称：××综合大楼工程

<table>
<tr><td colspan="2">
致：　　　　××监理有限责任公司　　　　　（项目监理机构）

我方于 __×__ 年 __×__ 月 __×__ 日已完成　　　二层梁板钢筋安装　　　检验批

（编号：　×××　）工作，经自检合格，请予以验收。

　　　附件：☑ 检验检测报告

　　　　　　□ 其他

项目专业质量检查员（签字）：　　　　　　施工项目管理机构(盖章)：

　　　　　　　　　　　　　　　　　　　　　　　　年　　月　　日
</td></tr>
<tr><td colspan="2">
验收意见：

　　　　经检查，符合设计及规范规定要求，同意验收。可进行下道工序施工。

专业监理工程师(签字)：　　　　　　　项目监理机构（盖章）：

　　　　　　　　　　　　　　　　　　　　　　　　年　　月　　日
</td></tr>
</table>

图 3-23　检验批报验表

3.4.12　分项工程报验表

分项工程报验表是施工项目分项工程报验的通用表。在施工中，施工单位应按照相关规定、标准和规范的要求完成分项工程施工，然后将形成的检验批质量验收记录等原始资料报专业监理工程师审查。

项目监理机构应对施工单位报验的分项工程进行验收，对验收合格的，应给予签认；对验收不合格的，应拒绝签认，同时应要求施工单位在指定的时间内整改并重新报验。

1. 样例

分项工程报验表样例如图 3-24 所示。

分项工程报验表

（监理[×]分项报验 × 号）

工程名称：××综合大楼工程

致：_____××监理有限责任公司_____（项目监理机构）

我方于 × 年 × 月 × 日已完成_____砖砌体_____分项（编号：××× ）工作，经自检合格，请予以验收。

附件：☑ 检验批质量验收记录

☑ 检验批现场验收检查原始记录

☐ 其他

项目专业技术负责人（签字）：　　　　　施工项目管理机构(盖章)：

年　　月　　日

验收意见：

经检查，符合设计及规范规定要求，同意验收。可进行下道工序施工。

专业监理工程师(签字)：　　　　　项目监理机构（盖章）：

年　　月　　日

图 3-24　分项工程报验表

2. 填表说明

"监理〔　　〕分项报验　　号"为监理表编号，其中"〔　　〕"内填写年份，"号"前填写序列号，按形成时间的顺序从 001 开始编号。

附件中提到的各文件，除注明文件名称外，有编号的还应注明文件的编号。

施工单位项目专业技术负责人签字并加盖执业印章，且盖施工项目管理机构章；专业监理工程师审查并签字，加盖监理机构章。

3.4.13 分部（子分部）工程报验表

分部（子分部）工程报验表是施工项目分部（子分部）工程报验的通用表。施工单位应在按照相关规定、标准和规范的要求将分部（子分部）工程施工完成后，将形成的相关文字材料填报专业监理工程师审查。总监理工程师组织对分部（子分部）工程进行验收，并提出验收意见。

1. 报验程序

（1）分部（子分部）工程所含的分项工程全部通过验收，施工单位整理验收文件，在自检评定合格后填写分部（子分部）工程报验表，附分部（子分部）工程质量验收记录，工程质量验收规范要求的质量控制文件，安全、节能、环保和主要使用功能检验报告等向项目监理机构报验。

（2）施工单位应在验收前在施工合同专用条款约定的时间内（通常为 48 小时）以书面形式（工作联系单）通知监理机构验收内容、验收时间和地点。总监理工程师按时组织施工单位项目负责人和项目技术、质量负责人等进行验收。勘察、设计单位项目负责人和施工单位技术、质量部门负责人应参加地基与基础分部工程的验收。设计单位项目负责人和施工单位技术、质量部门负责人应参加主体结构、节能分部工程的验收。

（3）分部（子分部）工程质量验收含报验资料核查和实体质量抽样检测。分部（子分部）工程所含分项工程的质量均已验收合格，质量控制文件完整，有关安全、节能、环保和主要使用功能的抽样检测结果均符合相应规定，观感质量验收符合要求的，总监理工程师应予以签认，在分部（子分部）工程质量验收记录中签署验收意见，各参加验收的单位项目负责人签字。否则，总监理工程师应签发监理通知单，指出不符合之处，要求施工单位整改。施工单位按监理通知单要求整改完毕，自检合格后填写监理通知回复单报项目监理机构复核，复核通过后予以签认。

2. 样例

分部（子分部）工程报验表样例如图 3-25 所示。

分部（子分部）工程报验表

（监理[　×　]分部(子分部)报验 　×　 号）

工程名称：××综合大楼工程

致：　　　　　　　××监理有限责任公司　　　　　　　（项目监理机构）

　　我方已完成　　　主体结构　　　分部(子分部)工程(编号：　×××　)，

经自检合格，请予以验收。

　　附件：☐ 分项工程质量验收记录

　　　　　☐ 分部（子分部）工程质量控制资料核查记录

　　　　　☐ 分部（子分部）工程安全和功能检验资料核查及主要功能抽查记录

　　　　　☐ 其他

施工单位项目负责人：　　　　　　　　施工项目管理机构(盖章)：
(签字、加盖执业印章)

　　　　　　　　　　　　　　　　　　　　　　年　　　月　　　日

验收意见：

　　　　　　具备验收条件，请总监理工程师审定。

专业监理工程师（签字）：　　　　　　　　　　　年　　　月　　　日

验收意见：

　　　　　　请建设单位组织有关单位参加联合验收。

总监理工程师：　　　　　　　　　　项目监理机构（盖章）：
(签字、加盖执业印章)

　　　　　　　　　　　　　　　　　　　　　　年　　　月　　　日

图 3-25　分部（子分部）工程报验表

3.4.14 质量事故报告及事故调查报告

工程质量事故是指由于建设、勘察、设计、施工、监理等单位违反工程质量有关法律法规和工程建设标准，使工程产生结构安全、重要使用功能等方面的质量缺陷，造成人身伤亡或者重大经济损失的事故。

《关于做好房屋建筑和市政基础设施工程质量事故报告和调查处理工作的通知》（建质〔2010〕111 号），根据工程质量事故造成的人员伤亡或者直接经济损失，将工程质量事故分为以下 4 个等级。

（1）特别重大事故，是指造成 30 人以上死亡，或者 100 人以上重伤，或者 1 亿元以上直接经济损失的事故。

（2）重大事故，是指造成 10 人以上 30 人以下死亡，或者 50 人以上 100 人以下重伤，或者 5000 万元以上 1 亿元以下直接经济损失的事故。

（3）较大事故，是指造成 3 人以上 10 人以下死亡，或者 10 人以上 50 人以下重伤，或者 1000 万元以上 5000 万元以下直接经济损失的事故。

（4）一般事故，是指造成 3 人以下死亡，或者 10 人以下重伤，或者 100 万元以上 1000 万元以下直接经济损失的事故。

本等级划分所称的"以上"包括本数，所称的"以下"不包括本数。

1. 事故报告

工程质量事故发生后，事故现场有关人员应当立即向工程建设单位负责人报告，工程建设单位负责人接到报告后，应于 1 小时内向事故发生地县级以上人民政府住房和城乡建设主管部门及有关部门报告。

事故报告应包括以下内容。

（1）事故发生的时间、地点、工程项目名称、工程各参建单位名称。

（2）事故发生的简要经过、伤亡人数（包括下落不明的人数）和初步估计的直接经济损失。

（3）事故的初步原因。

（4）事故发生后采用的措施及事故控制情况。

（5）事故报告单位、联系人及联系方式。

（6）其他应当报告的情况。

事故报告后出现新情况，以及事故发生之日起 30 日内伤亡人数发生变化的，应当及时补报。

2. 事故调查报告

住房和城乡建设主管部门应当按照有关人民政府的授权或委托，组织或参与事故调查组对事故进行调查，并提交事故调查报告。

事故调查报告应包括以下内容。

（1）事故项目及各参建单位概况。

（2）事故发生经过和事故救援情况。

（3）事故造成的人员伤亡和直接经济损失。

（4）事故项目有关质量检测报告和技术分析报告。

（5）事故发生的原因和事故性质。

（6）事故责任的认定和事故责任者的处理建议。

（7）事故防范和整改措施。

事故调查报告应当附有关证据材料，事故调查组成员应当在事故调查报告上签名。

3.5 造价控制文件

造价控制文件主要包括工程款支付报审表、工程款支付证书、索赔意向通知书、费用索赔报审表。

3.5.1　工程款支付报审表

工程款支付报审表由承包单位在分部分项工程或按合同完成相应工程并通过监理工程师签认后，要求建设单位支付承包合同内项目及合同外项目的工程款时填写，由项目监理机构申报，包括工程预付款、工程进度款、工程竣工结算款、工程变更费用、索赔费用、合同内或合同外其他应付款等的支付申请。

施工单位根据建设工程承包合同、工程项目及工程款的支付办法的约定，提出工程款支付申请。工程款支付依据和工程量的计算要准确，提供的证明资料要翔实、充分。

1．样例

工程款支付报审表样例如图 3-26 所示。

2．填表说明

"监理〔　　〕工程款支付报审　　号"为监理表编号，其中"〔　　〕"内填写年份，"号"前填写序列号，按形成时间的顺序从 001 开始编号。

附件中提到的各文件，除注明文件名称外，有编号的还应注明文件的编号。

施工单位项目负责人签字并加盖执业印章，且盖施工项目管理机构章；专业监理工程师审查并签字；总监理工程师对专业监理工程师的意见进行审核后签字并加盖执业印章；建设单位项目负责人审批后签字、盖章。

工程款支付报审表

(监理[　×　]工程款支付报审　×　号)

工程名称：××综合大楼工程

致：　　　　　××监理有限责任公司　　　　　　(项目监理机构)

　　根据施工合同约定，我方已完成　　××综合大楼工程　8月份　　工作，建设单位应在　×　年　×　月　×　日前支付工程款共计(大写)　贰佰陆拾叁万壹仟贰佰捌拾柒元整　　(小写：　2631287.00元　)，请予以审核，并开具工程款支付证书。

　　附件：☑ 已完成工程量报表

　　　　　☑ 工程竣工结算证明材料

　　　　　☑ 相应支持性证明文件

施工单位项目负责人：　　　　　　　　　施工项目管理机构(盖章)：
(签字、加盖执业印章)

　　　　　　　　　　　　　　　　　　　　　　　年　　月　　日

审查意见：

　　1.施工单位应得款为：2331287.00元。

　　2.本期应扣款为：300000.00元。

　　3.本期应付款为：2031287.00元。

　　附件：相应支持性材料

　　　　　　　　　　　　　专业监理工程师（签字）：

　　　　　　　　　　　　　　　　　　　　　　　年　　月　　日

审核意见：

　　　　　同意专业监理工程师审查意见，请建设单位审批。

总监理工程师：　　　　　　　　　　　项目监理机构（盖章）：
(签字、加盖执业印章)

　　　　　　　　　　　　　　　　　　　　　　　年　　月　　日

审批意见：

　　　　　同意监理单位审核意见，工程进度款将于×月×日之前支付。

建设单位项目负责人(签字)：　　　　　　建设单位（盖章）：

　　　　　　　　　　　　　　　　　　　　　　　年　　月　　日

图 3-26　工程款支付报审表

3.5.2　工程款支付证书

　　工程款支付证书是项目监理机构在收到承包单位的工程款支付报审表后，根据承包合同和有关规定审查复核后签署的，是建设单位向承包单位支付工程款的证明文件，是项目监理机构向建设单位转呈的支付证书。

1. 样例

工程款支付证书样例如图 3-27 所示。

工程款支付证书

（监理[　×　]工程款支付证书 　×　 号）

工程名称：××综合大楼工程

致：_____××建筑工程有限公司_____（施工项目管理机构）

　　　根据施工合同约定，经审核工程款支付报审表（监理[　×　]工程款支付报审 　×　 号），扣除有关款项后，同意支付工程款共计（大写）：___贰佰零叁万壹仟贰佰捌拾柒元整___（小写）：___2031287.00元___。

　　其中：

　　1. 施工单位申报款为：2631287.00元

　　2. 经审核施工单位应得款为：2331287.00元

　　3. 本期应扣款为：300000.00元

　　4. 本期应付款为：2031287.00元

　　附件：

　　1. 工程款支付报审表（监理[　×　]工程款支付报审 　×　 号）及附件

　　2. 项目监理机构审查记录

总监理工程师：　　　　　　　　　　项目监理机构（盖章）：
（签字、加盖执业印章）

　　　　　　　　　　　　　　　　　　　　　　年　　月　　日

　　我方于 _×_ 年 _×_ 月 _×_ 日收到工程款支付证书（监理[　×　]工程款支付证书 　×　 号）。

施工单位项目负责人：　　　　　　　　项目管理机构(盖章)：
（签字、加盖执业印章）

　　　　　　　　　　　　　　　　　　　　　　年　　月　　日

图 3-27　工程款支付证书

2. 填表说明

　　"监理[　　]工程款支付证书 　　 号"为监理表编号，其中"[　　]"内填写年份，"号"前填写序列号，按形成时间的顺序从 001 开始编号。

工程款支付证书由专业监理工程师按照承包合同进行审核，及时抵扣工程预付款后，确认应该支付工程款的项目及金额，提出意见，经总监理工程师审核签字后，报送建设单位作为支付的证明，同时批复给施工单位，并附施工单位报送的工程款支付报审表及附件。

施工单位收到工程款支付证书后应作回执，标明收到工程款支付证书的时间，施工单位项目负责人签字并加盖执业印章确认。

3.5.3 索赔意向通知书

索赔意向通知书适用于工程中发生可能引起索赔的事件后，受影响的单位依据法律法规和合同要求，向相关单位告知拟进行相关索赔的意向。

1. 样例

索赔意向通知书样例如图 3-28 所示。

索赔意向通知书

（监理[×]索赔意向通知 × 号）

工程名称：××综合大楼工程

致： _____ ××监理工程有限公司 _____

根据施工合同 __19.8__ （条款）约定，由于发生了 建设单位要求阳台外侧增加25mmB1级挤塑板 事件，

且该事件的发生非我方原因所致。为此，我方向 ××集团开发有限公司 （单位）提出索赔要求。

附件：索赔事件资料

项目负责人：   提出单位（盖章）：
（签字、加盖执业印章）

年 月 日

图 3-28 索赔意向通知书

2. 填表说明

"监理［　　］索赔意向通知　　号"为监理表编号，其中"［　　］"内填写年份，"号"前填写序列号，按形成时间的顺序从 001 开始编号。

"附件"中提到的各文件，除注明文件名称外，有编号的还应注明文件的编号。

"项目负责人（签字、加盖执业印章）"为提出索赔意向的单位项目负责人。有执业资格要求的项目负责人除应签字外，还应加盖执业印章，无执业资格要求的可只签字。

3.5.4　费用索赔报审表

费用索赔报审表是施工单位向建设单位提出费用索赔的事项，报项目监理机构审查、确认和批复的资料。总监理工程师应在施工合同约定的期限内签发费用索赔报审表，或发出要求施工单位提交有关费用索赔的进一步详细资料的通知。

1. 施工单位向建设单位索赔的原因

（1）合同文件内容出错引起的索赔。

（2）因图纸绘制延迟引起的索赔。

（3）因不利的实物障碍和不利的自然条件引起索赔。

（4）因建设单位提供的水准点、基线等测量资料不准确造成的损失引起的索赔。

（5）施工单位依据专业监理工程师意见，进行额外钻孔及勘探工作引起的索赔。

（6）因建设单位造成的损害的补救和修复所引起的索赔。

（7）因施工中施工单位开挖到化石、文物、矿产等珍贵资源，要停工处理引起的索赔。

（8）因需要加强道路与桥梁结构以承受特殊超重荷载而引起的索赔。

（9）受建设单位雇佣的其他施工单位的影响，并为其他施工单位提供服务引起的索赔。

（10）因额外样品与试验而引起的索赔。

（11）因对隐蔽工程的揭露或开孔检查引起的索赔。

（12）因工程中断引起的索赔。

（13）因建设单位延迟移交土地引起的索赔。

（14）因非施工单位原因造成工程缺陷需要修复引起的索赔。

（15）因要求施工单位调查和检查缺陷引起的索赔。

（16）因工程变更引起的索赔。

（17）因变更合同总价格超过有效合同价格的 15% 引起的索赔。

（18）因特殊风险引起的工程被破坏和其他款项支出引起的索赔。

（19）因特殊风险使合同终止引起的索赔。

（20）因合同解除引起的索赔。

（21）因建设单位违约导致工程终止引起的索赔。

（22）因物价变动导致的工程成本增减引起的索赔。

（23）因后续法规变化引起的索赔。

（24）因货币及汇率变化引起的索赔。

2. 索赔受理的条件

（1）施工单位在施工合同约定的期限内提出费用索赔。

（2）索赔事件是因非施工单位的原因造成的，且符合施工合同约定。

（3）索赔事件造成了施工单位直接经济损失。

3. 费用索赔处理程序

（1）受理施工单位在施工合同约定的期限内提交的索赔意向通知书。

（2）收集与索赔有关的资料。

（3）受理施工单位在施工合同约定的期限内提交的费用索赔报审表。

（4）审查费用索赔报审表。当需要施工单位进一步提交详细资料时，应在施工合同约定的期限内发出通知。

（5）与建设单位和施工单位协商一致后，在施工合同约定的期限内签发费用索赔报审表，并报建设单位。

4. 样例

费用索赔报审表样例如图 3-29 所示。

5. 填表说明

"监理［　　］费用索赔报审　　号"为监理表编号，其中"［　　］"内填写年份，"号"前填写序列号，按形成时间的顺序从 001 开始编号。

费用索赔的事实经过、理由、依据及费用的计算要准确，提供的证明材料要翔实、充分。

施工单位项目负责人应本人签字加盖执业印章；总监理工程师对相关证明材料等内容进行审查，审查完毕签字加盖执业印章；建设单位对项目监理机构的审查作出审批，建设单位项目负责人应本人签字。

费用索赔报审表

(监理[×]费用索赔报审 × 号)

工程名称：××综合大楼工程

致：_____××监理有限责任公司_____（项目监理机构）

根据施工合同___19.8___条款，由于___建设单位要求阳台外侧增加25mm B1级挤塑板___的原因，我方申请索赔金额（大写）_____肆万伍仟柒佰陆拾伍元整_____请予批准。

索赔理由：___建设单位要求阳台外粘贴25mm B1级挤塑板，挤塑板外侧挂热镀锌钢丝网，外抹5mm厚抗裂砂浆。___

附件：☑ 索赔金额计算

☑ 证明材料

施工单位项目负责人：　　　　　　　　　施工项目管理机构（盖章）：
(签字、加盖执业印章)

　　　　　　　　　　　　　　　　　　　　　　　年　　月　　日

审查意见：

☐ 不同意此项索赔。

☑ 同意此项索赔，索赔金额为（大写）：肆万伍仟柒佰陆拾伍元整。

同意/不同意索赔的理由：_____

附件：☐ 索赔审查报告

总监理工程师：　　　　　　　　　　　项目监理机构（盖章）：
(签字、加盖执业印章)

　　　　　　　　　　　　　　　　　　　　　　　年　　月　　日

审批意见：

同意监理单位审查意见，变更款与下月进度款一并支付。

建设单位项目负责人(签字)：　　　　　建设单位（盖章）：

　　　　　　　　　　　　　　　　　　　　　　　年　　月　　日

图 3-29　费用索赔报审表

3.6 工期与合同管理文件

工期与合同管理文件主要包括工程临时/最终延期报审表、合同争议处理意见、合同变更材料。

3.6.1 工程临时/最终延期报审表

工程临时/最终延期报审表是依据施工合同规定，由非施工单位原因造成的工程延期，提出工程延期补偿时采用的申请用表。

当影响工期事件具有持续性时，项目监理机构应对施工单位提交的阶段性工程临时延期报审表进行审查，并应在签署工程临时延期审核意见后报建设单位。当影响工期事件结束后，项目监理机构应对施工单位提交的工程最终延期报审表进行审查，并应在签署工程最终延期审核意见后报建设单位。项目监理机构在批准工程临时延期、工程最终延期前，均应与建设单位和施工单位协商。

1. 批准工程延期应同时满足的条件

（1）施工单位在施工合同约定的期限内提出工程延期。

（2）因非施工单位的原因造成施工进度滞后。

（3）施工进度滞后影响到施工合同约定的工期。

2. 样例

工程临时/最终延期报审表样例如图 3-30 所示。

3. 填表说明

"监理［   ］临时/最终延期报审   号"为监理表编号，其中"［   ］"内填写年份，"号"前填写序列号，按形成时间的顺序从 001 开始编号。

工程延期的依据、计算要准确，提供的证明材料要翔实、充分。

"日历天"为日历上的天数，包含节假日。

施工单位项目负责人应本人签字并加盖执业印章；总监理工程师提出审查意见，本人签字并加盖执业印章；建设单位项目负责人提出审批意见，并签字确认。

工程临时／最终延期报审表

（监理［　×　］临时／最终延期报审　×　号）

工程名称：××综合大楼工程

致：＿＿＿＿＿＿＿＿＿＿××监理有限责任公司＿＿＿＿＿＿＿＿＿＿（项目监理机构）

　　根据施工合同　××　条款，由于　建设单位要求阳台外侧增加25mm B1级挤塑板　原因，我方申

请工程临时／最终延期　6　（日历天），请予批准。

　　　　附件：1.工程延期依据及工期计算

　　　　　　　2.证明材料

施工单位项目负责人：　　　　　　　　　　　施工项目管理机构(盖章)：
(签字、加盖执业印章)

　　　　　　　　　　　　　　　　　　　　　　　　　　　年　　月　　日

审查意见：

☑　同意工程临时／最终延期　6　（日历天），工程竣工日期从施工合同约定的　×　年

×　月　×　日延迟到　×　年　×　月　×　日。

□　不同意延期，请按约定竣工日期组织施工。

总监理工程师：　　　　　　　　　　　　　　项目监理机构（盖章）：
(签字、加盖执业印章)

　　　　　　　　　　　　　　　　　　　　　　　　　　　年　　月　　日

审批意见：

同意监理工程师审查意见。

建设单位项目负责人(签字)：　　　　　　　　建设单位（盖章）：

　　　　　　　　　　　　　　　　　　　　　　　　　　　年　　月　　日

图 3-30　工程临时/最终延期报审表

3.6.2　合同争议处理意见

　　合同争议处理意见指当工程施工过程中出现合同争议时，项目监理机构为调解合同争议所达成的处理意见。合同争议调解工作如下。

　　（1）及时了解合同争议的全部情况，可以进行调查和取证。

　　（2）及时与合同争议的双方进行磋商。

　　（3）在项目监理机构提出调解方案后，由总监理工程师进行争议调解。

（4）当调解未能达成一致时，总监理工程师应在施工合同规定的期限内提出处理该合同争议的意见。

项目监理机构在施工合同争议处理过程中，对未达到施工合同约定的及暂停履行合同条件的，应要求施工合同双方继续履行合同。

在施工合同争议的仲裁或诉讼过程中，项目监理机构应按仲裁机关或法院要求提供与争议有关的证据。

3.6.3 合同变更材料

合同变更材料包括施工过程中建设单位与承包单位的合同补充协议和合同解除有关资料。

因建设单位原因导致施工合同解除的，项目监理机构应按施工合同约定与建设单位和施工单位协商确定施工单位应得款项，并应签发工程款支付证书。

因施工单位原因导致施工合同解除的，项目监理机构应按施工合同约定确定施工单位应得款项或偿还建设单位的款项，并应与建设单位和施工单位协商后，书面提交施工单位应得款项或偿还建设单位款项的证明。

因非建设单位、施工单位原因导致施工合同解除的，项目监理机构应按施工合同约定处理合同解除后的有关事宜。

3.7 监理验收文件

监理验收文件主要包括单位（子单位）工程竣工预验收报审表、工程竣工预验收通知书、单位（子单位）工程竣工预验收问题整改报审表、工程质量评估报告、监理工作总结。

3.7.1 单位（子单位）工程竣工预验收报审表

施工单位在单位（子单位）工程全部完工、自检合格、各项资料齐备后填报单位（子单位）工程竣工预验收报审表，向项目监理机构申请工程竣工预验收。

总监理工程师组织项目监理人员根据有关规定与施工单位共同对工程进行检查验收，合格后总监理工程师签署工程竣工预验收报审表并及时报告建设单位，同时编写工程质量评估报告。

1. 样例

单位（子单位）工程竣工预验收报审表样例如图 3-31 所示。

2. 填表说明

"监理［　　］预验收报审　　号"为监理表编号，其中"［　　］"内填写年份，"号"前填写序列号，按形成时间的顺序从 001 开始编号。

总监理工程师收到单位（子单位）工程竣工预验收报审表及附件后，组织各专业监理工程师对竣工资料及各专业工程质量进行全面检查，对检查出的问题，督促承包单位及时整改，复查合格后，总监理工程师签字加盖执业印章，并向建设单位提交工程质量评估报告，完成竣工预验收。

单位（子单位）工程竣工预验收报审表

（监理[×]预验收报审 × 号）

工程名称：××综合大楼工程

致：_____××监理有限责任公司_____（项目监理机构）

我方于 __×__ 年 __×__ 月 __×__ 日已完成_____××综合大楼工程_____单位（子单位）

工程施工，经自检合格，将有关资料报上，现申请工程竣工预验收，请予以审查。

附件：☑ 分部（子分部）工程质量验收记录

☑ 单位（子单位）工程质量控制资料核查记录

☑ 单位（子单位）工程安全和功能检验资料核查及主要功能抽查记录

☐ 其他

施工单位项目负责人：　　　　　　　　施工单位（盖章）：
（签字、加盖执业印章）

　　　　　　　　　　　　　　　　　　　　　　年　　月　　日

审查意见：

工程质量控制资料达到预验收要求，可以进行竣工预验收。

总监理工程师：　　　　　　　　　　项目监理机构（盖章）：
（签字、加盖执业印章）

　　　　　　　　　　　　　　　　　　　　　　年　　月　　日

图 3-31　单位（子单位）工程竣工预验收报审表

3.7.2　工程竣工预验收通知书

竣工预验收前，监理单位应填写工程竣工预验收通知书，并在竣工预验收 7 个工作日前通知质量监督机构及有关单位。

1. 样例

工程竣工预验收通知书样例如图 3-32 所示。

工程竣工预验收通知书

(监理[×]竣工预验收 × 号)

工程名称：××综合大楼工程

		单位名称		项目负责人	职务/岗位
预验收组人员名单	组长	监理单位	××监理有限责任公司	×××	总监理工程师
	副组长	建设单位	××房地产开发公司	×××	项目负责人
		设计单位	××设计院	×××	项目负责人
		勘察单位	××勘察院	×××	项目负责人
		施工单位	××建筑工程有限公司	×××	项目经理
		分包单位	××消防工程有限公司	×××	分包项目经理
			××幕墙工程有限公司	×××	分包项目经理
	其他主要成员	姓名	单位名称	姓名	单位
		×××	××建筑集团有限公司		
		×××	××建筑集团有限公司		
		×××	××建筑集团有限公司		
		×××	××建筑集团有限公司		

致：_____ (各参建单位)

　　我于 __×_ 年 _×_ 月 _×_ 日接到单位(子单位)工程竣工预验收报审表（监理[×]预验收报审 × 号），经审查，符合竣工预验收条件，现邀请各单位于 __×_ 年 _×_ 月 _×_ 日共同参加竣工预验收。

预验收方案简述：
1. 请施工单位和分包单位分别汇报工程施工情况。
2. 预验收组人员分成土建检查组和安装检查组，对现场工程实物和工程资料进行检查。
3. 检查组汇总提出检查存在的问题及处理意见。
4. 确定整改方案和整改内容及整改时间。

监理单位	总监理工程师： (签字、加盖执业印章) （项目部章） 年　　月　　日

图 3-32　工程竣工预验收通知书

2. 填表说明

"监理[　　]竣工预验收　　号"为监理表编号，其中"[　　]"内填写年份，"号"前填写序列号，按形成时间的顺序从 001 开始编号。

预验收各单位组成人员名单应与质量承诺书中的人员名单一致。

"各参建单位"指该工程的建设单位、设计单位、勘察单位、施工单位、分包单位等。

因工程竣工预验收由总监理工程师组织，因此"组长"一般填总监理工程师的名字。

"其他主要成员"包括专业监理工程师、施工单位项目负责人、分包单位项目技术负责人等。

3.7.3 单位（子单位）工程竣工预验收问题整改报审表

单位（子单位）工程竣工预验收问题整改报审表用于施工单位对各单位在竣工预验收会上提及的问题，按照要求整改完毕后，报监理单位复查。

1. 样例

单位（子单位）工程竣工预验收问题整改报审表样例如图 3-33 所示。

单位（子单位）工程竣工预验收问题整改报审表

（监理[×]预验收整改报审 × 号）

工程名称：××综合大楼工程

致：＿＿＿＿＿＿＿××监理有限责任公司＿＿＿＿＿＿＿（项目监理机构）

你方于 ＿×＿ 年 ＿×＿ 月 ＿×＿ 日组织的竣工预验收会上提及的问题，我方现已按照要求整改完毕，现将有关资料报上，请予审查。

附件：☑ 单位（子单位）工程竣工预验收问题整改相关资料

　　　 □ 其他

施工单位项目负责人：
（签字、加盖执业印章）　　　　　　　　施工项目管理机构(盖章)：

　　　　　　　　　　　　　　　　　　　　　　　　年　　月　　日

审查意见：

经检查，已按要求进行整改。

总监理工程师：
（签字、加盖执业印章）　　　　　　　　项目监理机构（盖章）：

　　　　　　　　　　　　　　　　　　　　　　　　年　　月　　日

图 3-33　单位（子单位）工程竣工预验收问题整改报审表

2. 填表说明

"监理〔　　　〕预验收整改报审　　　号"为监理表编号，其中"〔　　　〕"内填写年份，"号"前填写序列号，按形成时间的顺序从 001 开始编号。

施工单位项目负责人签字并加盖执业印章，且盖施工项目管理机构章。总监理工程师审查后签字并加盖执业印章，加盖项目监理机构章。

3.7.4　工程质量评估报告

当项目监理机构审查施工单位报送的竣工资料、组织有关单位进行预验收合格后，总监理工程师组织专业监理工程师编制工程质量评估报告，编制完成后，由项目总监理工程师及监理单位技术负责人审核签认并加盖监理单位公章后报建设单位。工程质量评估报告应在正式竣工验收前提交给建设单位。

工程质量评估报告包括以下内容。

（1）工程概况。

（2）工程参建单位。

（3）工程质量验收情况。

（4）工程质量事故及其处理情况。

（5）竣工资料审查情况。

（6）工程质量评估结论。

3.7.5　监理工作总结

监理工作总结是监理单位对履行委托监理合同情况及监理工作的综合性总结。在总监理工程师组织项目监理机构有关人员编写完成后，总监理工程师和监理单位负责人签字，加盖监理单位公章，并提交给建设单位。

监理工作总结包括以下内容。

（1）工程概况。

（2）项目监理机构、监理人员和投入的监理设施。

（3）建设工程监理合同履行情况。

（4）监理工作成效。

（5）监理工作中出现的问题及其处理情况。

（6）说明和建议。

同步训练 3

一、判断题

1. 监理规划应在第一次工地会议召开前报送建设单位。　　　　　　（　　）
2. 监理规划由总监理工程师签认后报送建设单位。　　　　　　　　（　　）
3. 对工程规模较小、技术较简单且有成熟管理经验和措施的，项目监理机构可不必编制监理实施细则。　　　　　　　　　　　　　　　　　　　　　　（　　）
4. 监理月报由总监理工程师组织编写，专业监理工程师参与编制。　（　　）
5. 分包单位编制的专项施工方案由分包单位完成审批手续后报送项目监理机构审核。
　　　　　　　　　　　　　　　　　　　　　　　　　　　　（　　）
6. 工程开工前，项目监理机构应审查施工单位特种作业人员的资格证。　（　　）
7. 项目监理机构若发现施工单位存在重大安全事故隐患，应签发工程暂停令，要求施工单位立即停止施工进行整改。　　　　　　　　　　　　　　　　（　　）
8. 隐蔽工程施工完成，施工单位应进行自检，自检合格后应向项目监理机构报验。
　　　　　　　　　　　　　　　　　　　　　　　　　　　　（　　）

二、单项选择题

1. 在项目监理部，监理文件的管理应由（　　）负责。
　　A．总监理工程师　　　　　　　　B．专业监理工程师
　　C．资料员　　　　　　　　　　　D．监理员
2. 下列不属于监理文件内容的有（　　）。
　　A．建设工程监理合同文件及其他合同文件
　　B．可行性研究报告
　　C．监理会议纪要
　　D．监理规划
3. 单位工程开工申请报告（　　）。
　　A．由施工单位填写，监理单位和建设单位审查
　　B．由施工单位填写，质量监督机构审查
　　C．由监理机构填写，建设单位审查
　　D．由建设单位填写，建设行政主管部门审查
4. 单位工程开工必须具备的条件不包括（　　）。
　　A．施工组织设计已经总监理工程师审核批准
　　B．所有施工图会审记录齐全
　　C．施工许可证已办理
　　D．工程基线、标高已经复核无误

5. 工程暂停令是由总监理工程师签发给（　　）的。

    A．承包单位　　　　　　　　　　B．建设单位

    C．分包单位　　　　　　　　　　D．所有项目参与单位

6. 总监理工程师发出工程暂停令以后，延误的工期由（　　）承担责任。

    A．建设单位　　　　　　　　　　B．承包单位

    C．造成工程暂停的责任单位　　　D．建设单位和承包单位共同

7. 承包单位收到总监理工程师的工程暂停令以后，应当（　　）。

    A．立即停止全部工程施工

    B．按工程暂停令规定的时间停止全部工程施工

    C．按工程暂停令规定的时间停止指定部分工程施工

    D．根据具体情况确定何时停止指定部分的工程施工

8. 以下说法正确的是（　　）。

    A．只有总监理工程师才有权发出工程暂停令

    B．监理工程师和业主代表都可以发出工程暂停令

    C．建设单位要求停工的，可签发工程暂停令

    D．工程暂停令中需填写清楚工程暂停后要求承包单位所做的有关工作

9. 工程复工报审表是用于承包单位向（　　）申请复工的。

    A．建设单位　　　　　　　　　　B．监理单位

    C．建设行政主管部门　　　　　　D．工程质量监督机构

10. 工程开工报审表上承包单位应由（　　）签名。

    A．承包单位项目负责人　　　　　B．项目经理

    C．项目技术负责人　　　　　　　D．资料员

11. 以下说法正确的是（　　）。

    A．工程停工原因是由施工单位引起的，施工单位才应填写工程复工报审表申请
复工

    B．应当在收到工程复工报审表后 24 小时内完成对复工申请的审批

    C．项目监理机构未在收到承包人复工申请后 48 小时（或施工合同规定的时间）
内提出审查意见，承包单位应重新申请

    D．工程暂停是由承包单位的原因引起的，承包单位应报告整改情况和预防措施

12. 施工组织设计/（专项）施工方案报审表应提交给（　　）审批。

    A．建设单位　　　　　　　　　　B．监理单位

    C．建设行政主管部门　　　　　　D．质量监督机构

13. 以下说法不正确的是（　　）。

    A．施工组织设计必须经总监理工程师审核批准才能实施

    B．施工组织设计可以边施工边编制

    C．对规模大、结构复杂或属新结构、特种结构的工程，项目监理机构应在审查
施工组织设计后，报送监理单位技术负责人审查，组织有关专家会审

    D．承包单位应按审定的施工组织设计文件组织施工。

14. 施工组织设计/（专项）施工方案报审表中不需要（   ）签名或签署意见。

    A．施工单位项目负责人   B．专业监理工程师

    C．总监理工程师   D．业主代表

15. 分部工程的验收应由（   ）组织。

    A．监理单位   B．建设单位

    C．总监理工程师   D．专业监理工程师

16. 单位（子单位）工程竣工预验收报审表应提交给（   ）。

    A．建设单位   B．监理单位

    C．施工单位   D．质量监督机构

17. 关于单位（子单位）工程竣工预验收报审表，下列各项中正确的是（   ）。

    A．应直接提交给建设单位

    B．总监理工程师审核无误后组织竣工验收

    C．总监理工程师审核无误后由建设单位组织对工程进行初步验收

    D．总监理工程师先组织初步验收，初验合格后将单位（子单位）工程竣工预验收报审表交给建设单位，由建设单位组织竣工验收

18. 工程款支付报审表提交的对象是（   ）。

    A．建设单位   B．监理单位

    C．造价咨询单位   D．以上三家单位均可

19. 工程临时延期报审表应载明的内容不包括（   ）。

    A．工程延期的依据   B．延长工期的计算

    C．申请延长竣工的日期   D．延长工期的经济损失

20. 费用索赔报审表应载明的内容不包括（   ）。

    A．索赔的依据   B．索赔的原因

    C．索赔的金额   D．索赔的责任单位

21. 为解决监理过程中的工程专项问题而不定期召开的会议是（   ）。

    A．第一次工地会议   B．监理例会

    C．专题会议   D．监理交底会议

三、多项选择题

1. 出现（   ）情况时，总监理工程师应签发工程暂停令，暂停施工。

    A．建设单位要求且工程需要暂停

    B．施工单位要求暂停施工

    C．工程出现质量问题，必须停工处理

    D．承包单位未经许可擅自施工

    E．发生必须暂停施工的紧急事件

2. 总监理工程师应及时签发工程暂停令的有（   ）。

    A．施工单位违反工程建设强制性标准的

    B．建设单位要求暂停施工且工程需要暂停施工的

C. 施工单位未按审查通过的工程设计文件施工的

D. 施工单位在钢筋工程施工完成后，未经监理机构验收即浇筑混凝土的

E. 施工单位未按审查通过的测量方案测量的

3. 项目监理机构审查施工单位报送的施工测量放线报验单及其附件时，应重点审查（　　）是否符合标准及规范的要求。

A. 测量依据　　　　B. 测量管理制度　　　C. 测量人员资格

D. 测量手段　　　　E. 测量成果

4. 监理文件按监理工作阶段进行分类，一般分为（　　）资料。

A. 可研阶段　　　　B. 设计阶段　　　　　C. 施工准备阶段

D. 施工阶段　　　　E. 竣工阶段

5. 建设工程监理文件应以（　　）等为依据填写。

A. 工程合同　　　　　　　　　　　B. 工程施工质量验收标准

C. 建设工程监理规范　　　　　　　D. 建设工程文件归档整理规范

E. 建设单位意见

6. 下列编制内容中，属于监理实施细则编制的主要内容是（　　）。

A. 专业工程特点　　　　　　　　　B. 监理工作流程

C. 监理工作要点　　　　　　　　　D. 监理工作方法及措施

E. 监理组织形式及人员岗位责任

7. 监理日志中，对当日监理情况的记录，一般包括（　　）。

A. 旁站　　　　　　B. 巡视　　　　　　C. 见证取样

D. 平行检验　　　　E. 质量验收

四、案例分析

1. 某监理公司负责某建设工程的监理工作，在土石方开挖及基坑支护工程开工前，监理单位编制了土石方开挖及基坑支护监理实施细则，并经总监理工程师审批后用于现场开展监理工作。根据背景资料，回答下列问题。

（1）（判断题）土石方开挖及基坑支护工程监理实施细则应在基础工程施工前完成编制及审批。（　　）

（2）（判断题）背景资料中所提监理实施细则应由监理单位技术负责人进行审批。（　　）

（3）（单选题）监理实施细则应由（　　）编制。

A. 监理员　　　　　　　　　　　　B. 专业监理工程师

C. 总监理工程师代表　　　　　　　D. 总监理工程师

（4）（单选题）监理实施细则应符合（　　）的要求。

A. 施工组织设计　　　　　　　　　B. 质量控制目标

C. 监理手册　　　　　　　　　　　D. 监理规划

（5）（多选题）下列属于监理实施细则应包括的主要内容是（　　）。

A. 监理工作方法及措施　　　　　　B. 土石方开挖及基坑支护工程特点

C. 监理工作流程　　　　　　　　　D. 监理工作要点

E. 监理工作制度

2．某施工单位承建某土石方工程，合同工期 180 天。施工单位在施工过程中，组织合理，管理得当，现工期较合同工期提前 10 天，且工程质量均符合相关规定。然而突遇连续暴雨天气无法正常施工，持续时间长达 22 天，施工单位拟向监理、建设单位提出工程延期申请。天气好转满足正常施工条件后，施工单位却因机械故障，维修时间长达 15 天，严重影响工期，施工单位拟再次向监理、建设单位提出工程延期申请。根据背景资料，回答下列问题。

（1）（判断题）因暴雨造成影响工期事件可以提出工程延期申请。（　　　）

（2）（判断题）因机械故障造成影响工期事件可以提出工程延期申请。（　　　）

（3）（单选题）暴雨导致工程延期是由（　　　）原因造成的。

    A．施工单位自身　　　　　　　　　B．不可抗力

    C．质量监督部门　　　　　　　　　D．安全监督部门

（4）（单选题）施工单位拟提出的工程延期申请必须在（　　　）。

    A．影响工期事件结束前　　　　　　B．影响工期事件结束后任意时间

    C．影响工期事件结束后 3 日内　　　D．合同约定的期限内

（5）（多选题）在批准工程延期申请时，应同时满足的条件是（　　　）。

    A．施工单位在施工合同约定的期限内提出工程延期

    B．因非施工单位的原因造成施工进度滞后

    C．施工进度滞后影响施工合同约定的工期

    D．施工单位采取赶工措施加快施工进度

    E．施工单位愿意承担合同约定的误期责任

施 工 文 件

思维导图

施工文件思维导图如图 4-1 所示。

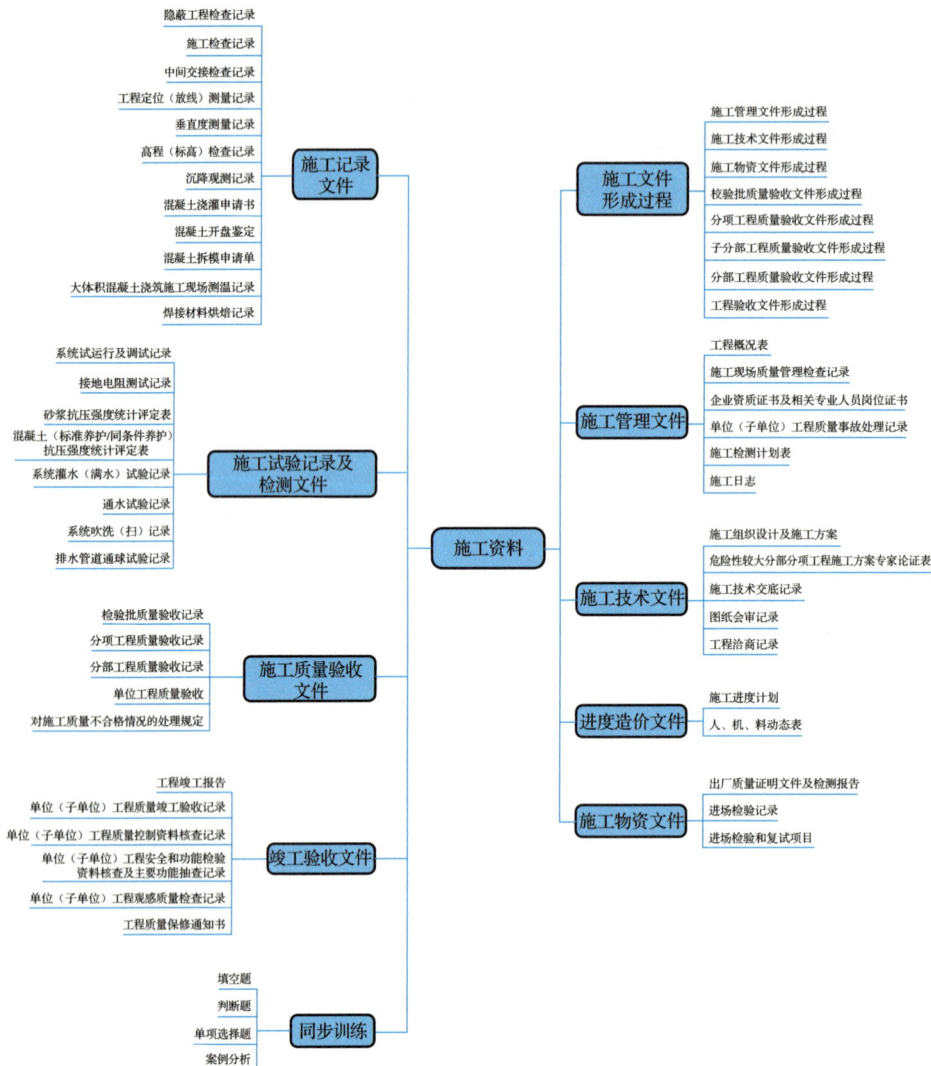

施工资料

施工记录文件
- 隐蔽工程检查记录
- 施工检查记录
- 中间交接检查记录
- 工程定位（放线）测量记录
- 垂直度测量记录
- 高程（标高）检查记录
- 沉降观测记录
- 混凝土浇灌申请书
- 混凝土开盘鉴定
- 混凝土拆模申请单
- 大体积混凝土浇筑施工现场测温记录
- 焊接材料烘焙记录

施工试验记录及检测文件
- 系统试运行及调试记录
- 接地电阻测试记录
- 砂浆抗压强度统计评定表
- 混凝土（标准养护/同条件养护）抗压强度统计评定表
- 系统灌水（满水）试验记录
- 通水试验记录
- 系统吹洗（扫）记录
- 排水管道通球试验记录

施工质量验收文件
- 检验批质量验收记录
- 分项工程质量验收记录
- 分部工程质量验收记录
- 单位工程质量验收
- 对施工质量不合格情况的处理规定

竣工验收文件
- 工程竣工报告
- 单位（子单位）工程质量竣工验收记录
- 单位（子单位）工程质量控制资料核查记录
- 单位（子单位）工程安全和功能检验资料核查及主要功能抽查记录
- 单位（子单位）工程观感质量检查记录
- 工程质量保修通知书

施工文件形成过程
- 施工管理文件形成过程
- 施工技术文件形成过程
- 施工物资文件形成过程
- 校验批质量验收文件形成过程
- 分项工程质量验收文件形成过程
- 子分部工程质量验收文件形成过程
- 分部工程质量验收文件形成过程
- 工程验收文件形成过程

施工管理文件
- 工程概况表
- 施工现场质量管理检查记录
- 企业资质证书及相关专业人员岗位证书
- 单位（子单位）工程质量事故处理记录
- 施工检测计划表
- 施工日志

施工技术文件
- 施工组织设计及施工方案
- 危险性较大分部分项工程施工方案专家论证表
- 施工技术交底记录
- 图纸会审记录
- 工程洽商记录

进度造价文件
- 施工进度计划
- 人、机、料动态表

施工物资文件
- 出厂质量证明文件及检测报告
- 进场检验记录
- 进场检验和复试项目

同步训练
- 填空题
- 判断题
- 单项选择题
- 案例分析

图 4-1　施工文件思维导图

▎学习目标

1. 知识目标

（1）了解施工文件的形成过程。
（2）理解施工文件的分类。
（3）掌握施工文件的填表说明、表格样式及填表方法。

2. 能力目标

（1）能够熟练填写、收集、整理、归档施工文件。
（2）能够正确运用各种施工文件开展工作。

3. 思政目标

（1）树立正确的学习观、价值观，积极学习新知识、新技术，自觉践行行业道德规范。
（2）树立"工程质量，百年大计"的强烈意识，严格遵守相关规范、规程、标准。
（3）培养公平公正、科学严谨、认真细致、求真务实的工作作风，养成独立思考、计划与总结的良好工作习惯。

▎课程导入

某市政道路排水工程在施工过程中，发生一起边坡坍塌事故，造成 4 名死亡、2 人重伤，直接经济损失约 160 万元。该排水工程造价约 400 万元，沟槽深度约 7m，上部宽 7m，沟底宽 1.45m。事发当日在浇注沟槽混凝土垫层作业时，东侧边坡发生坍塌，将 1 名工人掩埋。正在附近作业的其余 7 名施工人员立即下到沟槽底部，从南、东、北 3 个方向围成半月形扒土施救，并用挖掘机将塌落的大块土清出，然后用挖掘机斗抵住东侧沟壁，保护沟槽底部的救援人员。经过约半小时的救援，被埋人员的双腿露出。此时，沟槽东侧边坡又开始掉土，有 6 人因未及时撤离而被塌落的土方掩埋。

造成该事故的直接原因是沟槽开挖未按施工方案确定的比例放坡（方案要求 1∶0.67，实际放坡为 1∶0.4），同时在边坡临边堆土加大了边坡荷载，且没有采取任何安全防护措施，导致沟槽边坡土方坍塌。间接原因为施工单位以包代管，未按规定对施工人员进行安全培训教育及安全技术交底，施工人员缺乏土方施工安全生产的基本知识。

在该案例中，监理单位不具备承担市政工程监理的资质，违规承揽业务并安排不具备执业资格的监理人员从事监理活动。施工、监理单位对施工现场存在的违规行为未及时发现并予以制止，对施工中存在的事故隐患未督促整改，未制定事故应急救援预案，在第一次边坡坍塌将 1 人掩埋后盲目施救，发生二次塌方导致死亡人数增加。

4.1 施工文件形成过程

4.1.1 施工管理文件形成过程

施工管理文件形成过程如图 4-2 所示。

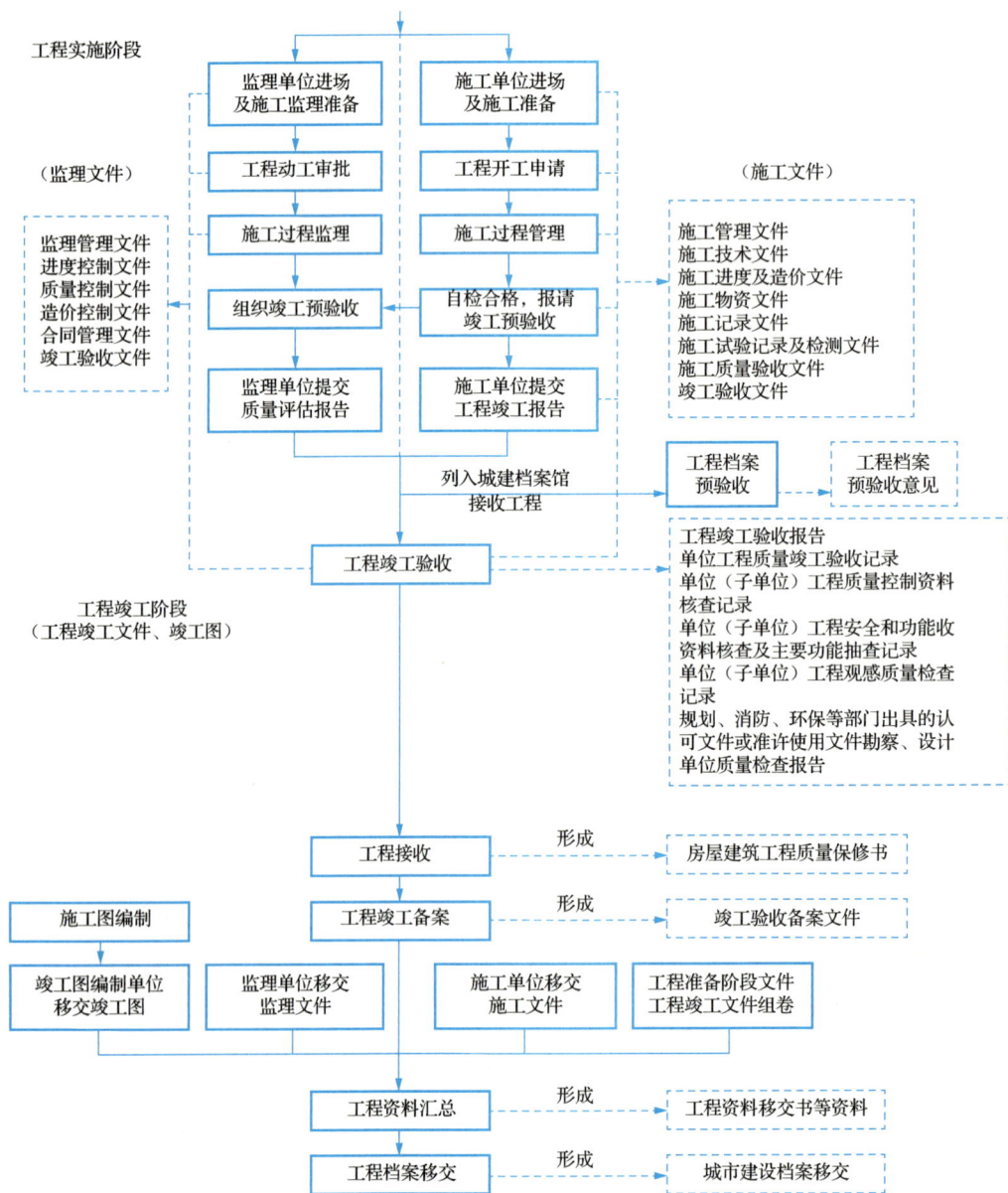

工程实施阶段

（监理文件）

| 监理管理文件 |
| 进度控制文件 |
| 质量控制文件 |
| 造价控制文件 |
| 合同管理文件 |
| 竣工验收文件 |

监理单位进场及施工监理准备 — 施工单位进场及施工准备

工程动工审批 — 工程开工申请

施工过程监理 — 施工过程管理

组织竣工预验收 — 自检合格，报请竣工预验收

监理单位提交质量评估报告 — 施工单位提交工程竣工报告

（施工文件）

施工管理文件
施工技术文件
施工进度及造价文件
施工物资文件
施工记录文件
施工试验记录及检测文件
施工质量验收文件
竣工验收文件

列入城建档案馆接收工程 → 工程档案预验收 ┄→ 工程档案预验收意见

工程竣工验收

工程竣工阶段
（工程竣工文件、竣工图）

工程竣工验收报告
单位工程质量竣工验收记录
单位（子单位）工程质量控制资料核查记录
单位（子单位）工程安全和功能收资料核查及主要功能抽查记录
单位（子单位）工程观感质量检查记录
规划、消防、环保等部门出具的认可文件或准许使用文件勘察、设计单位质量检查报告

工程接收 — 形成 ┄→ 房屋建筑工程质量保修书

施工图编制

工程竣工备案 — 形成 ┄→ 竣工验收备案文件

竣工图编制单位移交竣工图 | 监理单位移交监理文件 | 施工单位移交施工文件 | 工程准备阶段文件工程竣工文件组卷

工程资料汇总 — 形成 ┄→ 工程资料移交书等资料

工程档案移交 — 形成 ┄→ 城市建设档案移交

图 4-2　施工管理文件形成过程

4.1.2 施工技术文件形成过程

施工技术文件形成过程如图 4-3 所示。

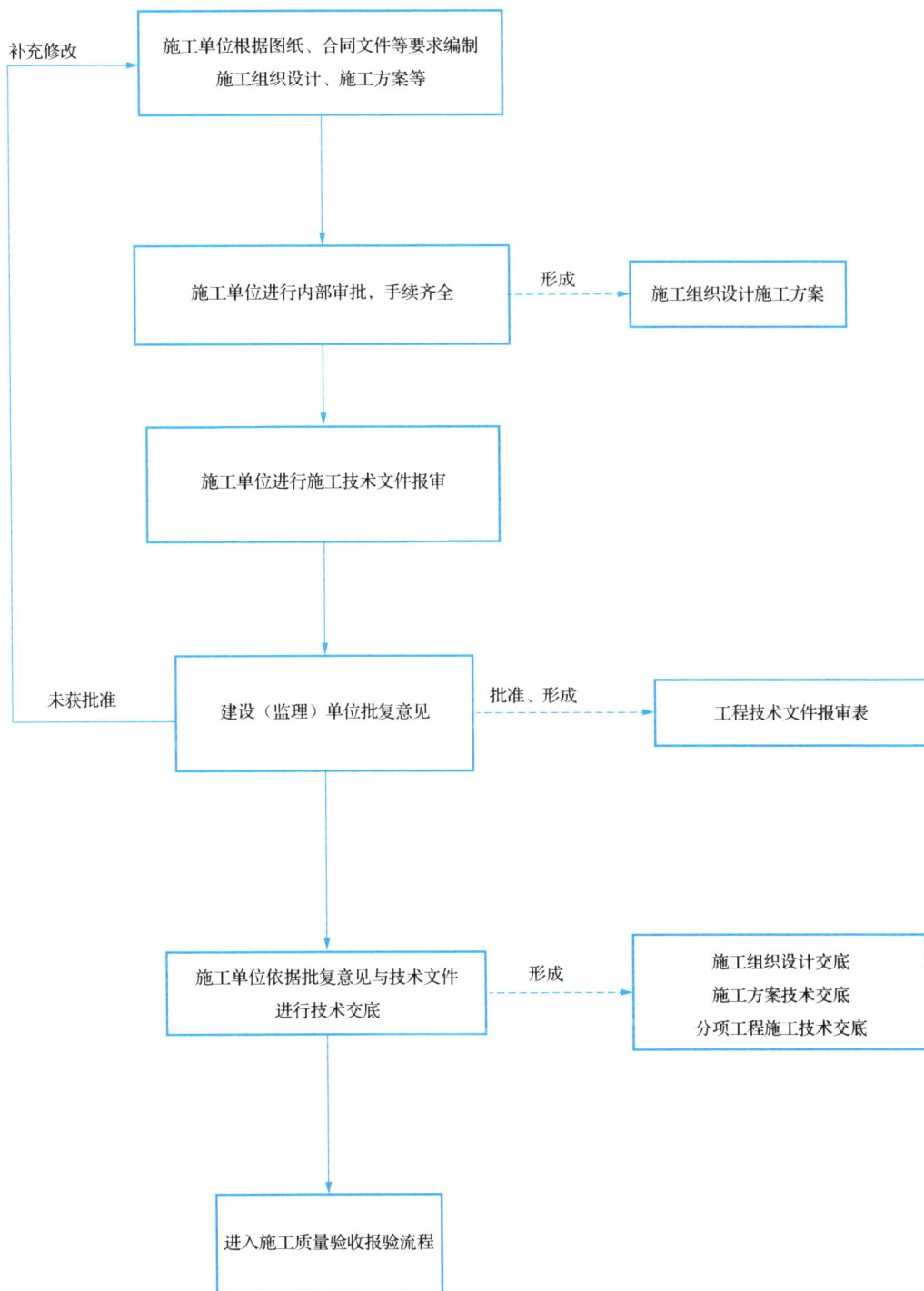

补充修改 → 施工单位根据图纸、合同文件等要求编制施工组织设计、施工方案等

施工单位进行内部审批,手续齐全 ——形成——▶ 施工组织设计施工方案

施工单位进行施工技术文件报审

未获批准 ← 建设(监理)单位批复意见 ——批准、形成——▶ 工程技术文件报审表

施工单位依据批复意见与技术文件进行技术交底 ——形成——▶ 施工组织设计交底 施工方案技术交底 分项工程施工技术交底

进入施工质量验收报验流程

图 4-3 施工技术文件形成过程

4.1.3　施工物资文件形成过程

施工物资文件形成过程如图 4-4 所示。

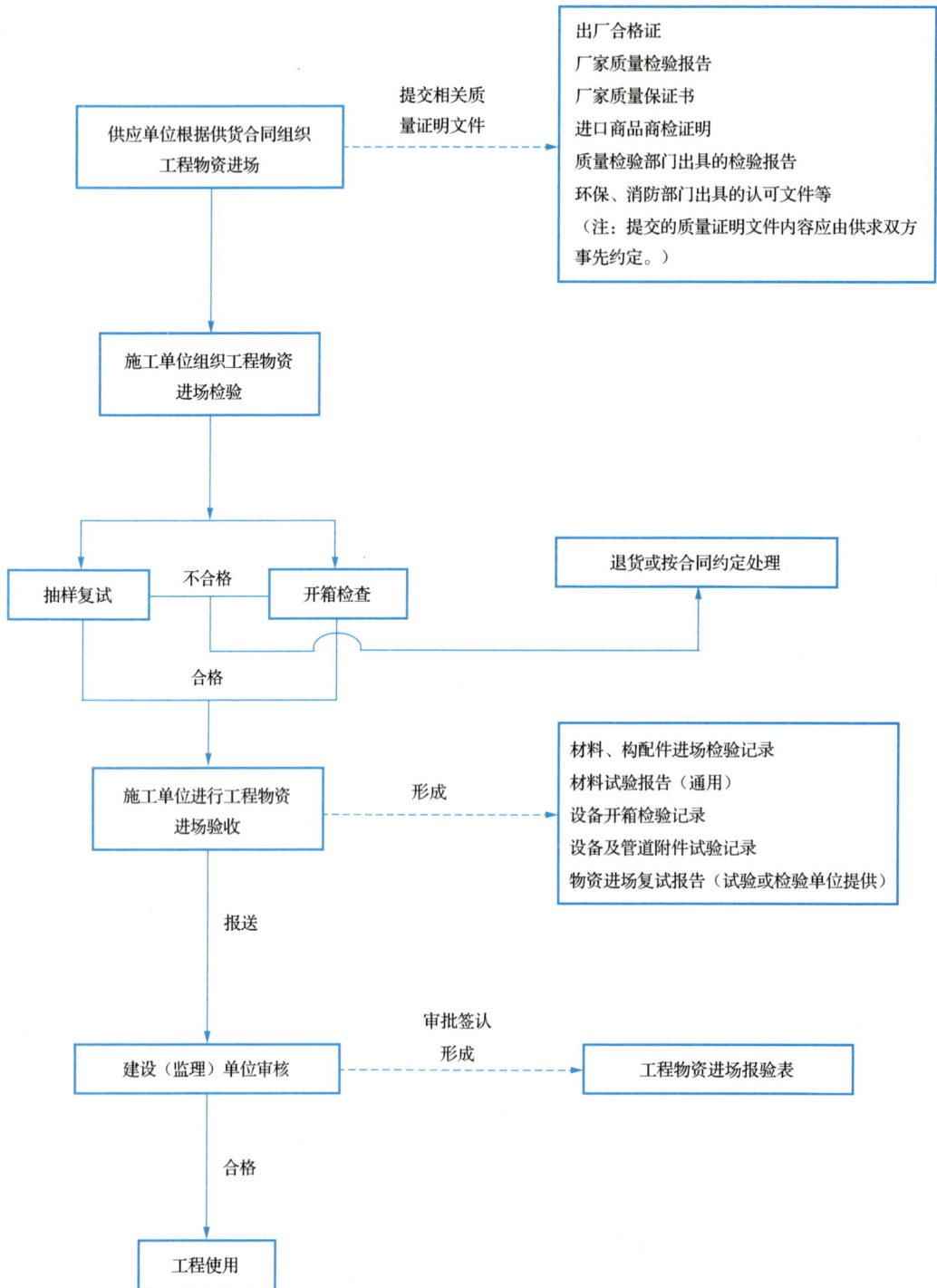

图 4-4　施工物资文件形成过程

4.1.4　检验批质量验收文件形成过程

检验批质量验收文件形成过程如图 4-5 所示。

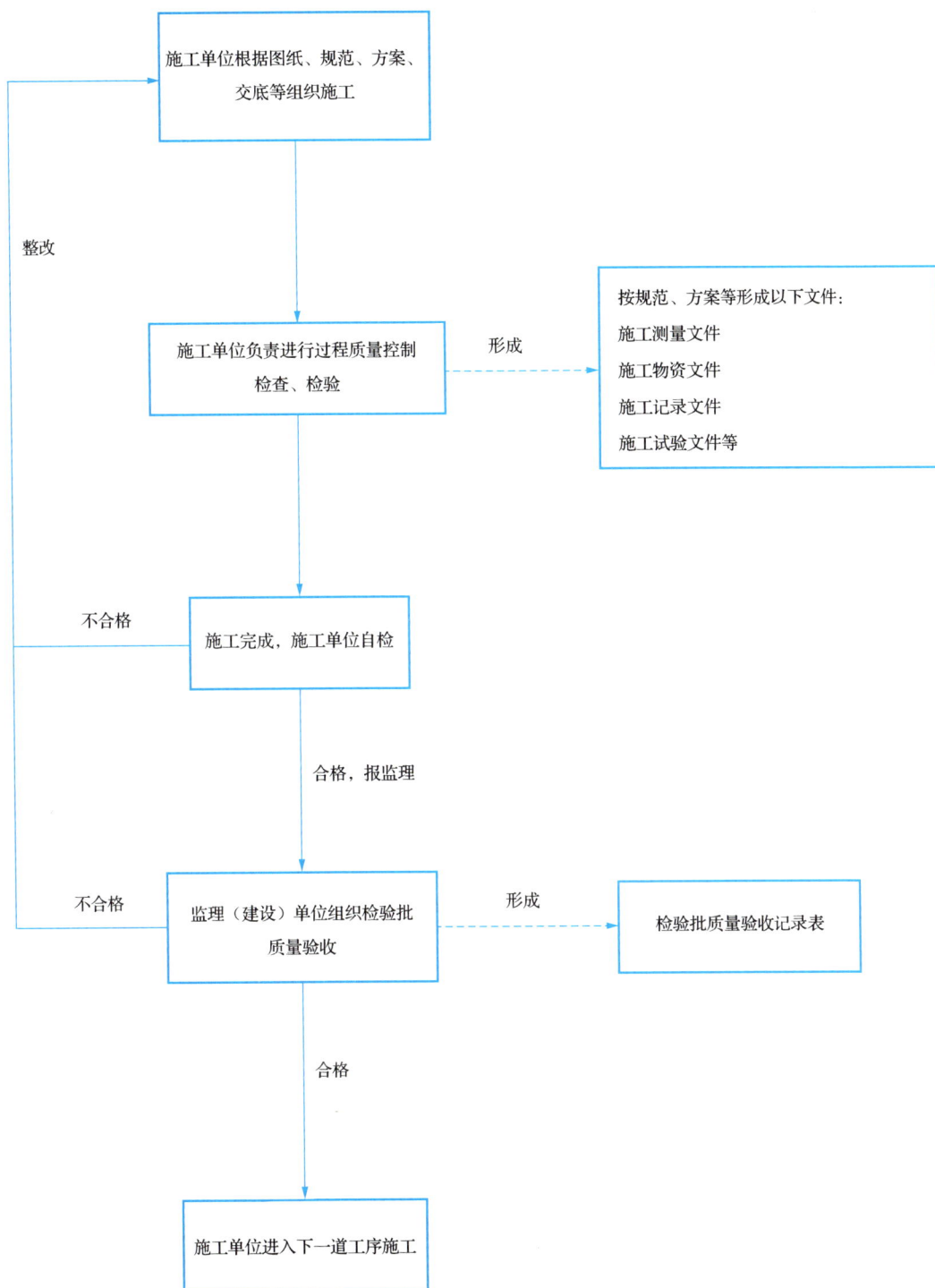

图 4-5　检验批质量验收文件形成过程

4.1.5 分项工程质量验收文件形成过程

分项工程质量验收文件形成过程如图 4-6 所示。

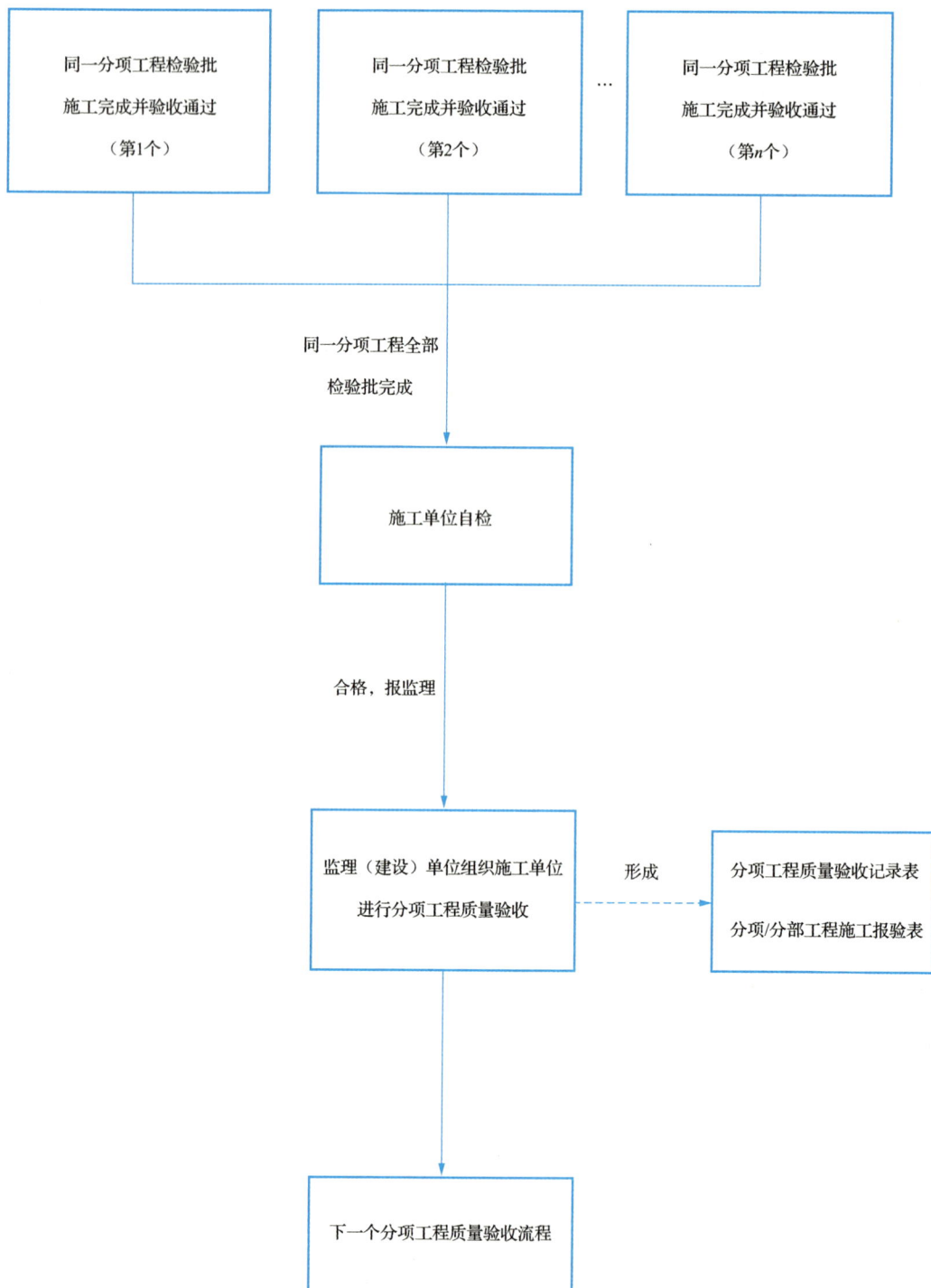

| 同一分项工程检验批
施工完成并验收通过
（第1个） | 同一分项工程检验批
施工完成并验收通过
（第2个） | ... | 同一分项工程检验批
施工完成并验收通过
（第n个） |

同一分项工程全部
检验批完成

↓

| 施工单位自检 |

合格，报监理

↓

| 监理（建设）单位组织施工单位
进行分项工程质量验收 | ---形成---> | 分项工程质量验收记录表
分项/分部工程施工报验表 |

↓

| 下一个分项工程质量验收流程 |

图 4-6　分项工程质量验收文件形成过程

4.1.6　子分部工程质量验收文件形成过程

子分部工程质量验收文件形成过程如图 4-7 所示。

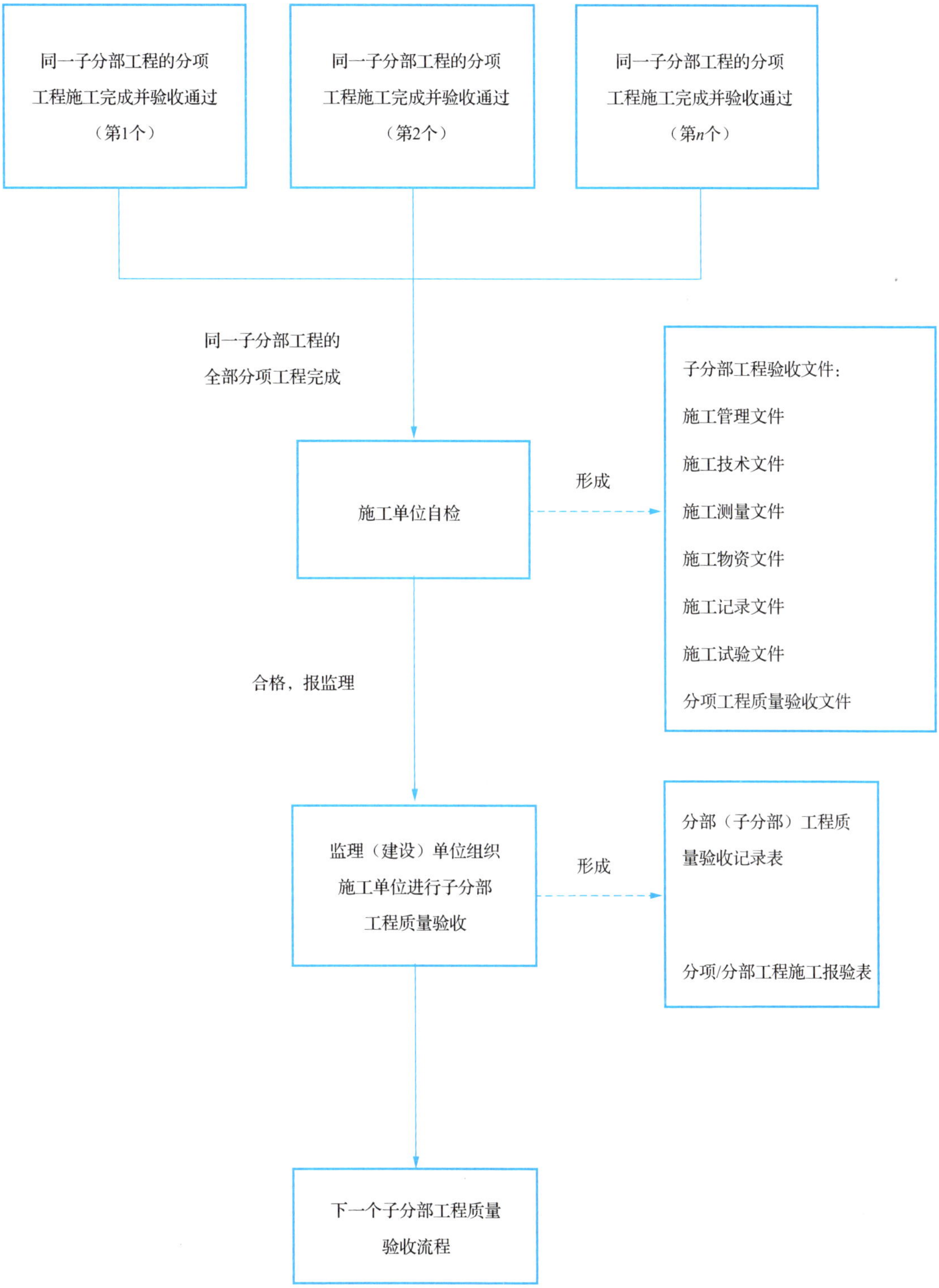

图 4-7　子分部工程质量验收文件形成过程

4.1.7 分部工程质量验收文件形成过程

分部工程质量验收文件形成过程如图 4-8 所示。

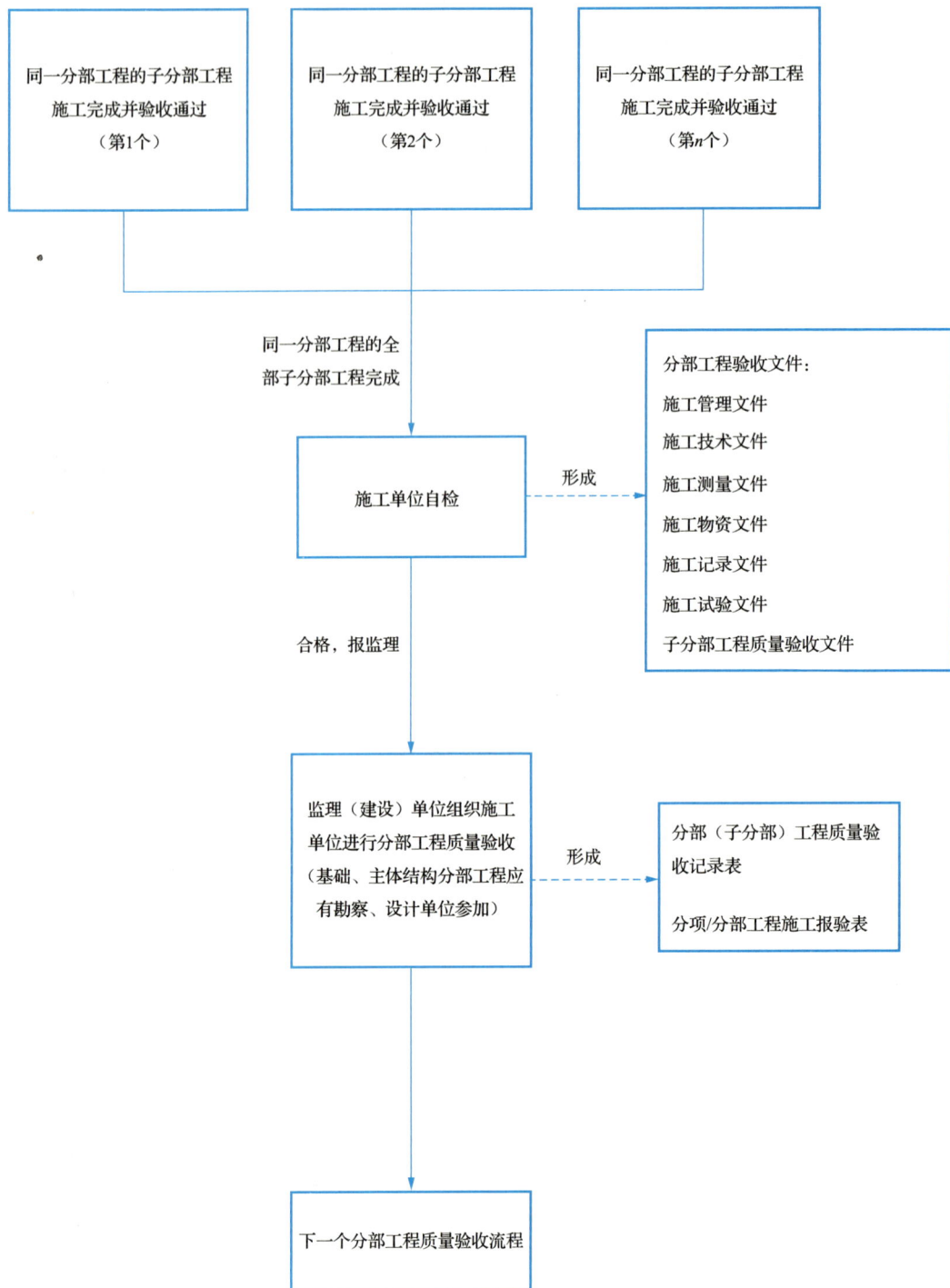

图 4-8 分部工程质量验收文件形成过程

4.1.8 工程验收文件形成过程

工程验收文件形成过程如图 4-9 所示。

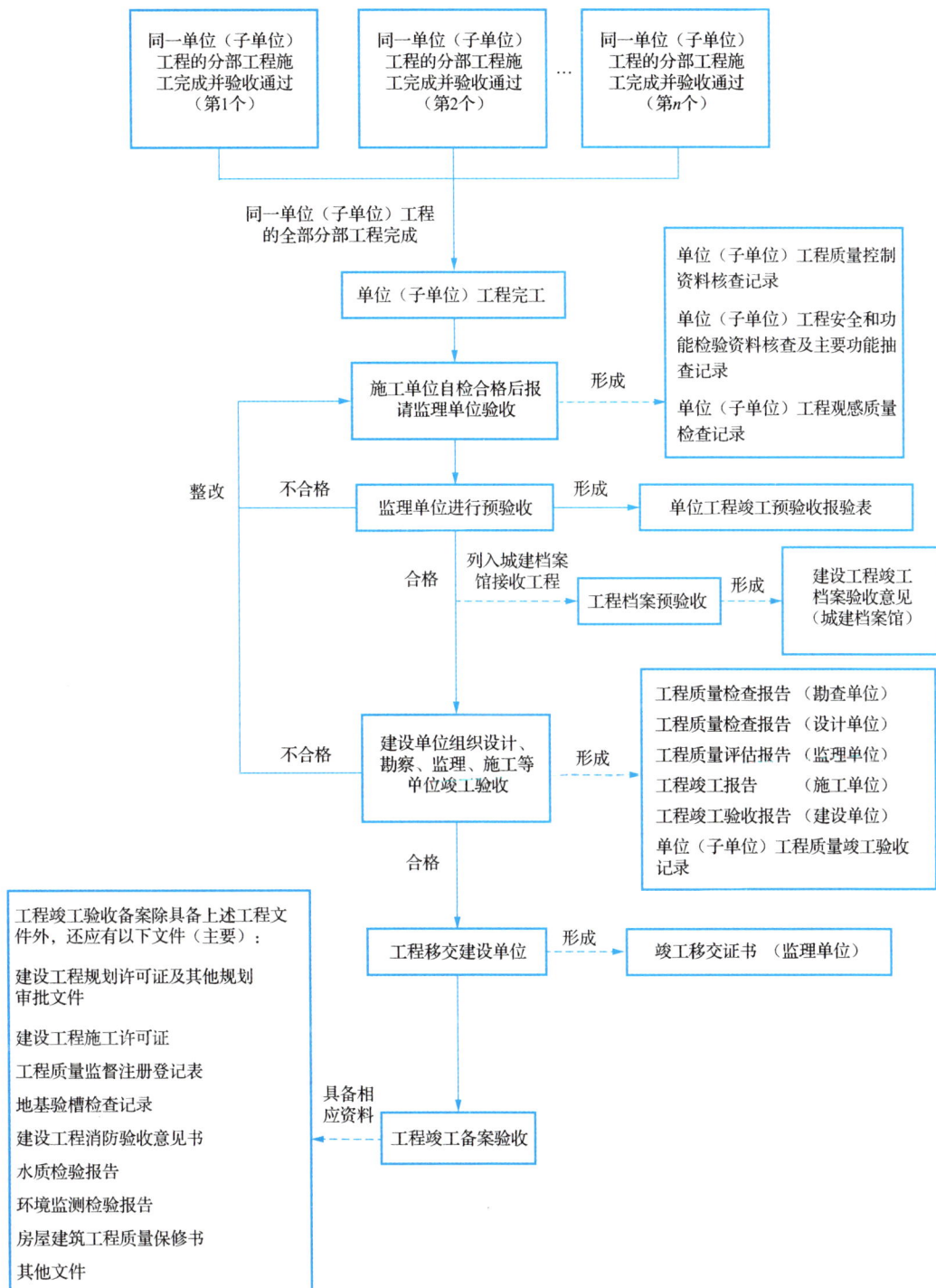

图 4-9 工程验收文件形成过程

4.2 施工管理文件

施工管理文件主要包括工程概况表、施工现场质量管理检查记录、企业资质证书及相关专业人员岗位证书、单位（子单位）工程质量事故处理记录、施工检测计划表、施工日志等。

4.2.1 工程概况表

工程概况表主要介绍了工程项目基本情况，由施工单位项目专业技术负责人在工程竣工预验收前组织填写，由施工、监理、建设单位项目负责人审核签认。

1. 样例

工程概况表样例如图 4-10 所示。

工程概况表

渝建竣-002-001

基本情况	工程名称	××综合大楼工程		工程曾用名		/	
	工程地址						
	建筑面积	18000m²		工程类别		民用建筑	
	最大高度	34.2m		工程造价		7100万元	
	最大跨度	7m		抗震设防烈度		6	
参建单位情况	责任主体单位名称			统一社会信用代码		项目负责人	备注
	××房地产开发有限公司			×××		×××	
	××设计院			×××		×××	
	××勘察院			×××		×××	
	××监理有限责任公司			×××		×××	
	××建筑工程有限公司			×××		×××	
设计概况	本工程为地上10层，地下1层，建筑面积18000m²，本工程抗震设防烈度为6度，建筑设计使用年限为50年，结构形式为框架剪力墙结构。						

施工单位：	监理单位：	建设单位：	其他单位：
项目负责人：	总监理工程师：	项目负责人：	项目负责人：
年 月 日	年 月 日	年 月 日	年 月 日

图 4-10 工程概况表

2. 填表说明

"工程名称"与施工许可证一致。

"工程曾用名"如果有，则按照建设单位提供的资料填写，如没有可填"/"。

"工程地址"按实际工程所在地填写。

"建筑面积"按照图纸说明填写实际建筑面积。

"工程类别"按照《建设工程分类标准》（GB/T 50841—2013）的相关要求进行填写。

"最大高度"仅填写设计最高单位工程的高度。

"工程造价"为当前工程的合同价款。

"最大跨度"按照设计文件最大跨度填写。

"参建单位情况"主要填写施工、监理、建设、勘察、设计等责任主体单位基本情况，工程其他重要参建单位[如 PPP（public private partnership，公共私营合作制）、EPC（engineering procurement construction，设计采购施工）等项目]及重要分包单位基本情况也应填写，情况复杂工程可附页说明。

"设计概况"相关内容应简要填写，并应能概括体现工程特点。

签字栏应注明单位名称，由建设、施工单位项目负责人、监理单位总监理工程师审核签认。

4.2.2 施工现场质量管理检查记录

施工现场质量管理检查记录由项目经理部在工程开工前按单位工程或标段填写，主要包括项目部质量管理体系、有关制度、主要工种岗位证书、图纸会审记录、地质勘察报告、施工组织设计等内容，同时附证明文件的原件或复印件，报总监理工程师审查。

1. 样例

施工现场质量管理检查记录样例如图 4-11 所示。

2. 填表说明

建设、设计、勘察单位"项目负责人"处应填写与法人授权书一致的项目负责人。

监理单位"总监理工程师"处应填写与法人授权书一致的总监理工程师。

施工单位"项目负责人""项目技术负责人"处应填写与法人授权书一致的项目负责人及与工程参加单位责任人员一致的项目技术负责人。

项目部质量管理体系"主要内容"：核查现场质量管理制度内容是否健全及是否有针对性、时效性等；质量管理体系是否建立，是否持续有效；各级专职质量检查人员的配备是否符合相关规定。

现场质量责任制"主要内容"：各质量责任人的分工，各项质量责任的落实规定，定期检查及有关人员奖罚制度等。

主要专业工种操作岗位证书"主要内容"：核查主要专业工种操作上岗证书是否齐全、有效及是否符合相关规定。

施工现场质量管理检查记录

工程名称	××综合大楼工程	施工许可证号		×××	
建设单位	××房地产开发公司	项目负责人		×××	
设计单位	××设计院	项目负责人		×××	
勘察单位	××勘察院	项目负责人		×××	
监理单位	××监理有限责任公司	总监理工程师		×××	
施工单位	××建筑工程有限公司	项目负责人	×××	项目技术负责人	×××

序号	项目	主要内容
1	项目部质量管理体系	现场质量管理体系已建立，组织机构健全，分工清晰、职责分明。
2	现场质量责任制	岗位责任制、设计交底制度、技术交底制度、挂牌制度，责任明确，手续齐全。
3	主要专业工种操作岗位证书	电工、焊工、架子工等主要特种作业人员操作证书齐全。
4	分包单位管理制度	有分包管理制度，具体要求清晰，管理责任明确。
5	图纸会审记录	审查设计交底、图纸会审工作已完成，资料齐全，已四方确认。
6	地质勘察资料	资料齐全，各方已确认。
7	施工技术标准	标准齐备，选用正确，满足工程需要。
8	施工组织设计、施工方案编制及审批	施工组织设计和施工方案编制、审批齐全，文件管理制度完备。
9	物资采购管理制度	制度合理可行，物资供应方符合工程对物资质量、供货能力的要求。
10	施工设施和机械设备管理制度	已建立严格全面的设施设备管理制度，各项要求已落实到人的具体工作。
11	计量设备配备	计量设备配备齐全，各种标定检验证书齐全。
12	检测试验管理制度	制度符合相关标准规定，检测试验计划已经审核批准。
13	工程质量检查验收制度	已建立严格全面的质量检查验收制度，制度符合法规及标准的规定，各项要求已落实到人及各环节。

自检结果： 现场质量管理体系健全，具有相应的施工技术标准、施工质量检验制度和综合施工质量水平评定考核制度已建立。 施工单位项目负责人： (签字、加盖执业印章) 年 月 日	检查结论： 现场质量管理符合要求。 总监理工程师： (签字、加盖执业印章) 年 月 日

图 4-11 施工现场质量管理检查记录

分包单位管理制度"主要内容"：审查分包方案资质是否符合要求，分包单位的管理制度是否健全。

图纸会审记录"主要内容"：审查设计交底、图纸会审工作是否已完成。

地质勘察资料"主要内容"：审查是否有具有勘察资质的单位出具的经勘察审查机关、审查机构审查合格的正式地质勘察报告，可供地下部分施工方案制定和在施工组织总平面图编制时参考。

施工组织设计、施工方案编制及审批"主要内容"：检查编制程序、内容、有针对性的具体措施，且编制单位、审核单位、批准单位有贯彻执行措施。

物资采购管理制度"主要内容"：制度应合理可行，物资供应方应符合工程对物质质量、供应能力的要求。

施工设施和机械设备管理制度"主要内容"：应对施工设施的设计、建造、验收、使用、拆除和机械设备的使用、运输、维修、保养建立严格的管理制度，并应全面落实过程管理。

计量设备配备"主要内容"：检查设置在工地搅拌站的计量设施的精准度、管理制度等内容。预拌混凝土和安装专业可不填。

检测试验管理制度"主要内容"：工程质量检测试验制度应符合相关标准规定，并应按工程实际编制检测试验计划，监理审核批准后，按计划实施。

工程质量检查验收制度"主要内容"：施工现场必须建立工程质量检查验收制度，制度必须符合法规、标准规定，并应严格贯彻落实，以确保工程质量符合设计要求和标准规定。根据检查情况，将检查结果填到相对应的栏目中。可直接将有关制度的名称写上，应说明具体工作是否落实，资料是否齐全。

"自检结果"：由施工单位项目负责人负责施工现场各项质量管理制度的建立和落实，自检达到开工条件后，向监理工程师申报。

"检查结论"：由总监理工程师填写。总监理工程师对施工单位报送的各项资料进行验收核查，验收核查合格后，签署认可意见。"检查结论"要明确，填"符合要求"或"不符合要求"。如总监理工程师验收核查不合格，施工单位必须限期改正，否则不准许开工。

4.2.3　企业资质及专业人员岗位证书

1. 企业资质

建筑业企业资质分为施工总承包、专业承包和施工劳务三个序列。其中施工总承包序列设有 12 个类别，一般分为 4 个等级（特级、一级、二级、三级）；专业承包序列设有 36 个类别，一般分为 3 个等级（一级、二级、三级）；施工劳务序列不分类别和等级。

施工总承包企业可以承接施工总承包工程，也可以全部自行施工所承接的施工总承包工程内各专业工程，还可以将专业工程或劳务作业依法分包给具有相应资质的专业承包企业或施工劳务企业。

专业承包企业可以承接施工总承包企业分包的专业工程和建设单位依法发包的专业工程，也可以全部自行施工所承接的专业工程，还可以将劳务作业依法分包给具有相应资质的施工劳务企业，主要包括地基与基础工程、土石方工程、建筑装修装饰工程、建筑幕墙工程、钢结构工程、空调安装工程、建筑防水工程、金属门窗工程、设备安装工程、建筑智能化工程、线路管道工程，以及市政、桥梁工程中各专业工程，小区配套的道路、排水、园林、绿化工程等。

施工劳务企业可以承接施工总承包企业或专业承包企业分包的劳务作业。

2. 企业资质文件审查注意事项

（1）核查企业资质证书是否在有效期内，不允许归档保存过期、未经年检（复验）的资质证明文件。

（2）企业资质文件反映的单位名称应与合同文件中的名称相吻合。

（3）外地施工企业应具有当地建设行政管理部门核发的施工许可证手续。

（4）企业资质文件复印件应盖鲜章。

3. 专业人员岗位证书

专业人员必须具备上岗资格，获得相应证书后方可上岗。相关专业人员证书主要有施工现场专业人员岗位证书、技能人员证书、技能人员职业资格证书。需要有施工现场专业人员岗位培训证书的主要包括施工员、质量员、预算员、安全员、材料员、测量员、机械员、劳务员、试验员、资料员、标准员等。技能人员证书包括初级工程师证书、中级工程师证书、高级工程师证书、技师证书、高级技师证书。

4. 专业人员岗位证书审查注意事项

（1）核查岗位证书年审是否有效。

（2）核查岗位证书的核发机构是否为建设行政主管部门或由政府认可的考核管理部门。

（3）岗位证书复印件应盖鲜章。

4.2.4 单位（子单位）工程质量事故处理记录

工程质量事故是指由建设管理、监理、勘测、设计、咨询、施工、材料、设备等原因造成工程质量不符合规程、规范和合同规定的质量标准，影响使用寿命和对工程安全运行造成隐患及危害的事件。质量事故处理完成后，施工单位项目负责人组织编制单位（子单位）工程质量事故处理记录表，由施工、建设单位等项目负责人及监理单位总监理工程师审核签认，并加盖公章。

1. 样例

单位（子单位）工程质量事故处理记录样例如图 4-12 所示。

2. 填表说明

"工程名称"与施工许可证一致。

"单位（子单位）工程名称"应与经审查批准的工程验收方案一致。

"事故发生时间"应为事故发生实际时间。

单位（子单位）工程质量事故处理记录

渝建竣-032-001

工程名称	××综合大楼工程		
单位（子单位）工程名称	××综合大楼工程		
事故发生时间	年 月 日	处理完毕时间	年 月 日

事故原因分析简述：

　　在二层混凝土强度未达到设计强度时，项目擅自拆除模板用于三层混凝土浇筑，导致在混凝土浇筑过程中，模板支撑体系失稳，引起三层板突然发生坍塌。

事故处理情况简述：

　　三名受伤工人均被安置在市第一医院，其中两名已经脱离危险，一名仍在重度昏迷之中，建设单位、施工单位、监理单位等相关企业负责人均驻现场，妥善解决事故善后事宜，目前施工现场有条不紊，伤者家属情绪稳定，未出现过激行为。对现场管理人员加强教育，给予擅自拆除模板劳务队相应惩罚，要求施工单位停工整顿，合格后复工。

事故处理结果：

　　受伤人员已得到妥善安置；对施工人员相关责任人加强教育；责令施工单位停工整顿，合格后即可复工。

事故损失情况	事故等级	一般事故	耽误工期	22d
	直接经济损失	100万元		
	造成永久缺陷情况	无		

其他：

　　无

施工单位(公章)：	监理单位(公章)：	建设单位(公章)：	其他单位(公章)：
项目负责人：	总监理工程师：	项目负责人：	项目负责人：
年　月　日	年　月　日	年　月　日	年　月　日

图 4-12　单位（子单位）工程质量事故处理记录

　　"耽误工期（天）"处应填写因事故造成的实际工期推迟天数。

　　"直接经济损失"处应填写事故造成的实际直接经济损失。

　　"造成永久缺陷情况"定性描述，具体处理及变化可附件及单独协商处理。

　　签字栏应注明单位名称，由建设、施工单位项目负责人及监理单位总监理工程师审核签认，并加盖公章。

4.2.5 施工检测计划表

施工检测计划表为单位工程开工前,依据国家有关标准的规定和施工质量控制的需要,由施工单位项目专业技术负责人组织填写,由施工、监理、建设单位项目负责人审核签认方可有效。施工检测计划的编制应科学、合理,保证取样的连续性和均匀性。

1. 样例

施工检测计划表样例如图 4-13 所示。

施工检测计划表

渝建竣-034-001

工程名称	××综合大楼工程			
单位(子单位)工程名称	××综合大楼工程			
序号	检测项目	检测频率	取样数量	备注
1	水泥(安定性、凝结时间、强度)	同厂家、同等级、同品种、同批号且连续进场的水泥,袋装不超过200t为一批,散装不超过500t为一批	每批抽样1组	
2	热轧带肋钢筋(屈服强度、抗拉强度、伸长率、弯曲试验)	同一牌号、同一炉批号、同一规格的钢筋组成,每批质量不大于60t,抽取1组	每批质量不大于60t,抽取1组	

施工单位: 项目负责人: 年 月 日	监理单位: 总监理工程师: 年 月 日	建设单位: 项目负责人: 年 月 日	其他单位: 项目负责人: 年 月 日

图 4-13　施工检测计划表

2. 填表说明

"工程名称"应与施工许可证一致。

"单位（子单位）工程名称"应与经审查批准的工程验收方案一致。

"序号"自编号。

"检测项目"处应填写检测试验名称及试验项目。

"检测频率"按照规范及施工现场情况确定抽检原则。

"取样数量"处应填写抽检的数量，或者检测试验的样本数量。

签字栏应注明单位名称，由建设、施工单位项目负责人及监理单位总监理工程师审核签认。

4.2.6　施工日志

施工日志是在建筑工程整个施工阶段的施工组织管理、施工技术等有关施工活动和现场情况变化的真实的综合性记录，也是处理施工问题的备忘录和总结施工管理经验的基本素材。施工日志是工程竣工验收文件的重要组成部分，一般由专人负责记录并保管。

1. 样例

施工日志样例如图 4-14 所示。

2. 填表说明

"日期"为当日日期。

"星期"为当日星期数。

"平均气温"为当日平均温度。

"气象"分为上午气象和下午气象。

"施工部位"需注明施工图纸桩号、位置。

"出勤人数"处应填写当日出勤人数总和。

"当日施工内容"处应填写施工现场全部工作内容。

"操作负责人"处由操作负责人本人签字。

"设计变更"需注明设计变更名称（编号）。

"文号"为文件顺序号。

"通知单位"需注明通知单位全称。

"技术交底"需注明技术交底名称。

"接受交底人"处应由接受交底本人签字。

"隐蔽工程验收部位"需注明施工图纸桩号、位置。

"混凝土、砂浆试块制作"需注明混凝土、砂浆试块制作标号、数量。

"材料进场、送检情况"需注明材料进场检查情况及试件送检情况。

"质量"填写施工现场质量情况。

"安全"填写施工现场安全情况。

"其他"填写其他施工事项。

"工长"处应由相关工长签字。

如果施工日志由记录员整理记录，"记录员"处应需签字注明。

施 工 日 志

渝建竣-035-001

日期	×年×月×日		星期	四	平均气温	气象	
						上午	下午
施工部位	二层框架柱		出勤人数	20	21.5℃	阴	阴
当日施工内容					操作负责人		
1. 二层框架柱钢筋绑扎完成50%,共计10名钢筋工,5名普工。					×××		
2. 二层相关电工配管,共计5名。					×××		
设计变更	/	文号	/	通知单位	/		
技术交底	钢筋绑扎技术交底		接受交底人		(签字)		
隐蔽工程验收部位	/						
混凝土、砂浆试块制作	/						
材料进场、送检情况	钢筋直螺纹取样5组						
质量	施工质量符合图纸及规范要求						
安全	无安全隐患						
其他	/						
工长			记录员				

图 4-14　施工日志

4.3　施工技术文件

施工技术文件主要包括施工组织设计及施工方案、危险性较大分部分项工程施工方案专家论证表、施工技术交底记录、图纸会审记录、工程洽商记录。

4.3.1 施工组织设计及施工方案

施工组织设计是指承包单位开工前为工程所做的施工组织、施工工艺、施工计划等方面的设计，是指导拟建工程过程中各项活动的技术、经济和组织的综合性文件。

1. 施工组织设计分类

施工组织设计按设计阶段和编制对象不同，分为施工组织总设计、单位工程施工组织设计和施工方案3类。

1）施工组织总设计

施工组织总设计是以若干单位工程组成的群体工程或特大型项目为主要对象编制的施工组织设计。施工组织总设计一般在建设项目的初步设计或扩大初步设计批准之后，总承包单位在总工程师领导下进行，建设单位、设计单位和分包单位协助总承包单位完成相关工作。

施工组织总设计对整个项目的施工过程起统筹规划、重点控制的作用。其任务是确定建设项目的开展程序、主要建筑物的施工方案、建设项目的施工总进度计划、资源需用量计划及施工现场总体规划等。

2）单位工程施工组织设计

单位工程施工组织设计是以单位（子单位）工程为主要对象编制的施工组织设计，对单位（子单位）工程的施工过程起指导和约束作用。单位工程施工组织设计是施工图纸设计完成之后、工程开工之前，在施工项目负责人领导下进行编制的。

3）施工方案

施工方案是以分部（分项）工程或专项工程为主要对象编制的施工技术与组织方案，用以具体指导其施工过程。施工方案由项目技术负责人负责编制。

2. 施工组织设计编制原则

（1）重视工程的组织性。

（2）提高施工的效率。

（3）重视管理创新和技术创新。

（4）重视工程施工的目标控制。

（5）积极采用国内外先进的施工技术。

（6）充分利用时间和空间，合理安排施工顺序，提高施工的连续性和均衡性。

（7）合理部署施工现场，文明施工。

3. 施工组织设计的编制依据

（1）与工程建设有关的法律、法规文件。

（2）国家现行有关标准和技术经济指标。

（3）工程所在地区行政主管部门的批准文件，建设单位对施工的要求。

（4）工程施工合同或招投标文件。

（5）工程设计文件。

（6）工程施工范围内的现场条件，工程地质及水文地质、气象等自然条件。

（7）与工程有关的资源供应情况。

（8）施工企业的生产能力、机具设备状况、技术水平等。

4. 施工组织设计的内容

（1）工程概况：包括工程特点、建设地点、环境特征、施工条件、项目管理特点等内容。

（2）施工部署：包括保证项目的质量、进度、成本及安全目标拟投入的最高人数和平均人数，分包计划，劳动力使用计划，材料供应计划，机械设备供应计划，施工程序，项目管理总体安排。

（3）施工方案：单位工程应按照《建筑工程施工质量验收统一标准》（GB 50300—2013）中分部、分项工程的划分原则，对主要分部、分项工程制定施工方案，其中对脚手架工程、起重吊装工程、临时用水用电工程、季节性施工等专项工程所采用的施工方案应进行必要的验算和说明，包括施工阶段划分、施工顺序、施工工艺、施工方法、施工机械的选择、安全施工及环境保护等内容。

（4）施工进度计划：包括施工总进度计划、单位工程施工进度计划。施工进度计划可采用施工网络计划或横道图表示，并附必要说明；对于工程规模较复杂的工程，采用施工网络计划表示。

（5）资源需求计划：包括劳动力需求计划，主要材料和周转材料需求计划，机械设备需求计划，预制品订货和需求计划，大型工具、器具需求计划。

（6）施工准备工作计划：包括施工准备工作组织及时间安排，技术准备及质量计划，施工现场准备，管理人员和作业队伍的准备，物资、资金的准备。

（7）施工现场平面布置：包括施工平面布置图及说明。施工现场平面布置图应包括：工程施工场地状况；拟建建（构）筑物的位置、轮廓尺寸、层数等；工程施工现场的加工设施、存储设施、办公和生活用房等的位置和面积；布置在工程施工现场的垂直运输设施、供电设施、供水供热设施、排水排污设施和临时施工道路等；施工现场必备的安全、消防、保卫和环境保护等设施；相邻的地上和地下既有建（构）筑物及相关环境。

（8）施工技术组织措施：包括保证进度目标的措施，保证质量目标的措施，保证安全目标的措施，保证成本目标的措施，保证季节性施工的措施，保护环境、文明施工的措施。

（9）项目风险管理计划：包括风险因素识别、风险可能出现的概率及损失值估计、风险管理重点、风险防范对策、风险管理责任。

（10）项目信息计划：包括与项目组织相适应的信息流通系统的建立，以及项目管理软件的应用。

（11）职业健康安全与环境管理计划。

（12）技术经济指标：包括指标水平高低的分析和评价，以及实施难点和对策。

▌4.3.2　危险性较大分部分项工程施工方案

危险性较大的分部分项工程（简称危大工程），是指房屋建筑和市政基础设施工程在施工过程中，容易导致人员群死群伤或者造成重大经济损失的分部分项工程。

根据《危险性较大的分部分项工程安全管理规定》（建设部令　第 37 号）第十条规定：施工单位应当在危大工程施工前组织工程技术人员编制专项施工方案。实行施工总承包的，专项施工方案应当由施工总承包单位组织编制。危大工程实行分包的，专项施工方案可以由相关专业分包单位组织编制。

第十一条规定：专项施工方案应当由施工单位技术负责人审核签字、加盖单位公章，并由总监理工程师审查签字、加盖执业印章后方可实施。危大工程实行分包并由分包单位编制专项施工方案的，专项施工方案应当由总承包单位技术负责人及分包单位技术负责人共同审核签字并加盖单位公章。

第十二条规定：对于超过一定规模的危大工程，施工单位应当组织召开专家论证会对专项施工方案进行论证。实行施工总承包的，由施工总承包单位组织召开专家论证会。专家论证前，专项施工方案应当通过施工单位审核和总监理工程师审查。专家应当从地方人民政府住房和城乡建设主管部门建立的专家库中选取，符合专业要求且人数不得少于 5 名。与本工程有利害关系的人员不得以专家身份参加专家论证会。

第十三条规定：专家论证会后，应当形成论证报告，对专项施工方案提出通过、修改后通过或者不通过的一致意见。专家对论证报告负责并签字确认。专项施工方案经论证需修改后通过的，施工单位应当根据论证报告修改完善后，重新履行本规定第十一条的程序。专项施工方案经论证不通过的，施工单位修改后应当按照本规定的要求重新组织专家论证。

1. 危大工程专项施工方案内容

（1）工程概况：危大工程概况和特点、施工平面布置、施工要求和技术保证条件。

（2）编制依据：相关法律、法规、规范性文件、标准、规范、施工图设计文件及施工组织设计等。

（3）施工计划：包括施工进度计划、材料与设备计划。

（4）施工工艺技术：技术参数、工艺流程、施工方法、操作要求、检查要求等。

（5）施工安全保证措施：组织保障措施、技术措施、监测监控措施等。

（6）施工管理及作业人员配备和分工：包括施工管理人员、专职安全生产管理人员、特种作业人员、其他作业人员等。

（7）验收要求：包括验收标准、验收程序、验收内容、验收人员等。

（8）应急处置措施。

（9）计算书及相关施工图纸。

2. 专家论证会参会人员

超过一定规模的危大工程专项施工方案专家论证会应当包括以下参会人员。

（1）专家。

（2）建设单位项目负责人。

（3）有关勘察、设计单位项目技术负责人及相关人员。

（4）总承包单位和分包单位技术负责人或授权委派的专业技术人员、项目负责人、项目技术负责人、专项施工方案编制人员、项目专职安全生产管理人员及相关人员。

（5）监理单位项目总监理工程师及专业监理工程师。

3. 专家论证内容

对于超过一定规模的危大工程专项施工方案，专家论证内容如下。

（1）专项施工方案内容是否完整、可行。

（2）专项施工方案计算书和验算依据、施工图是否符合有关标准规范。

（3）专项施工方案是否满足现场实际情况，并能够确保施工安全。

4.3.3 施工技术交底记录

施工技术交底指在某一单位工程开工前或一个分项工程施工前，由相关专业技术人员向参与施工的人员进行的技术性宣贯，其目的是使施工人员对工程特点、技术质量要求、施工方法与措施和安全等方面有较详细的了解，以便科学地组织施工，避免技术质量等事故的发生。

1. 技术交底方式

（1）书面交底：通过书面交底方式向下级人员交底，双方在交底书上签字，逐级落实，责任到人，有据可查，效果较好，是最常用的交底方式。

（2）会议交底：召开会议传达交底内容，可通过多工种的讨论、协商对技术交底内容进行补充完善，提前规避技术问题。

（3）样板/模型交底：实行样板引路，制作满足各项要求的样板予以参考，常用于要求较高的项目；或制作模型以加深实际操作人员的理解。

（4）挂牌交底：在标牌上写明交底相关要求，挂在施工场所，适用于内容及人员固定的分项工程。

2. 技术交底原则

（1）突出指导性、针对性、可行性及可操作性，提出具体的、足够细化的操作及控制要求。

（2）与相应的施工技术方案保持一致，满足质量验收规范与技术标准。

（3）使用标准化的技术用语和专业术语，使用国际制计量单位，并使用统一的计量单位，不能混用；确保语言通俗易懂，必要时使用辅助插图或模型等。

（4）确保与某分部分项工程的全部有关人员都交底，形成相应记录。

（5）技术交底记录应妥善保存，一份交作业队组，一份交底人自存，一份交由资料员，作为竣工技术文件的一部分。

（6）依据施工图纸、施工技术方案、施工组织设计、相关规范和技术标准、施工技术操作规程、安全法规及相关标准进行交底。

3. 三级交底制度

（1）第一级交底：单位工程施工组织设计经批准后，由项目技术负责人主持向项目全体工程技术和管理人员进行施工组织设计交底，交底参加人员也可扩大到班（组）长，视具体情况确定。

（2）第二级交底：专业队技术员对班（组）长进行技术交底，是各级技术交底的关键，必须向班（组）长（必要时向全体人员）和有关人员反复细致地进行交底。

（3）第三级交底：班（组）长向工人进行技术交底；班（组）长应结合承担的具体任务向班（组）成员交代清楚施工任务、关键部位、质量要求、操作要点、分工及配合、安全等事项。

4. 样例

施工技术交底记录样例如图 4-15 所示。

施工技术交底记录用于工程施工前向准备参与施工的管理人员或者施工班组进行技术交底。

施工技术交底记录

渝建竣-053-001

工程名称		××综合大楼工程		
施工单位	××建筑工程有限公司		交底时间	×年×月×日
交底部位	钢筋绑扎	交底内容	☐ 施组总设计交底 ☐ 专项施工方案交底 ☑ 施工作业交底	☐ 单位工程施组交底 ☐ 安全专项施工方案交底 ☐ 其他

质量标准及执行规程规范:

《混凝土结构工程施工质量验收规范》(GB 50204—2015)。

安全操作事项:

(1) 绑扎钢筋时,钢筋骨架呈不稳定状态时,必须架设临时支撑架。支撑架必须安设稳固,必要时应验算确认安全。钢筋骨架未形成整体前,严禁拆除临时支撑架。
(2) 所有进入工地现场的人员,必须按照规定佩戴安全防护用品,遵章守纪,听从指挥。
(3) 上下传递钢筋时,作业人员站位必须安全,上下方人员不得站在同一垂直位置上。
(4) 钢筋起吊前应设置防脱装置。进行钢筋绑扎时,脚手架应连接牢固。

操作要点及技术措施:

1. 工艺流程
基面清理、测量放线→底板钢筋绑扎→底板混凝土及养护→拱顶钢筋绑扎。
2. 钢筋加工制作
钢筋加工能严格按照设计图纸要求进行,并经检查验收合格。
3. 基面清理,测量放线
将底板防水保护层杂物清理干净,然后放线弹出二衬两边墙位置线和底板控制线,控制点间距不大于5m,不得用铁钉或短钢筋,以免扎破防水层。
4. 钢筋绑扎
(1) 钢筋在场外加工成型后必须进行验收,钢筋尺寸满足要求后才能批量加工。
(2) 钢筋进行安装绑扎时,先绑扎环向,后绑扎纵向,纵向钢筋以一仓为一段。钢筋的保护层厚度应符合设计要求,采用砂浆垫块支垫,保证钢筋保护层的厚度。
(3) 变形缝处钢筋应断开,钢筋绑扎时要注意防水层的保护。
(4) 钢筋绑扎应采用"排架"施工,主筋搭接位置要错开,同一截面内受力钢筋的接头截面面积不超过钢筋总截面面积的50%。
(5) 钢筋要绑扎牢固、间距均匀,符合设计要求,所有绑丝的绑扣均要求朝向内侧,以免浇筑完混凝土出现露丝现象(混凝土表面出现锈点)。成型后禁止随意踩踏,待监理验收合格后再进行下一道工序。
(6) 绑扎底板钢筋时要预埋隧道底板高程控制点,防止浇筑后的底板高程与设计不符。配合土建好楼板洞。

其他注意事项:

/

交底人: 项目专业技术负责人: 年 月 日	接受交底人: 年 月 日

图 4-15 施工技术交底记录

5. 填表说明

"工程名称"与施工许可证一致。

"施工单位"处填写进行交底的施工单位全称。

"交底部位"处填写分项分部工程名称，对于施工组织设计交底无具体交底部位可填写"／"。

"质量标准及执行规程规范"处填写施工该分部分项工程时执行的国家、地方、企业标准的名称和编号。

"安全操作事项"处填写涉及的安全操作要求和安全防护规定。

"操作要点及技术措施"处填写施工组织设计中或施工该分部分项工程时操作特点、工艺特色、工具措施等。

"交底人"处填写的应是施工单位技术部门负责人或施工该分部分项工程的施工单位现场管理人员。

"接受交底人"处填写的应是施工分部分项工程的施工单位现场施工班（组）长及相关施工人员。

签字栏处交底人和全部接受交底人应签字认可，当接受交底人较多或交底内容较多时，应附件说明，并应由交底人和接受交底人在附件中签字认可，当交底文件为多页时，应加盖骑缝公章。

4.3.4　图纸会审记录

图纸会审是指工程各参建单位（建设单位、监理单位、施工单位等相关单位）在收到施工图审查机构审查合格的施工图设计文件后，于设计交底前全面细致地熟悉和审查施工图纸的活动。

开工前，各参建单位先进行内部预审。图纸会审时，设计单位对各专业问题进行口头或书面交底，各参建单位提出问题，由设计单位进行解答，施工单位项目专业技术负责人对问题和回复结果进行整理并详细记录，形成图纸会审记录，由建设、设计、施工等单位项目负责人，监理单位总监理工程师审核无误后签认，若相关内容涉及工程地质勘察，则勘察单位项目负责人应审核并签认。

1. 图纸会审的主要内容

（1）审查图纸的合法性，是否无证设计、越级设计，是否有正式签章等。

（2）审查图纸资料包括地质勘察资料、各专业图纸是否齐全；剖面、详图、设计说明是否足以说明问题等。

（3）审查设计图纸的正确性，各专业图纸本身是否正确，是否有遗漏；各施工构造、尺寸、标高位置是否正确；钢筋图中表示方法是否清楚等。

（4）审查各类专业图纸之间是否吻合，如建筑图与结构图尺寸是否一致；总平面图与各施工图尺寸、标高、位置是否一致；工业管道、电气线路、设备装置、运输道路与建筑物之间是否有矛盾等。

（5）审查施工的可行性，如地基处理的方法是否可行；所采用的材料有无保证，能否代换；图中要求的条件能否满足；新材料、新技术应用有无问题等。

（6）审查消防、环保、安全的可靠性，主要审查是否满足现行有关标准的规定。

2. 样例

图纸会审记录样例如图 4-16 所示。

图纸会审记录

渝建竣-013-001

工程名称	××综合大楼工程		工程地点		
专业			会审日期		
序号	图号	图纸涉及问题		问题答复	备注
1	D1	地下室1#配电柜配电箱尺寸为600mm×800mm×1200mm, 土建图纸预留尺寸不足, 能否调整配电柜尺寸?		可以, 根据土建尺寸联系配电柜厂家自行调整。	
2	D2	系统图××回路电线型号没有?		电线型号为BV2.5mm²。	
参会人员: 见附件会议签到表。					
施工单位(公章): 项目负责人: 年 月 日	设计单位(公章): 项目负责人: 年 月 日	监理单位(公章): 总监理工程师: 年 月 日	建设单位(公章): 项目负责人: 年 月 日	其他单位（公章）: 项目负责人: 年 月 日	

图 4-16 图纸会审记录

3. 填表说明

"工程名称"与施工许可证一致。

"工程地点"处填写工程实际所在地。

"专业"处填写当前图纸会审的专业类别, 如建筑、结构、安装等。

"会审日期"处填写会议日期。

"序号"为自编号。

"图号"处填写图纸编号。

"图纸涉及问题"处填写施工图中未明确处及存疑项目。

"问题答复"处填写设计单位的明确回复内容。

"参会人员"处所有参会人员签名,若人数较多,可将会议签到表作为附件,签字应清楚。

签字栏处应注明单位名称,由施工、设计、建设单位项目负责人、监理单位总监理工程师审核签认并加盖单位公章。

4.3.5 工程洽商记录

工程洽商主要是指施工企业为施工图纸、设计变更所确定的工程内容以外,施工图预算或预算定额取费中未包含的,而施工中又实际发生费用的施工内容所办理的书面说明。工程洽商是施工设计图纸的补充,与施工图纸同等重要。

参建各方由于各种原因对施工图或者合同中的事项进行变更或者优化,经施工单位评估后,由施工单位项目专业技术负责人组织填写技术变更(洽商)记录,相关参建各方项目负责人及总监理工程师审核无误后签认。

1. 样例

工程洽商记录样例如图 4-17 所示。

技术变更(洽商)记录

渝建竣-014-001

工程名称	××综合大楼工程	
序号	技术变更(洽商)内容	备注
1	根据建设单位要求,原首层走廊增加电热水机1台,由此原给排水管线需要局部调整,详见附图。	

施工单位(公章):	监理单位(公章):	勘察单位(公章):	设计单位(公章):	建设单位(公章):	其他单位(公章):
项目负责人:	总监理工程师:	项目负责人:	项目负责人:	项目负责人:	项目负责人:
年 月 日	年 月 日	年 月 日	年 月 日	年 月 日	年 月 日

图 4-17 工程洽商记录

2．填表说明

"工程名称"与施工许可证一致。

"序号"由施工单位根据表达事项自编号。

"技术变更（洽商）内容"由施工单位项目专业技术负责人组织人员对洽商内容进行总结及描述，应具体、细致，能够量化反映施工工程量及工程难度的变化，也可体现由于此次技术变更（洽商）导致的工程价款变动情况。

签字栏应注明单位名称，由施工、勘察、设计、建设单位项目负责人、监理单位总监理工程师审核签认，并加盖公章。

注意：洽商内容涉及的参建单位则需要相应的参建单位项目负责人审核签认，并加盖公章，无关单位不必签认。

4.4 进度造价文件

进度造价文件主要包括工程开工报审表，工程复工报审表，施工进度计划报审表，施工进度计划，人、机、料动态表，工程延期申请表，工程款支付申请表，工程变更费用报审表，费用索赔申请表等。下面主要介绍施工进度计划和人、机、料动态表。

4.4.1 施工进度计划

施工进度计划是施工组织设计的关键内容，是控制工程施工进度和工程施工期限等各项施工活动的依据，施工进度计划是否合理，直接影响施工速度、成本和质量。

1．施工进度计划分类

施工进度计划分为总进度计划和单位工程施工进度计划。施工总进度计划包括建设项目（企业、住宅区等）的施工进度计划和施工准备阶段的进度计划。它按生产工艺和建设要求，确定投产建筑群的主要和辅助的建筑物与构筑物的施工顺序、相互衔接和开竣工时间，以及施工准备工程的顺序和工期。单位工程施工进度计划是总进度计划有关项目施工进度的具体化，其中土建工程的施工组织设计还考虑了专业和安装工程的施工时间。

2．编制步骤

（1）划分施工过程。

（2）计算工作量。

（3）确定劳动量和机械台班数量。

（4）确定各施工过程的持续施工时间。

（5）编制施工进度计划的初始方案。

（6）检查和调整施工进度计划初始方案。

3. 进度计划表示方法

（1）横道图法（又称甘特图法）使施工管理人员能集中注意力去抓关键，而且在执行中还可预测情况变化对工期和以后工作的影响，以便及时采取对策。

（2）工程网络计划，分为双代号网络计划、单代号网络计划、双代号时标网络计划、单代号搭接网络计划。

4.4.2 人、机、料动态表

人、机、料动态表由施工单位技术负责人组织在每月25日填写，针对当月人、机、料进行汇总，并对下月人、机、料进行计划，报专业工长、施工单位项目专业技术负责人及项目负责人进行审核签认。

1. 样例

人、机、料动态表样例如图4-18所示。

2. 填表说明

"工程名称"与施工许可证一致。

"工种"包括但不限于钢筋工、架子工、电工、电焊工等。

"人数"为从上月26日至本月25日工日累积总人数。

"持证情况"根据工种是否持证上岗如实填写。

主材"名称"处填写现场主材名称。

注意：主材的定义及范围由施工单位根据行业定额、地方定额或企业定额确定。

"上月库存量"为上个月25号的主材库存情况。

"本月进场量"为上月26号到本月25号进场主材数量。

主要机械"名称"包括但不限于起重机、布料机、混凝土地泵、塔式起重机、施工电梯等施工设备。

"规格型号"为统计机械的规格型号。

"生产厂家"为统计机械的生产厂家名称。

对于复杂的工程，人、机、料组成复杂，人、机、料动态表无法满足填写要求的，可以由施工单位技术负责人组织人员制作统计表作为该表的附件。

签字栏由施工单位专业工长、项目专业技术负责人及项目负责人签认。

<u>3</u> 月人、机、料动态表

渝建竣-017-001

工程名称	××综合大楼工程			施工单位		××建筑工程有限公司	

人工	工种	钢筋工	架子工	电工	电焊工	/	其他	合计
	工日	200d	150d	50d	120d	/	/	520d
	持证情况	是	是	是	是	/	/	是

主材	名称	上月库存量	本月进场量
	HPB300Φ10光圆钢筋	9t	58.961t
	HRB400Φ22热扎带肋钢筋	20t	59.354t

主要机械	名称	规格型号	数量	生产厂家
	钢筋调直机、切断机	GT3-8	3台	××机械制造有限公司
	钢筋弯曲机	GW40	2台	××机械制造有限公司
	挖掘机	柳工CLG220	1台	××机械制造有限公司
	压路机	YZYLZ-700C	5台	××机械制造有限公司

附件：

/

专业工长： 年　月　日	项目专业技术负责人： 年　月　日	项目负责人： 年　月　日

图 4-18　人、机、料动态表

4.5 施工物资文件

施工物资文件是反映工程所用建筑材料、成品、半成品、构配件、设备等质量和性能指标的各种证明文件和相关配套文件的统称。

4.5.1 出厂质量证明文件及检测报告

出厂质量证明文件应反映工程物资的品种、规格、数量、性能指标等,出厂质量证明文件包括产品合格证、质量认证书、检验报告、试验报告、产品生产许可证、质量保证书、特定产品核准证、安装说明书、使用说明书、维修说明书等。此外,进口材料、设备应有商检证明及中文版质量证明。出厂质量证明文件的复印件应与原件内容一致,加盖原件存放单位公章,注明原件存放处,并由经办人签字。如果出厂质量证明为传真件,则应转换为复印件再保存。

1. 型式检验报告

型式检验报告是型式检验机构出具的型式检验结果判定文件。型式检验是为了证明产品质量符合产品标准的全部要求而对产品进行的抽样检验。通常在有下列情况之一时进行型式检验。

① 新产品或者产品转厂生产的试制定型鉴定。

② 正式生产后,如结构、材料、工艺有较大改变,可能影响产品性能时。

③ 长期停产后恢复生产时。

④ 正常生产时,按周期进行型式检验。

⑤ 出厂检验结果与上次型式检验结果有较大差异时。

⑥ 国家质量监督机构提出进行型式检验要求时。

⑦ 用户提出进行型式检验要求时。

型式检验的依据是产品标准,为了认证目的所进行的型式检验必须依据产品国家标准。

2. 3C 强制认证合格证书

3C(China Compulsory Certification)指中国强制性产品安全认证,是国家对强制性产品认证使用的统一标志。凡列入强制性产品认证目录内的产品,必须经国家指定的认证机构认证合格,取得相关证书并加施认证标志后,方能出厂、进口、销售。中国公布的首批必须通过强制性认证的产品共 19 类 132 种,主要包括电线电缆、低压电器、信息技术设备、安全玻璃、消防产品、机动车辆轮胎、乳胶制品等。

3. 主要设备、器具的安装使用说明书

主要设备、器具的安装使用说明书应由物资供应单位提供,施工单位收集。主要设备及器具有地下墙与梁板之间的接驳器、预应力工程物资（预应力筋、锚具、夹具、连接器、水泥、外加剂和预应力筋用螺旋管）。

4. 进口的材料、设备的商检证明文件

进口的材料和设备应有商检证明［国家认证委员会公布的强制性（CCC）产品除外］，中文版的质量证明文件，性能检测报告，以及中文版的安装、维修、使用、试验要求等技术文件。

5. 涉及消防、安全、卫生、环保、节能的材料、设备的检测报告或法定机构出具的有效证明文件

涉及消防、安全、卫生、环保的物资应有相应资质等级检测单位的检测报告，如压力容器、消防设备、生活供水设备、卫生洁具等；涉及结构安全和使用功能的材料需要代换且改变了设计要求时，必须有设计单位签署的认可文件。

4.5.2　进场检验记录

进场检验是指对进入施工现场的材料、构配件、设备等按相关标准规定要求进行检验，对产品达到合格与否作出确认。材料、构配件进场后，应由建设、监理单位会同施工单位对进场物资进行检查验收，填写进场检验记录。

1. 进场检验主要检验内容

（1）物资出厂质量证明文件及检测报告是否齐全。
（2）实际进场物资数量、规格和型号等是否满足设计和施工计划要求。
（3）物资外观质量是否满足设计要求或规范规定。
（4）按规定必须抽检的材料、构配件是否及时抽检。

2. 设备（材料、元器件）进场检验记录

设备（材料、元器件）进场检验记录由施工单位项目专业技术负责人在设备（材料、元器件）进场时组织填写，由施工单位专业施工员、专业质检员、项目专业技术负责人填写完成，监理单位专业监理工程师、建设单位及其他单位现场专业负责人审核签认。

1）样例
进场检验记录样例如图 4-19 所示。

2）填表说明
"工程名称"与施工许可证名称一致。
"单位（子单位）工程名称"应与经审查批准的工程验收方案一致。
"分部（子分部）工程"应与经审查批准的工程验收方案一致。
"设备（材料）名称、型号"处填写进场设备（材料）的名称及型号。
"检验项目"处根据设计要求及规范规定检查填写。
"检验结果"处填写是否合格。

设备（材料、元器件）进场检验记录

渝建竣-250-001

工程名称	××综合大楼工程	单位（子单位）工程名称		/
分部（子分部）工程	智能建筑（会议系统）	部位		×××会议室

序号	设备（材料）名称、型号	检验项目	检验方法	检验结果
1	表决器PF218	1.按键指纹或IC卡签到 2.具有防水功能	外观检查和核查设备自带技术文件	合格
2				
3				
4				
5				
6				
7				
8				
9				
10				
11				
12				
13				
14				
15				

检查结论	符合设计和规范要求。

施工单位：	监理单位：	建设单位：	其他单位：
专业施工员： 专业质检员： 项目专业技术负责人： 年　月　日	专业监理工程师： 年　月　日	现场专业负责人： 年　月　日	现场专业负责人： 年　月　日

图4-19　设备（材料、元器件）进场检验记录

"检查结论"处填写是否符合设计和规范要求。

签字栏应注明单位名称，并由施工单位专业施工员、专业质检员、项目专业技术负责人、监理单位专业监理工程师、建设单位及其他单位现场专业负责人签认。

3. 设备开箱检查记录

设备开箱检查记录由施工单位项目专业技术负责人在设备开箱检查过程中组织填写，由施工单位专业施工员、专业质检员、项目专业技术负责人填写完成，供货单位负责人、

监理单位专业监理工程师、建设单位及其他单位现场专业负责人审核签认。

1）样例

设备开箱检查记录样例如图4-20所示。

设备开箱检查记录

渝建竣-036-001

工程名称	××综合大楼工程		单位(子单位)工程名称		/
分部(子分部)工程	建筑电气(自备电源安装)		部位		负一层发电机房
装箱单号	W20171102S		出厂日期		2021年11月1日
设备名称	高速柴油机		出厂编号		9110175
型号规格	495 ZD-1		制造厂名		××柴油机厂
设备检查情况	包装情况		包装完好,无损坏,标识明确		
	设备外观		有铭牌,柜内元器件无损坏,接线无脱落脱焊,图层完整,无明显碰撞凹陷		
	设备零部件		齐全		
	其他		/		
技术文件检查情况	装箱单	4/4	(份/张)		
	合格证	4/4	(份/张)		
	说明书	4/20	(份/张)		
	设备图	4/8	(份/张)		
	其他		/		
存在问题的处理意见			/		
检查结论		符合设计要求,设备无损坏,零部件齐全,技术文件齐全。			
供货单位:	施工单位:	监理单位:		建设单位:	其他单位:
	专业施工员: 专业质检员:				
负责人:	项目专业技术负责人:	专业监理工程师:		现场专业负责人:	现场专业负责人:
年 月 日	年 月 日	年 月 日		年 月 日	年 月 日

图4-20 设备开箱检查记录

2）填表说明

"工程名称"与施工许可证名称一致。

"单位(子单位)工程名称"应与经审查批准的工程验收方案一致。

"分部（子分部）工程"应与经审查批准的工程验收方案一致。

"装箱单号"处填写随设备到货的装箱单的编号。

"包装情况"应说明其包装是否完好无损，如有破损应加以注明。

"设备外观"是指开箱后，设备外观有无破损。

"设备零部件"应对照装箱清单及设备图检查零部件有无短缺。

"其他"是指除上述情况的缺陷或不足。

"技术文件检查情况"应认真核查清点装箱单、合格证、说明书及设备图的份数及张数，如有短缺应加以注明。可在"其他"栏中填写国家规定应进行强制认证的产品的认证情况和进口材料的商检证明情况。

"存在问题的处理意见"处填写对设备破损、零部件短缺、技术文件短缺等情况的处理意见。此栏由监理工程师填写。

"检查结论"处填写施工现场检查结果是否符合设计要求。

签字栏应注明单位名称，应由供货单位负责人、施工单位专业施工员、专业质检员、项目专业技术负责人、监理单位专业监理工程师、建设单位及其他单位现场专业负责人签认。

4.5.3　进场检验和复试项目

1. 影响工程结构安全和主要使用功能的建筑材料、构配件的进场复试

影响工程结构安全和主要使用功能的建筑材料、构配件必须进行见证取样和送检，然后复试。见证取样和送检的比例不得低于有关技术标准中规定应取样数量的30%。

下列建筑材料、构配件的进场复试必须进行见证取样和送检复试。

（1）用于承重结构的钢筋。

（2）用于承重墙的砖和混凝土小型砌块。

（3）用于拌制混凝土和砌筑砂浆的水泥。

（4）用于承重结构的混凝土中使用的掺合剂（外加剂、掺合料）。

（5）地下、屋面、厕浴间使用的防水材料。

（6）重要钢结构用钢材和焊接材料。

（7）高强度螺栓预拉力、扭矩系数、摩擦面抗滑移系数。

（8）民用建筑工程室内饰面采用天然花岗石材或瓷质砖使用面积大于 $200m^2$ 时，不同产品、不同批次材料的放射性指标；人造木板和饰面人造木板大于 $500m^2$ 时，不同产品、不同批次材料的游离甲醛含量或游离甲醛释放量。

2. 节能材料进场检验和复试项目

下列节能材料应进行见证取样和送检复试。

（1）墙体节能工程使用的保温材料、黏结材料及增强网。

（2）幕墙节能工程使用的保温材料、黏结材料及增强网。

（3）建筑外墙的气密性、水密性、耐风压、传热系数及中空玻璃露点。

（4）屋面节能工程使用的保温隔热材料。

（5）地面节能材料使用的保温材料。

3. 钢材进场检验和复试项目

（1）钢材进场后取样检验的批量应符合下列规定。

① 钢筋混凝土用热轧带肋钢筋、热轧光圆钢筋、余热处理钢筋、低碳钢热轧圆盘条以同一牌号、同一规格不大于 60t 为一批。

② 钢结构工程用碳素结构钢、低合金高强度结构钢以同一牌号、同一等级、同一品种、同一尺寸、同一交货状态的钢材不大于 60t 为一批。

③ 预应力混凝土用钢丝及预应力混凝土用钢绞线以同一牌号、同一规格、同一生产工艺不大于 60t 为一批。

④ 钢绞线、钢丝束无黏结预应力筋以同一钢号、同一规格、同一生产工艺生产的钢绞线、钢丝束不大于 30t 为一批。

⑤ 预应力筋用锚具、夹具和连接器以同一类产品、同一批原材料、用同一种工艺一次投料生产不超过 1000 套组为一验收批。外观检查抽取 10%，且不少于 10 套。对其中有硬度要求的零件，硬度检验抽取 5%，且不少于 5 套。静载锚固能力检验抽取 3 套试件的锚具、夹具或连接器。

⑥ 冷轧带肋钢筋以同一牌号、同一规格、同一外形、同一生产工艺和同一交货状态的钢筋为一验收批，每批不大于 60t。取样数量：弯曲试验每批 2 个，拉伸试验每盘 1 个。

⑦ 预应力混凝土用金属螺旋管每批抽检 9 件圆管试样（12 件扁管试样）。

⑧ 其他建筑用钢材按现行国家标准或行业标准的规定进行组批。

（2）在进行钢材力学性能检验时，如某一项检验结果不符合标准要求，则应根据不同种类钢材的抽样方法从同批钢材中再取双倍数量的试件重做该项目的检验，如仍不合格，则该批钢材即为不合格，不得用于工程，不合格品的钢材必须有处理情况说明，并应归档备查。

（3）对有抗震设防要求的框架结构，其纵向受力钢筋的强度应满足设计要求；当设计无具体要求时，对一、二级抗震等级的框架结构，纵向受力钢筋检验所得的强度实测值应符合下列规定。

① 钢筋的抗拉强度实测值与屈服强度实测值的比值不应小于 1.25。

② 钢筋的屈服强度实测值与钢筋的屈服强度标准值的比值不应大于 1.3。

4. 水泥进场检验和复试项目

（1）水泥进场使用前必须进行强度、凝结时间和安定性检验。

（2）凡属下列情况之一者，必须进行水泥物理力学性能检验，并提供水泥检验报告单。

① 水泥出厂时间超过 3 个月（快硬硅酸盐水泥超过 1 个月）。

② 在使用中对水泥质量有怀疑。

③ 水泥因运输或存放条件不良，有受潮结块等异常现象。

④ 使用进口水泥。

⑤ 设计中有特殊要求的水泥。

（3）水泥检验应按批进行，按同一生产厂家、同一强度等级、同一品种、同一批号且连续进场的水泥，袋装水泥不超过 200t 为一批，散装水泥不超过 500t 为一批，每批水泥取样不少于一次，散装水泥取样必须在散装车上，以一辆次为一取样点，每点取样不少于 1kg，累积留样不得少于 12kg，对于袋装水泥可以在 20 个以上不同部位取等量样品，总量至少 12kg。

（4）当水泥质量合格证或检验报告中的初凝时间或安定性指标不符合有关标准时均为废品，不得用于工程。终凝时间、细度不符合标准规定或强度低于商品强度等级规定的指标时为不合格品。不合格品经鉴定可由企业技术负责人签章处理。

（5）在钢筋混凝土结构、预应力混凝土结构中，严禁使用含氯化物的水泥。

（6）进口水泥除须按国产水泥检验标准做检验外，还应对水泥有害成分含量（氧化镁、三氧化硫）做检验，符合规范标准要求后方可使用。

5．砂、石进场检验和复试项目

（1）砂、石应按同产地、同规格分批检验。用大型工具（如火车、货船、汽车）运输的，以 400m³ 或 600t 为一批；用小型工具运输的，以 200m³ 或 300t 为一批；不足上述数量以一批论。

（2）每批砂应进行颗粒级配、含泥量、泥块含量检验，海砂还应检验其氯离子含量。对重要工程或特殊工程应根据工程要求，增加检测项目。当对其他指标合格性有怀疑时，应予以检验。使用新产源的砂时，应由供货单位按《普通混凝土用砂、石质量及检验方法标准》（JGJ 52—2006）的质量要求进行全面检验。

（3）每批石子应进行颗粒级配，含泥量，泥块含量及针、片状含量检验，高强度等级混凝土石子应有压碎指标检验。对重要工程或特殊工程应根据工程要求增加检测项目，当对其他指标合格性有怀疑时，应予以检验。用新产源的石子时，应由供货单位按《普通混凝土用砂、石质量及检验方法标准》（JGJ 52—2006）的质量要求进行全面检验。

6．外加剂进场检验和复试项目

（1）凡属工程使用的外加剂，必须按进场的批次和产品的取样检验方案进行取样检验，并提供检验报告单。

（2）对首次使用的外加剂或使用间断三个月以上的外加剂，厂方必须提供有效的型式检验报告或经型式检验合格后方可使用。存放期超过三个月的外加剂，使用前应重新检验，并相应调整配合比。

（3）混凝土外加剂、泵送剂应以同厂家、同品种一次供应 10t 为一批，不足 10t 按一批进行检验，每一批取样量不少于 0.2t 水泥所需用的外加剂量，同批号的产品必须混合均匀。

（4）砂浆、混凝土防水剂以同厂家、同品种一次供应 50t 为一批，不足 50t 按一批进行检验，每一批取样量不少于 0.2t 水泥所需用的外加剂量，同批号的产品必须混合均匀。

（5）混凝土膨胀剂以同厂家、同品种一次供应 50t 为一批，不足 50t 按一批进行检验。袋装和散装膨胀剂应分别进行编号、取样。每一编号为一取样单位，取样方法按《水泥取样方法》（GB/T 12573—2008）进行。取样应具有代表性，可连续取，也可从 20 个以上不同部位取等量样品，总量不小于 10kg。

（6）在预应力混凝土结构中，严禁使用含氯化物的外加剂。钢筋混凝土结构中，使用含氯化物的外加剂时，混凝土中氯化物的总含量应符合《混凝土质量控制标准》（GB 50164—2011）的规定。

（7）设计有特殊要求的外加剂应有专项性能检验报告。

7. 掺合料进场检验和复试项目

（1）以连续供应的 200t 相同等级的粉煤灰为一批，不足 200t 者按一批论，粉煤灰的数量按干灰（含水量≤1%）的重量计，必要时可对粉煤灰的品质进行随机取样检验。

（2）每批粉煤灰必须按相关标准及规范要求，检验细度和烧失量，有条件时，可加测需水量比。

（3）有特殊要求的粉煤灰，应有专项性能检验报告。

（4）矿渣粉按同级别进行编号和取样，每一编号为一个取样单位。以 200t 为一编号，不足 200t 按一编号计。取样应有代表性，可连续取样，也可以在 20 个以上部位取等量样品，总量至少 20kg。

8. 防水材料进场检验和复试项目

（1）沥青防水：大于 1000 卷取 5 卷，每 500～1000 卷取 4 卷，100～499 卷取 3 卷，100 卷以下取 2 卷，进行规格尺寸和外观质量检验。在外观质量检验合格的卷材中，任取一卷做物理性能检验。外观质量检验内容包括表面平整，边缘整齐，无孔洞、缺边、裂口、胎基未浸透，矿物粒料粒度，每卷卷材的接头。物理性能检验内容包括可溶物含量、拉力、最大拉力时延伸率、耐热度、低温柔度、不透水性。

（2）石油沥青材料：同一批至少取一次，物理性能检验包括针入度、延度、软化点。

（3）沥青玛蹄脂材料：每工作班至少取一次，物理性能检验包括耐热度、柔韧性、黏结力。

（4）高聚物改性沥青防水：每 10t 为一批，不足 10t 按一批取样。水乳型外观质量检验包括无色差、凝胶、结块、明显沥青丝；溶剂型外观质量检验包括黑色黏稠状、细腻、均匀胶状液体。物理性能检验包括固体含量、耐热性、低温柔性、不透水性、抗裂性。

（5）改性石油沥青密封材料：每 1t 为一批，不足 1t 按一批取样。外观质量检验包括黑色均匀膏状，无结块和未浸透的填料。物理性能检验包括耐热性、低温柔性、拉伸黏结性、施工度。

（6）合成高分子密封材料：每 1t 为一批，不足 1t 按一批取样。外观质量检验包括均匀膏状物或黏稠液体，无结皮、凝胶或不易分散的固体团状。物理性能检验包括拉伸模量、断裂伸长率、定伸黏结性。

9. 隔热保温材料进场检验和复试项目

（1）隔热保温材料的品种、规格和质量应符合设计要求和国家现行标准的规定。严禁使用国家明令淘汰的材料。

（2）隔热保温材料应符合国家有关建筑装饰装修材料有害物质限量标准的规定。

（3）所有材料进场时应对品种、规格、外观和尺寸进行验收。

（4）进场后需要进行的检验项目必须包括抗压强度、吸水率、导热系数、密度。同厂家生产的同品种、同批次的进场材料应至少取一组样品送检测机构进行检验。

（5）每批产品中应随机取 8 块制品作为检验样本，进行尺寸偏差与外观质量检验，检验合格的样品用于其他项目检验。

10. 建筑外墙涂料及外墙腻子进场检验和复试项目

（1）外墙涂料和外墙腻子的品种、质量应符合设计要求及国家现行标准的规定。

（2）所有材料进场时应对品种、外观等进行验收，材料包装应完好。

（3）建筑外墙涂料进场后需要进行的检测项目主要包括耐水性、耐碱性、耐洗刷性、耐沾污性。同厂家生产的同品种、同批次的进场材料应至少取一组样品进行检验。

（4）外墙腻子进场后需要进行的检测项目主要包括打磨性、黏结强度、耐水性及耐碱性。同厂家生产的同品种、同批次的进场材料应至少取一组样品进行检验。

（5）从每批产品中按《色漆、清漆和色漆与清漆用原材料取样》（GB/T 3186—2006）的规定取相应检验样本，进行检验项目的检测。

4.6 施工记录文件

施工记录文件是在施工过程中形成的，确保工程质量、安全的各种检查记录的统称。

4.6.1 隐蔽工程检查记录

隐蔽工程是指建筑物、构筑物在施工期间将建筑材料或构配件埋于物体之中后被覆盖外表看不见的实物，如房屋基础、设备基础等分部分项工程，以及钢筋、水电构配件等。检查隐蔽工程的目的是保证工程质量和安全，隐蔽工程未经检查或验收未通过时，不允许进入下一道工序的施工。隐蔽工程检查记录是过程控制检查记录，是质量验收的依据，是建筑工程维修、改造、扩建等的技术资料。隐蔽工程检查记录由施工单位项目专业技术负责人在隐蔽施工检查过程中组织专业施工员、专业质检员填写，由施工单位项目专业技术负责人、监理单位专业监理工程师、建设单位及其他单位现场专业负责人审核签认。

1. 隐蔽工程项目及检查内容

（1）地基验槽。建筑物应进行施工验槽，检查内容包括基坑位置、平面尺寸、持力层核查、基底绝对高程和相对标高、基坑土质及地下水位等，有桩支护或桩基的工程还应进行桩的检查。地基验槽检查记录应由建设、勘察、设计、监理、施工单位共同验收签认。地基需处理时，应由勘察、设计单位提出处理意见。

（2）土方工程。基槽、房心回填前检查基底清理、基底标高、基底处理情况等。

（3）支护工程。对锚杆进行编号，检查锚杆和土钉的品种、规格、数量、位置、插入长度、钻孔直径、深度和角度等。检查地下连续墙的成槽宽度、深度、垂直度，钢筋笼规格、位置，槽底清理情况，沉渣厚度及边坡放坡情况等。其他支护也按此做检查。

（4）钢筋混凝土灌注桩工程。检查钢筋笼规格、尺寸，沉渣厚度，清孔情况，嵌岩桩还要检查其岩性报告等。

（5）地下防水工程。检查混凝土变形缝、施工缝、后浇带、穿墙套管、预埋件等设置的位置、形式和构造，人防出口止水做法，防水层基层，防水材料规格、厚度、铺设方式、阴阳角处理、搭接密封处理等。

（6）钢筋工程。检查绑扎的钢筋品种、规格、数量、位置、锚固和接头位置、搭接长度、保护层厚度和除锈、除污情况，钢筋代用及变更情况，拉结筋处理，洞口过梁，附加筋情况等。应注明图纸编号、验收意见，必要时应附图说明。

（7）预应力工程。检查预留孔道的规格、数量、位置、形状、端部预埋垫板，预应力筋下料长度、切断方法、竖向位置偏差、固定、护套的完整性，锚具、夹具连接点组装等。

（8）外墙（内）外保温。检查隔音处理构造节点做法。

（9）楼地面工程。检查各基层（垫层、找平层、隔离层、防水层、填充层、地龙骨）材料品种、规格、铺设厚度、铺设方式、坡度、标高、表面情况、密封处理、黏结情况等。

（10）抹灰工程。应检查界面剂情况。抹灰总厚度大于或等于 35mm 时的加强措施，不同材料基体交接处的加强措施。

（11）门窗工程。检查预埋件、锚固件和螺栓等的规格、数量、位置、间距、埋设方式、与框的连接方式、防腐处理情况、缝隙的嵌填、密封材料的黏结等。

（12）吊顶工程。检查吊顶龙骨及吊件材质、规格、间距、连接方式、固定方法、表面防火和防腐处理等，外观情况，接缝和边缝情况，填充和吸声材料的品种、规格、铺设方式、固定情况等。

（13）轻质隔墙工程。检查预埋件、连接件、拉结筋的规格、位置、数量、连接方式，以及与周边墙体、顶棚、龙骨的连接，间距，防火和防腐处理，填充材料设置等。

（14）饰面板（砖）工程。检查预埋件、后置埋件、连接件的规格、数量、位置、连接方式、防腐处理等。有防水构造的部位应检查找平层、防水层的构造做法。

（15）屋面工程。检查基层、找平层、保温层、防水层、隔离层材料的品种、规格、厚度、铺贴方式、搭接宽度、接缝处理情况、黏结情况；附加层、天沟、檐沟、泛水、变形缝、屋面凸出部分细部做法，隔离层设置，密封处理部位，刚性屋面的分隔缝和嵌缝情况等。

（16）幕墙工程。检查预埋件、后置埋件和连接件的规格、数量、位置、连接方式、防腐处理等。检查构件之间及构件与主体结构的连接节点的安装及防腐处理。幕墙四周、幕墙与主体结构之间间隙节点的处理、封口的安装。幕墙伸缩缝、沉降缝、防震缝及墙面转角节点的安装。幕墙防雷接地节点的安装等。幕墙防火层构造的设置与处理。

（17）钢结构工程。检查预埋件、后置埋件和连接件的规格、数量、连接方式、防腐处理情况等。检查地脚螺栓规格、位置、埋设方法、紧固情况等。钢结构焊接、保温的措施。

（18）水工构筑物及沥青防水工程。检查防水层下各层细部的防水变形缝等。

2. 样例

隐蔽工程检查记录样例如图 4-21 所示。

3. 填表说明

"工程名称"与施工许可证一致。

"单位（子单位）工程名称"应与经审查批准的工程验收方案一致。

吊顶   工程隐蔽检查记录（通用）

渝建竣-054-001

工程名称	××综合大楼工程	单位（子单位）工程名称		/
分部（子分部）工程	建筑装饰装修（吊顶）	图号		DA-2
隐蔽部位	首层	附图		
隐蔽内容	1．本工程采用U38×0.6制龙骨，M8内膨胀管。 2．M8内膨胀管吊点间距900～1200mm，吊杆与内膨胀管连接竖固，吊杆垂直。 3．M8镀锌金属吊杆长度符合设计要求。 4．主龙骨两端头距离墙150～200mm，间距900～1200mm，主龙骨的悬臂端不大于300mm。 5．制龙骨间距为400mm，与主龙骨连接牢固。 6．吊顶起拱高度为短跨度的1/200。 7．边龙骨由12mm×50mm木方沿吊顶标高在四周固定，木方做防腐处理，采用气钉固定，将50mm龙骨背扣固定在木方上。			
质量证明文件				
名称	证、单编号		检测结论	
U38×1.0主龙骨	××		合格	
U50×0.6制龙骨	××		合格	
M8镀锌金属吊杆	××		合格	
检查结论	经检查，材料的规格、材质、安装间距及连接固定方式符合设计要求。龙骨平直稳定，方格尺寸准确，吊杆、龙骨表面已进行处理，同意进行下道工序。			

施工单位：
专业施工员：
专业质检员：
项目专业技术负责人：
    年   月   日
	监理单位：
	
	专业监理工程师：
	    年 月 日
		建设单位：
		
		现场专业负责人：
		    年 月 日
				其他单位：
				
				现场专业负责人：
				    年 月 日

图 4-21 工程隐蔽检查记录（通用）

"分部（子分部）工程"应与经审查批准的工程验收方案一致。

"图号"为施工图编号。

"隐蔽内容"如管道焊接隐蔽检查记录；穿墙、穿楼板套管，刚性或柔性套管的隐蔽检查记录；管道穿越防火分区、穿墙、穿楼板设置的防火套管、阻火圈的隐蔽检查记录。

"附图"为对隐蔽内容进行补充说明所必需的图纸、图片。

"质量证明文件"为当前隐蔽验收内容所必需的质量证明文件的名称，证、单编号及检测结论。

"检查结论"需明确检查结果，体现当前部位相关工程是否能够隐蔽。

签字栏应注明单位名称，应由施工单位项目专业技术负责人、监理单位专业监理工程师、建设单位及其他单位现场专业负责人签认。

4.6.2 施工检查记录

施工检查是工程质量控制非常重要的环节，对重要工序进行施工检查，需填写相应施工检查记录，无相应检查记录表格的，填写通用施工检查记录。

施工检查记录由施工单位项目专业技术负责人在施工检查过程中组织专业施工员、专业质检员填写，由施工单位项目专业技术负责人、监理单位专业监理工程师、建设单位及其他单位现场专业负责人审核签认。

1. 样例

施工检查记录样例如图 4-22 所示。

室内给排水系统
安装 施工检查记录（通用）

渝建竣-055-001

工程名称	××综合大楼工程		单位(子单位)工程名称	/
分部（子分部）工程	建筑给水排水及采暖(室内给水系统安装)		图号	水施-11
部位	二层①轴～⑩轴/Ⓐ轴～Ⓗ轴顶板			
检查内容	1.孔洞预留采用刚性手提套管。 2.预留尺寸、规格、数量及位置为：DN150的2个，在①轴～②轴/Ⓑ轴上，中心距墙180mm；DN100的4个，在①轴～②轴/Ⓗ轴上，中心距墙150mm。 3.预留孔洞平整/光滑。			
检查情况（附图说明）	经检查:预留孔洞位置正确。 图略。			
检查结论	符合设计及施工方案要求。			
施工单位： 专业施工员： 专业质检员： 项目专业技术负责人： 年　月　日	监理单位： 专业监理工程师： 年　月　日	建设单位： 现场专业负责人： 年　月　日	其他单位： 现场专业负责人： 年　月　日	

图 4-22　施工检查记录（通用）

2. 填表说明

"工程名称"与施工许可证一致。

"单位（子单位）工程名称"应与经审查批准的工程验收方案一致。

"分部（子分部）工程"应与经审查批准的工程验收方案一致。

"检查内容"为其他施工检查记录不包括的内容，如管道焊接隐蔽检查记录；穿墙、穿楼板套管，刚性或柔性套管的隐蔽检查记录；管道穿越防火分区、穿墙、穿楼板设置的防火套管、阻火圈的隐蔽检查记录。

"检查情况（附图说明）"处填写对施工检查情况的说明，记录关键节点的技术参数，必要时应附图，可附页。

"检查结论"处应明确检查结果。

签字栏应注明单位名称，应由施工单位项目专业技术负责人、监理单位专业监理工程师、建设单位及其他单位现场专业负责人签认。

4.6.3 中间交接检查记录

交接检查是指施工的接收方与完成方经双方检查并对可否继续施工作出确认的活动。交接检查记录由接收方项目负责人在工程交接的过程中填写，由施工单位项目专业负责人，监理单位专业监理工程师，建设单位、交接双方、其他单位现场专业负责人签认。

1. 样例

中间交接检查记录样例如图4-23所示。

_____消防管道_____ 中间交接检查记录（通用）

渝建竣-057-001

工程名称	××综合大楼工程	单位（子单位）工程名称	/
分部(子分部)工程	建筑给排水及采暖(室内给水系统安装)	部位	首层吊顶内消防管道

交接内容	重庆市××消防工程有限公司首层吊顶内消防管道安装完毕，管道的安装位置、标高、路由和成品保护均符合设计要求和《建筑给水排水及采暖工程施工质量验收规范》(GB 50242—2002)的要求，自查合格，将移交重庆市城建建筑工程有限公司进行装修工作。
质量检查情况	经移交单位、接收单位和见证单位三方共同检查，首层吊顶内消防管道的安装位置、标高、路由和成品保护均符合设计要求和《建筑给水排水及采暖工程施工质量验收规范》(GB 50242—2002)的要求，管道甩口均用填料进行封堵，管道表面无破损、裂纹等现象。
交接意见	检查合格，接方同意验收。

施工单位：	监理单位：	建设单位：	交接双方：	其他单位：
质检员： 项目专业技术负责人：	专业监理工程师：	现场专业负责人：	项目专业技术负责人：	现场专业负责人：
年 月 日	年 月 日	年 月 日	年 月 日	年 月 日

图4-23 中间交接检查记录（通用）

2. 填表说明

"工程名称"与施工许可证一致。

"单位（子单位）工程名称"应与经审查批准的工程验收方案一致。

"分部（子分部）工程"应与经审查批准的工程验收方案一致。

"部位"处填写交接检查的部位。

"交接内容"处填写交接检查的具体内容及项目，应与承包合同约定内容相符，如有增减，应加以说明，并应明确交接检查的依据及质量标准。

"质量检查情况"应明确说明，对于质量问题应明确描述。

"交接意见"处相关单位明确是否同意交接。

签字栏应注明单位名称，应由施工单位项目专业技术负责人，监理单位专业监理工程师，建设单位、交接双方、其他单位现场专业负责人签认。

4.6.4 工程定位（放线）测量记录

工程定位（放线）测量是指单位工程开工前，施工单位根据测绘部门提供的放线成果、红线桩及场地控制网（或建筑物控制网）、设计总平面图及水准点，测定建筑物位置、主控轴线、尺寸、建筑物的±0.000 高程。工程定位（放线）测量记录由施工单位项目负责人在工程定位（放线）测量过程中组织填写，由施工单位测量员、复测人、项目负责人完成，监理单位总监理工程师、建设单位及其他单位项目负责人审核签认。

1. 样例

工程定位（放线）测量记录样例如图 4-24 所示。

2. 填表说明

"工程名称"与施工许可证一致。

"单位（子单位）工程名称"应与经审查批准的工程验收方案一致。

"分部（子分部）工程"应与经审查批准的工程验收方案一致。

"部位"为定位（放线）测量的部位。

"图纸编号"按设计图纸编号填写。

"基准点"按交桩资料内容填写。

"使用仪器名称"按现场测量仪器名称填写。

"仪器检定日期"按检定报告内容填写。

"定位点"按交桩资料内容填写。

"闭合差"为两高程点闭合测量差值。

"复测结果"按各专业验收规范要求填写。

签字栏应注明单位名称，应由施工单位项目负责人、监理单位总监理工程师、建设单位及其他单位项目负责人签认。

工程定位（放线）测量记录

渝建竣-062-001

工程名称	××综合大楼工程	单位（子单位）工程名称	/	
分部（子分部）工程	地基与基础	部位	①轴～㊱轴/Ⓐ轴～Ⓗ轴	
图纸编号	建施总-01	示意图：		
基准点	1			
使用仪器名称	经纬仪 TDJ6DZS3-1			
仪器检定日期	2021年05月10日			
定位点	X：			
闭合差	0.0001m			
复测结果		符合设计要求和规范要求。		
施工单位：	监理单位：	建设单位：	其他单位：	
测量员： 复测人： 项目负责人： 年　月　日	总监理工程师： 年　月　日	项目负责人： 年　月　日	项目负责人： 年　月　日	

图 4-24　工程定位（放线）测量记录

4.6.5　垂直度测量记录

垂直度测量记录由施工单位项目专业技术负责人在竖向构件施工检查过程中组织测量员、复测人填写，由施工单位项目专业技术负责人、监理单位专业监理工程师、建设单位及其他单位现场专业技术负责人审核签认。

1. 样例

垂直度测量记录样例如图 4-25 所示。

垂直度测量记录

渝建竣-065-001

工程名称	××综合大楼工程			单位（子单位）工程名称			/	
分部(子分部)工程	主体结构(混凝土结构)			部位			五层①轴～⑧轴/Ⓐ轴～Ⓔ轴	
抄测依据	施工测量方案施工图			使用仪器	激光垂准仪	标校日期	2021年10月10日	
抄测点自编号	层间偏差		累计偏差		抄测点自编号	层间偏差		累计偏差	
	x	y	x	y		x	y	x	y
1	4	4	5	5	8	5	4	5	6
2	4	4	5	6					
3	5	5	6	6					
4	4	4	5	5					
5	5	6	6	7					
6	4	4	5	5					
7	4	5	5	6					

全高垂直度检查																		
抄测点自编号	1		2		3		4		5		6		7		8		9	
	x	y	x	y	x	y	x	y	x	y	x	y	x	y	x	y	x	y
抄测值	5	5	5	6	6	6	5	5	6	7	5	5	5	6	5	6		

抄测点平面示意图：

检查结论	符合设计和规范要求。

施工单位：	监理单位：	建设单位：	其他单位：
测量员： 复测人： 项目专业技术负责人： 　　年　　月　　日	专业监理工程师： 　　年　　月　　日	现场专业负责人： 　　年　　月　　日	现场专业负责人： 　　年　　月　　日

图 4-25　垂直度测量记录

2. 填表说明

"工程名称"与施工许可证一致。

"单位（子单位）工程名称"应与经审查批准的工程验收方案一致。

"分部（子分部）工程"应与经审查批准的工程验收方案一致。

"部位"指所检查的楼层和轴线段。

"层间偏差"指本楼层的垂直偏差值。

"累计偏差"指本层与底层基准线的垂直度偏差值。

x、y 坐标轴应反映纵横两个方向垂直度偏差值；x、y 的方向在"抄测点平面示意图"内应标明。根据平面示意图中坐标轴箭头方向，反映"累计偏差"和"层间偏差"的正负偏差值；可用顺坐标轴方向表示；应检查主要轴线和受力构件的垂直度偏差值，当为框架结构时，必须有纵横两个方向垂直度偏差值；剪力墙、砖混结构或其他墙体受力构件可检查垂直于墙体方向的偏差值，但室外阳角部位应为纵横两个方向的偏差值。

"全高垂直度检查"应在顶层结构完工（包括裙楼）经检查后填写，顶层同一测点的累计偏差值与全高偏差值是一致的。

"抄测点平面示意图"应画出建筑物主要轴线和受力构件的单线图，并在其上明确抄测点的位置及编号。

"检查结论"应明确是否符合规范要求，超出规范值的应有明确的处理意见。

签字栏应注明单位名称，由施工单位项目专业技术负责人、监理单位专业监理工程师、建设单位及其他单位现场专业负责人签认。

4.6.6 高程（标高）检查记录

高程（标高）检查记录由施工单位项目专业技术负责人在高程（标高）检查过程中组织填写，由施工单位测量员、复测人、项目专业技术负责人完成，由监理单位专业监理工程师、建设单位及其他单位现场专业负责人审核签认。

1. 样例

高程（标高）检查记录样例如图 4-26 所示。

2. 填表说明

"工程名称"与施工许可证一致。

"单位（子单位）工程名称"应与经审查批准的工程验收方案一致。

"分部（子分部）工程"应与经审查批准的工程验收方案一致。

"部位"为高程（标高）检查的部位。

"抄测依据"指为施工测量而设定的定位点（线）部位。

"使用仪器"处填写现场测量使用的仪器名称。

"部位、线路、桩号"处填写现场检查的施工部位、线路、桩号位置。

"实际高程（标高）/（m）"处填写现场实测测点位置高程。

"设计高程（标高）/（m）"处填写设计图纸测点位置高程。

"偏差/（mm）"处填写现场实测测点位置高程与设计图纸测点位置高程差值。

"附图及说明"处所附图的测点位置应准确、详细、完整，对需要补充的要加以说明。

"检查结论"按各专业验收规范要求填写。

签字栏应注明单位名称，应由施工单位项目专业技术负责人、监理单位专业监理工程师、建设单位及其他单位现场专业负责人签认。

高程（标高）检查记录

渝建竣-064-001

工程名称	××综合大楼工程		单位（子单位）工程名称	/	
分部(子分部)工程	主体结构		部位	三层①轴～⑩轴/Ⓐ轴～Ⓗ轴 标高12m	
抄测依据	首层+1.000m建=45.930m水平控制点；三层结构施工图JS-06；施工测量方案		使用仪器	水准仪NA724 出厂编号：×××	

部位、线路、桩号	实际高程（标高）/m	设计高程（标高）/m	偏差/mm	附图及说明
1	12.002	12	+2	
2	12.001	12	+1	
3	12.001	12	+1	
4	12.001	12	+1	
检查结论	符合设计和规范要求。			

施工单位：	监理单位：	建设单位：	其他单位：
测量员： 复测人：			
项目专业技术负责人：	专业监理工程师：	现场专业负责人：	现场专业负责人：
年 月 日	年 月 日	年 月 日	年 月 日

图 4-26 高程（标高）检查记录

4.6.7 沉降观测记录

沉降观测即根据建筑物设置的观测点与固定（永久性水准点）的测点进行观测，用数据表达其沉降程度，凡一层以上建筑物、构筑物按设计要求设置观测点，人工、土地基（砂基础）等均应设置沉降观测，施工中应按期或按层进度进行观测和记录，直至竣工。

沉降观测的次数和时间应按设计要求，一般第一次观测应在观测点安设稳固后及时进行。民用建筑每加高一层应观测一次，工业建筑应在不同荷载阶段分别进行观测；施工单位在施工期内进行的沉降观测，不得少于 4 次。建筑物和构筑物全部竣工后的观测次数，第一年 4 次，第二年 2 次，第三年后每年 1 次，至下沉稳定（由沉降与时间的关系曲线判定）为止。观测期限一般为：砂土地基 2 年，黏性土地基 5 年，软土地基 10 年。当建筑物和构筑物突然发生大幅沉降、不均匀沉降或严重的裂缝时，应立即进行逐日或几天 1 次的连续观测，同时应对裂缝进行观测。

沉降观测应根据《建筑地基基础设计规范》（GB 50007—2011）、《工程测量标准》（GB 50026—2020）和《建筑变形测量规范》（JGJ 8—2016）的相关规定执行，应结合施工方案，对设置的永久水准点，按规范规定的方法连续定期观察测量。竣工后该表移交给建设单位。

沉降观测记录由施工单位项目专业技术负责人在建（构）筑物沉降观测过程中组织测量员和复测人填写，由施工单位项目专业技术负责人、监理单位专业监理工程师、建设单位及其他单位现场专业负责人审核签认。

1. 样例

沉降观测记录样例如图 4-27 所示。

建（构）筑物沉降观测记录

渝建竣-066-001

工程名称		××综合大楼工程						抄测依据	坐标		$X=×××$ $Y=×××$					
单位（子单位）工程名称		/							高程		273.146mm					

观测日期	永久水准点水高/m	观测点NO: 1			观测点NO: 2			观测点NO: 3			观测点NO: 4			观测点NO:			观测点NO:			建（构）筑物状态情况
		高程/m	沉降量/mm		高程/m	沉降量/mm		高程/m	沉降量/mm		高程/m	沉降量/mm		高程/m	沉降量/mm		高程/m	沉降量/mm		
			本次	累计		本次	累计		本次	累计		本次	累计		本次	累计		本次	累计	
03月08日	273.146	306.514	0	0	306.515	0	0	306.514	0	0	306.514	0	0	/	/	/	/	/	/	主体封顶
04月06日	273.146	306.514	1	1	306.515	0	0	306.514	1	1	306.514	1	1	/	/	/	/	/	/	主体封顶
2018-5-6	273.146	306.514	2	2	306.515	2	2	306.514	2	2	306.514	0	1	/	/	/	/	/	/	主体封顶

建（构）筑物观测点，水准点平面布置示意图（详附图）：
检查结论　　符合设计和规范要求。

施工单位：	监理单位：	建设单位：	其他单位：
测量员： 复测人： 项目专业技术负责人： 　　　年　月　日	专业监理工程师： 　　　年　月　日	现场专业负责人： 　　　年　月　日	现场专业负责人： 　　　年　月　日

图 4-27　建（构）筑物沉降观测记录

2. 填表说明

"工程名称"与施工许可证一致。

"单位（子单位）工程名称"应与经审查批准的工程验收方案一致。

"建（构）筑物状态情况"指被观测建（构）筑物当时施工成形的总楼层数等。

签字栏应注明单位名称，由项目专业技术负责人、监理单位专业监理工程师、建设单位及其他单位现场专业负责人签认。

4.6.8 混凝土浇灌申请书

混凝土浇灌申请书由施工单位项目专业技术负责人在混凝土浇筑前组织专业施工员和专业质检员填写,由施工单位项目专业技术负责人、监理单位专业监理工程师、建设单位及其他单位现场专业负责人审核签认。

1. 样例

混凝土浇灌申请书样例如图4-28所示。

混凝土浇灌申请书

渝建竣-084-001

工程名称		××综合大楼工程				单位(子单位)工程名称		/	
分部(子分部)工程		主体结构(混凝土结构)				部位		一层顶板、梁、楼梯①轴~⑩轴/④轴~⑥轴	
温度	20℃	天气	晴	混凝土数量	80m³	混凝土设计强度	C30	混凝土设计配合比报告单编号	×××
施工准备检查							施工员(签字)		
隐蔽工程检查验收情况				☑ 符合要求		□ 不符合要求		×××	
模板检查验收情况				☑ 符合要求		□ 不符合要求		×××	
水电预埋				☑ 符合要求		□ 不符合要求		×××	
人机料准备情况				☑ 符合要求		□ 不符合要求		×××	
季节性施工准备情况				☑ 符合要求		□ 不符合要求		×××	
其他:				□ 符合要求		□ 不符合要求		/	
检查结论		经检查,符合要求,同意浇筑混凝土。							
施工单位: 专业施工员: 专业质检员: 项目专业技术负责人: 年 月 日		监理单位: 专业监理工程师: 年 月 日		建设单位: 现场专业负责人: 年 月 日		其他单位: 现场专业负责人: 年 月 日			

图4-28 混凝土浇灌申请书

2. 填表说明

"工程名称"与施工许可证一致。

"单位(子单位)工程名称"应与经审查批准的工程验收方案一致。

"分部(子分部)工程"应与经审查批准的工程验收方案一致。

"混凝土设计配合比报告单编号"可填施工单位或试验室对混凝土强度试配单的编号。

"施工准备检查"均应符合要求,若不符合要求应进行整改直至合格,并留有整改记录,且相关人员需要签字确认。

"检查结论"处监理单位应明确是否同意混凝土浇筑。

签字栏应注明单位名称,由施工单位项目专业技术负责人、监理单位专业监理工程师、建设单位及其他单位现场专业负责人签认。

4.6.9 混凝土开盘鉴定

混凝土开盘鉴定表由预拌混凝土生产单位填写并保存。采用预拌混凝土的,应对首次使用的混凝土配合比在混凝土出厂前，由混凝土供应单位按合同约定组织相关人员进行开盘鉴定。采用现场搅拌混凝土的，应由施工单位组织监理单位、搅拌机组、混凝土试配单位进行开盘鉴定工作，共同检查试验室签发的混凝土配合比确定的组成材料是否与现场施工所用材料相符，以及混凝土拌合物性能是否满足设计要求和施工需要。

1. 样例

混凝土开盘鉴定样例如图 4-29 所示。

混凝土开盘鉴定

渝建竣-085-001

工程名称	××综合大楼工程			单位(子单位)工程名称	/		
分部(子分部)工程	主体结构(混凝土结构)			部位	一层顶板、梁、楼梯①轴~⑩轴/Ⓐ轴~Ⓔ轴		
鉴定编号	×××			搅拌方式	机械搅拌		
强度等级	C30			坍落度	180~200mm		
配合比编号	×××			试配单位	某混凝土公司		
水胶比	0.4			砂率/%	38		
材料名称	水泥	砂	石	水	外加剂	掺合料	
每盘用料/kg	100	210	341	40	6	/	15	/
调整后每盘用料/kg	砂含水率:5%；　石含水率:1%						
	100	221	344	26	6		15	

鉴定结果	鉴定项目	混凝土拌合物性能			混凝土试块抗压强度/MPa	原材料与申请单是否相符
		坍落度	工作性	初凝时间		
	设计	180~200mm	180~200mm	75min	34.6	相符
	实测	180~200mm	180~200mm	85min		
鉴定结论	符合设计及规范要求。					

预拌混凝土生产单位：	施工单位：	监理单位：	其他单位：
	专业施工员：专业质检员：		
项目专业技术负责人：	项目专业技术负责人：	专业监理工程师：	现场专业负责人：
年　月　日	年　月　日	年　月　日	年　月　日

图 4-29　混凝土开盘鉴定

2. 填表说明

"工程名称"与施工许可证一致。

"单位（子单位）工程名称"应与经审查批准的工程验收方案一致。

"分部（子分部）工程"应与经审查批准的工程验收方案一致。

签字栏应注明单位名称，由施工单位项目专业技术负责人、监理单位专业监理工程师、建设单位及其他单位现场专业负责人签认。

4.6.10 混凝土拆模申请单

混凝土拆模申请单由施工单位项目专业技术负责人在混凝土拆模前组织专业施工员填写，由施工单位项目专业技术负责人、监理单位专业监理工程师、建设单位及其他单位现场专业负责人审核签认。

模板拆除时，应遵循先支的后拆、后支的先拆，先拆非承重模板、后拆承重模板的准则，并应自上而下进行拆除。只有当混凝土强度能保证其表面及棱角不受损伤时，方可拆除侧模，底模及支架应在混凝土强度达到设计要求后再拆除。当设计无具体要求时，同条件养护的混凝土立方体试件抗压强度应符合表4-1的规定。

表4-1 同条件养护的混凝土立方体试件抗压强度规定

构件类型	构件跨度/m	达到设计的混凝土强度等级值的百分率/%
板	≤2	≥50
	>2，≤8	≥75
	>8	≥100
梁、拱、壳	≤8	≥75
	>8	≥100
悬臂构件		≥100

冬期施工，混凝土强度达到受冻临界强度后方可拆除模板。

1. 样例

混凝土拆模申请单样例如图4-30所示。

2. 填表说明

"工程名称"与施工许可证一致。

"单位（子单位）工程名称"应与经审查批准的工程验收方案一致。

"分部（子分部）工程"应与经审查批准的工程验收方案一致。

"构件类型"根据申请拆模部位选填，表内"拆模时混凝土强度要求"、"龄期"、"同条件混凝土抗压强度"、"达到设计强度等级"和"强度报告编号"按同条件混凝土强度报告试验结果填写。

"审批意见"由专业监理工程师填写。

签字栏应注明单位名称，由施工单位项目专业技术负责人、监理单位专业监理工程师、建设单位及其他单位现场专业负责人签认。

混凝土拆模申请单

渝建竣-092-001

工程名称	××综合大楼工程		单位（子单位）工程名称		/
分部（子分部）工程	主体结构（混凝土结构）		申请拆模部位		一层顶板、梁、楼梯①轴～⑩轴/④轴～⑫轴
混凝土强度等级	C30	混凝土浇筑完成时间	×××	申请拆模日期	某

构件类型		拆模时混凝土强度要求	龄期/d	同条件混凝土抗压强度/MPa	达到设计强度等级/%	强度报告编号
墙						
柱						
梁	$L{\leqslant}8m$					
	$L{>}8m$	≥30MPa	14	32.5	108	×
板	$L{\leqslant}2m$					
	$2m{<}L{\leqslant}8m$					
	$L{>}8m$	≥30MPa	14	32.5	108	×
后浇带						
悬臂构件						
预应力混凝土构件						
墩						
其他						

审批意见：

同意拆模。

批准拆模日期：

施工单位：	监理单位：	建设单位：	其他单位：
专业施工员： 专业质检员： 项目专业技术负责人：	专业监理工程师：	现场专业负责人：	现场专业负责人：
年　月　日	年　月　日	年　月　日	年　月　日

图 4-30　混凝土拆模申请单

4.6.11　大体积混凝土浇筑施工现场测温记录

大体积混凝土浇筑施工现场测温记录由施工单位项目专业技术负责人在大体积混凝土浇筑后施工测温过程中组织专业施工员、专业质检员填写，由施工单位项目专业技术负责人、监理单位专业监理工程师、建设单位及其他单位现场专业负责人审核签认。

1. 样例

大体积混凝土浇筑施工现场测温记录样例如图 4-31 所示。

大体积混凝土浇筑施工现场测温记录

渝建竣-091-001

工程名称		××综合大楼工程			单位（子单位）工程名称			/			
分部（子分部）工程		主体结构（混凝土结构）			部位			基础筏板①轴～⑩轴/Ⓐ轴～Ⓕ轴			
浇筑日期	2021年04月18日	结构几何尺寸		80m×50m×1.1m		养护起止时间	2021年4月18日08：00时至 2021年04月25日08：00		测温管材质		PVC
强度等级	C30	浇筑体积		4400m³		养护方法	保温保湿		测温点设置间距		1m
测温点设置位置		浇筑体表面以内40～100mm位置处			混凝土入模温度	20℃	混凝土浇筑体最大温升值			45	

测温时间（日时分）	外界气温	测温孔编号															最大温差	施工技术措施	测温点布置示意图：
		NO. 1			NO. 2			NO. 3			NO. 4			NO. 5					
		表面	中心	底部	表面	中心	底部	表面	中心	底部	表面	中心	底部	表面	中心	底部			
18日08：00	18	23	25	24	23	26	23	22	26	23	23	26	23	23	26	24	3	保温保湿养护	
18日12：00	23	25	29	26	25	30	26	25	29	26	25	29	26	25	29	26	4	保温保湿养护	

施工单位：	监理单位：	建设单位：	其他单位：
专业施工员：			
专业质检员：	专业监理工程师：	现场专业负责人：	现场专业负责人：
项目专业技术负责人：			
年 月 日	年 月 日	年 月 日	年 月 日

图 4-31　大体积混凝土浇筑施工现场测温记录

2. 填表说明

"工程名称"与施工许可证一致。

"单位（子单位）工程名称"应与经审查批准的工程验收方案一致。

"分部（子分部）工程"应与经审查批准的工程验收方案一致。

"结构几何尺寸"指结构的长、宽、高等。

"浇筑体积"指实施测温监控部位混凝土的体积。

"测温点设置间距"基础大体积混凝土每个剖面竖向设置的测温点不应少于 3 处，间距不应小于 0.4m，且不宜大于 1.0m；每个剖面横向设置的测温点不应少于 4 处，间距不应小于 0.4m 且不应大于 10m。柱、墙、梁结构实体当最小尺寸大于 2m，且混凝土强度等级不低于 C60 时，应进行测温。柱、墙、梁大体积混凝土每个剖面的测温点不应少于 2 处，间距不应小于 0.4m 且不宜大于 1.0m。

"测温点设置位置"在混凝土浇筑体表面内 40～100mm 处。

"混凝土入模温度"处应填写混凝土实际入模温度，不宜大于 30℃。

"混凝土浇筑体最大温升值"处应填写混凝土浇筑体实际最大温升值，不宜大于 50℃。

"测温时间"指按规定的时间间隔进行测量，精确至分。

"最大温差"指每个测温点的表面、中心、底部之间的最大温差及混凝土表面与外界气温的温差相比较取最大值。

"施工技术措施"指降低水化热控制混凝土开裂的技术措施。

"测温点布置示意图"处应画出混凝土的平面形状，并标明测温孔设置的位置。

签字栏应注明单位名称，由施工单位项目专业技术负责人、监理单位专业监理工程师、建设单位及其他单位现场专业负责人签认。

4.6.12 焊接材料烘焙记录

焊接材料烘焙记录由施工单位项目专业技术负责人在焊接材料烘焙过程中组织专业施工员、专业质检员填写，由施工单位项目专业技术负责人、监理单位专业监理工程师、建设单位及其他单位现场专业负责人审核签认。

焊条、焊剂和栓钉瓷环在使用前应按产品说明书及有关工艺文件规定的技术要求进行烘干。焊接材料烘干后必须存在保温箱内，随用随取，焊条从由保温箱（筒）取出到施焊的时间不得超过 2 小时，酸性焊条不宜超过 4 小时，烘干温度为 250～300℃。焊条重复烘干次数不得超过 2 次，已经受潮或生锈的焊条不得再使用。

1. 样例

焊接材料烘焙记录样例如图 4-32 所示。

焊接材料烘焙记录

渝建竣-108-001

工程名称		××综合大楼工程					单位（子单位）工程名称				/		
分部（子分部）工程		主体结构（钢结构）					部位				一层①轴～③轴/④轴～⑥轴		
日期	材料类别	生产厂家	牌号	批号	规格	数量	烘焙			保温		回烘		操作者	结论
							规定温度/℃	实烘温度/℃	时间/h	时间/h	温度/℃	时间/h	温度/℃		
5 月 21 日	焊条	×××材料厂	E4303	2018152	2.5×350mm	200kg	250～300	270	1.5	1	30	/	/	×××	合格
月 日															
月 日															
月 日															
月 日															
月 日															
检查结论		符合设计及规范要求。													
施工单位： 专业施工员： 专业质检员： 项目专业技术负责人： 年 月 日			监理单位： 专业监理工程师： 年 月 日			建设单位： 现场专业负责人： 年 月 日				其他单位： 现场专业负责人： 年 月 日				

图 4-32 焊接材料烘焙记录

2. 填表说明

"工程名称"与施工许可证一致。

"单位（子单位）工程名称"应与经审查批准的工程验收方案一致。

"分部（子分部）工程"应与经审查批准的工程验收方案一致。

"材料类别"有焊条、焊丝、焊剂。

"规定温度"按产品说明书及有关工艺文件规定要求填写。

"实烘温度"按实际烘焙温度填写。

"烘焙—时间"指实际烘焙温度持续的时间。

"保温—时间"指降至恒温后，恒温持续的时间。

"保温—温度"指降至恒温的温度。

"回烘—时间"指第二次烘焙的持续时间。

"回烘—温度"指第二次烘焙的温度。

"检查结论"处填写施工现场检查的结果是否符合设计及相关施工质量验收规范要求。

签字栏应注明单位名称，应由施工单位项目专业技术负责人、监理单位专业监理工程师、建设单位及其他单位现场专业负责人签认。

4.7 施工试验记录及检测文件

4.7.1　系统试运行及调试记录

系统试运行及调试记录由施工单位项目专业技术负责人在施工试验过程中组织施工单位专业施工员、专业质检员填写完成，监理单位专业监理工程师、建设单位及其他单位现场专业负责人审核签认。

1. 样例

系统试运行及调试记录样例如图 4-33 所示。

2. 填表说明

"工程名称"与施工许可证一致。

"单位（子单位）工程名称"应与经审查批准的工程验收方案一致。

"分部（子分部）工程"应与经审查批准的工程验收方案一致。

"检查项目及调试内容"根据不同系统填写。

"试运行及调试要求"按设计图纸及相关工程施工验收规范要求填写。

"试运行及调试情况"按现场实际情况记录调试过程中关键节点的情况。

"试运行及调试结果"处填写是否符合设计及相关施工质量验收规范要求。

签字栏应注明单位名称，由施工单位专业施工员、专业质检员、项目专业技术负责人，监理单位专业监理工程师，建设单位及其他单位现场专业负责人签认。

<u>采暖</u> 系统试运行及调试记录（通用）

渝建竣-059-001

工程名称	××综合大楼工程	单位(子单位)工程名称	/
分部（子分部）工程	室内给排水及供暖(室内供暖系统安装)	系统名称	采暖系统
系统编号	N-013	检查位置	一单元
检查项目及调试内容	本工程采暖系统为上供下回单管异程式供暖系统,供回水干管分别设于F10层及B1层,末端高点设有集气罐。系统管道采用焊接钢管。采用铸铁喷塑760四柱型散热器,热源为B02层换热站内的二测热水。		
试运行及调试要求	1. 全楼各阀门均开启灵活。 2. 管道、设备、散热器等接口处不渗漏。 3. 室内温度在设计范围内。		
试运行及调试情况	全楼于××月××日上午××时开始正式通暖,至××月××日上午××时,全楼供热管道及散热器受热情况基本均匀,各阀门开启灵活,管道、设备、散热器等接口处均不渗漏。 经进行室温测量,办公室内温度均在18~22℃;卫生间及走道温度为8~16℃。办公室设计温度为18℃,卫生间及走道温度为15℃。实测温度与设计温度的相对差为8%。		
试运行及调试结果	经调试,采暖系统试运行各项参数均符合设计及规范要求。		

施工单位：	监理单位：	建设单位：	其他单位：
专业施工员： 专业质检员： 项目专业技术负责人：	专业监理工程师：	现场专业负责人：	现场专业负责人：
年　月　日	年　月　日	年　月　日	年　月　日

图 4-33　系统试运行及调试记录（通用）

4.7.2　接地电阻测试记录

接地电阻测试记录由施工单位项目专业技术负责人在接地电阻测试过程中组织专业施工员、专业质检员填写完成,由施工单位项目专业技术负责人、监理单位专业监理工程师、建设单位及其他单位现场专业负责人审核签认。

1. 样例

接地电阻测试记录样例如图 4-34 所示。

接地电阻测试记录

渝建竣-233-001

工程名称	××综合大楼工程		单位（子单位）工程名称		/	
分部（子分部）工程	建筑电气（防雷及接地装置安装工程）					
测试仪器名称	接地电阻测试仪		测试仪器编号		xx	
测试日期	xxxx		测试前三天天气状况		多云转晴	
序号	测试部位	接地类别	设计及规范要求	实测阻值	测试结果	备注
1	xxx	综合接地	1Ω	0.8Ω	合格	/
结论： 符合设计和规范要求。						
施工单位： 专业施工员： 专业质检员： 项目专业技术负责人： 年　月　日		监理单位： 专业监理工程师： 年　月　日		建设单位： 现场专业负责人： 年　月　日		其他单位： 现场专业负责人： 年　月　日

图 4-34　接地电阻测试记录

2. 填表说明

"工程名称"与施工许可证名称一致。

"单位（子单位）工程名称"应与经审查批准的工程验收方案一致。

155

"分部（子分部）工程"应与经审查批准的工程验收方案一致。

"测试仪器名称"处填写实际测试仪器，如接地电阻测试仪。

"测试仪器编号"处填写实际测试仪器编号，如 ZC-8。

"测试日期"为测试当天日期。

"测试前三天天气状况"需注明具体天气情况，如晴、阴。

"序号"为测试部位的编号。

"测试部位"为测试接地电阻的具体点位。

"接地类别"处填写工作接地、保护接地、防雷接地、重复电接地等。

"设计及规范要求"处填写设计及规范要求的接地电阻值。

"实测阻值"处填写实际测出的接地电阻值。

"测试结果"处填写"合格"或者"不合格"。

"结论"处填写是否符合设计和规范要求。

签字栏应注明单位名称，应由施工单位专业施工员、专业质检员、项目专业技术负责人，监理单位专业监理工程师，建设单位及其他单位现场专业负责人签认。

4.7.3 砂浆抗压强度统计评定表

砂浆抗压强度统计评定表由施工单位项目专业技术负责人组织施工单位评定人、复核人在工程施工过程中动态整理形成，在竣工预验收前由项目专业技术负责人、监理单位总监理工程师、建设单位及其他单位现场专业负责人审核签认。

砌筑砂浆试块强度验收时，同一验收批的砌筑砂浆试块强度合格评定必须符合以下规定。

（1）同一验收批砂浆试块强度平均值应大于或等于设计强度等级值的 1.10 倍。

（2）同一验收批砂浆试块抗压强度的最小一组平均值应大于或等于设计强度等级值的 85%。

（3）砌筑砂浆的验收批，同一类型、强度等级的砂浆试块应不少于 3 组。当同一验收批只有 1 组（含 2 组）试块时，每组试块抗压强度平均值应大于或等于设计强度等级值的 1.10 倍。

（4）砂浆强度应以标准养护、龄期为 28 天的试块抗压试验结果为准。只要有一组砂浆试块的强度小于设计强度标准值的 85%，则该批砂浆评定为不合格。

1. 样例

砂浆抗压强度统计评定表样例如图 4-35 所示。

2. 填表说明

"工程名称"与施工许可证一致。

"单位（子单位）工程名称"应与经审查批准的工程验收方案一致。

"强度等级"处填写施工图纸要求的强度等级。

"统计期"处填写试件第一次与最后一次的试验时间。

"结构部位"处填写统计评定砂浆的使用部位。

"每组强度值"处填写试验报告上的强度值。

签字栏应注明单位名称，由施工单位评定人、复核人、项目专业技术负责人，监理单位总监理工程师，建设单位及其他单位现场专业负责人审核签认。

砂浆抗压强度统计评定表

渝建竣-044-001

工程名称	××综合大楼工程			单位(子单位)工程名称			/	
强度等级	M15	统计期	2021 年 5 月 1 日至 2021 年 7 月 31 日		结构部位		首层至六层砌墙	
每组强度值/MPa	17	16.5	15.5	16.2	18	15.3	16.8	17
	试块组数 n	设计强度等级值 f_2/MPa	平均值 $f_{2,m}$/MPa	最小值 $f_{2,min}$/MPa	$1.10f_2$		$0.85f_2$	
	8	15	16.54	15.3	16.5		12.75	
判定式	$f_{2,m} \geqslant 1.10f_2$			$f_{2,min} \geqslant 0.85f_2$				
结果	16.54≥16.5			15.3≥12.75				
结论	符合设计和规范要求。							

施工单位: 评定人: 复核人: 项目专业技术负责人: 年 月 日	监理单位: 总监理工程师: 年 月 日	建设单位: 现场专业负责人: 年 月 日	其他单位: 现场专业负责人: 年 月 日

图 4-35 砂浆抗压强度统计评定表

4.7.4 混凝土(标准养护/同条件养护)抗压强度统计评定表

混凝土(标准养护/同条件养护)抗压强度统计评定表由施工单位项目专业技术负责人组织评定人和复核人在工程施工过程中动态整理形成,在竣工预验收前由施工单位评定人、复核人、项目专业技术负责人,监理单位总监理工程师,建设单位及其他单位项目负责人审核签认。

1. 样例

混凝土（标准养护）抗压强度统计评定表样例如图 4-36 所示。

混凝土（标准养护/~~同条件养护~~）抗压强度统计评定表

渝建竣-040-001

工程名称	××综合大楼工程										
单位（子单位）工程名称	/							强度等级		C30	
统计区间	2021 年 4 月 15 日至 2021 年 7 月 11 日						结构部位		首层至六层板		
每组强度值/MPa	33.0	32.0	33.0	33.3	32.0	33.2	33.0	31.5	33.0	31.3	33.0	31.5

统计区间试块组数 n	强度标准值 $f_{cu,k}$/MPa	平均值 $m \cdot f_{cu}$/MPa	最小值 $f_{cu,min}$/MPa	标准差 $S_{f_{cu}}$/MPa	合格判定系数			
					λ_1	λ_2	λ_3	λ_4
12	30	32.48	31.30	2.50	1.15	0.90		

采用的评定方法	☐ 非统计方法 （试块组数为3～9组）		☐ 统计方法 （试块组数为10组及以上）	
评定计算	$\lambda_3 \cdot f_{cu,k}$	$\lambda_4 \cdot f_{cu,k}$	$f_{cu,k} + \lambda_1 \cdot S_{f_{cu}}$	$\lambda_2 \cdot f_{cu,k}$
			32.88	27.00
判定式	$m_{f_{cu}} \geq \lambda_3 \cdot f_{cu,k}$	$f_{cu,min} \geq \lambda_4 \cdot f_{cu,k}$	$m_{f_{cu}} \geq f_{cu,k} + \lambda_1 \cdot S_{f_{cu}}$	$f_{cu,min} \geq \lambda_2 \cdot f_{cu,k}$
判定结果			32.48 < 32.88	31.30 > 27.00
结论	不合格。			

施工单位：	监理单位：	建设单位：	其他单位：
评定人： 复核人： 项目专业技术负责人：	总监理工程师：	项目负责人：	项目负责人：
年 月 日	年 月 日	年 月 日	年 月 日

图 4-36　混凝土（标准养护）抗压强度统计评定表

2. 填表说明

"工程名称"与施工许可证一致。

"单位（子单位）工程名称"应与经审查批准的工程验收方案一致。

"强度等级"处填写施工图纸要求的强度等级。

"统计区间"处填写试件第一次与最后一次的试验时间。

"结构部位"处填写施工图纸的桩号、位置。

"每组强度值"处填写试验报告上的强度代表值。

签字栏应注明单位名称，施工单位评定人评定完成后由专人复核签认，由施工单位项目专业技术负责人、监理单位总监理工程师、建设单位及其他单位项目负责人审核签认。

4.7.5　系统灌水（满水）试验记录

系统灌水（满水）试验记录由施工单位项目专业技术负责人在排水系统、卫生器具的灌水、满水试验等检查过程中组织专业施工员、专业质检员填写完成，由施工单位项目专业技术负责人、监理单位专业监理工程师、建设单位及其他单位现场专业负责人审核签认，主要用于以下系统、器具的灌水、满水试验记录。

（1）水箱，满水 24 小时，不渗不漏。

（2）卫生器具，不渗不漏。

（3）室内的雨水管道，持续 1 小时，不渗不漏。

（4）排水管道，满水 15min 后，再灌满，延续 5min，液面不降，管道及接口无渗漏。

1. 样例

系统灌水（满水）试验记录样例如图 4-37 所示。

系统灌水（满水）试验记录

渝建竣-215-001

工程名称	××综合大楼工程			单位（子单位）工程名称		/	
分部（子分部）工程	建筑给水排水及供暖（室内排水系统）						
序号	部位	管线或器具	管径或器具规格	管道材质或器具材质	灌（满）水位置	检查情况	
1	×××卫生间	P01	DN150	U-PVC	高出低层排水管预留接口且高出地面满水口	满水15min观察水面下降后，再灌满观察5min液体不降，管道及接口无漏水现象	
2	×××卫生间	P01	DN150	U-PVC	高出低层排水管预留接口且高出地面满水口	满水15min观察水面下降后，再灌满观察5min液体不降，管道及接口无漏水现象	
3	×××卫生间	P01	DN150	U-PVC	高出低层排水管预留接口且高出地面满水口	满水15min观察水面下降后，再灌满观察5min液体不降，管道及接口无漏水现象	
检查结论	符合设计和规范要求。						
施工单位： 专业施工员： 专业质检员： 项目专业技术负责人： 年　月　日		监理单位： 专业监理工程师： 年　月　日		建设单位： 现场专业负责人： 年　月　日		其他单位： 现场专业负责人： 年　月　日	

图 4-37　系统灌水（满水）试验记录

2. 填表说明

"工程名称"与施工许可证一致。

"单位（子单位）工程名称"应与经审查批准的工程验收方案一致。

"分部（子分部）工程"应与经审查批准的工程验收方案一致。

"部位"处填写实际检查部位。

"管线或器具"处按实际试验对象填写，如开式水箱、卫生器具、排水系统等。

"管径或器具规格"处按实际对象规格填写。

"管道材质或器具材质"处按实际发生材料、设备项目填写，如 U-PVC 管、ABS 管、排水铸铁管、钢管等。

"灌（满）水位置"处按实际水封位置填写。

"检查情况"按实际情况填写。

"检查结论"处填写试验结果是否符合设计和规范要求，是否合格。

签字栏应注明单位名称，应由施工单位专业施工员、专业质检员、项目专业技术负责人，监理单位专业监理工程师，建设单位及其他单位现场专业负责人签认。

4.7.6 通水试验记录

通水试验记录由施工单位项目专业技术负责人在室内外给水（冷/热）、室外排水管道及容器、中水及游泳池水系统、卫生器具等通水试验检查过程中组织专业施工员、专业质检员填写完成，由施工单位专业施工员、专业质检员、项目专业技术负责人，监理单位专业监理工程师，建设单位及其他单位现场专业负责人审核签认。

1. 样例

通水试验记录样例如图 4-38 所示。

2. 填表说明

"工程名称"与施工许可证一致。

"单位（子单位）工程名称"应与经审查批准的工程验收方案一致。

"分部（子分部）工程"应与经审查批准的工程验收方案一致。

"试验部位"处按实际试验部位填写。

"通水检查情况"列填写时注意事项：给水系统交付使用前必须进行通水试验并做好记录。卫生器具交工前应做满水和通水试验，满水后各连接件不渗不漏，卫生器具通水试验应排水畅通。卫生器具通水试验如条件限制达不到规定流量，必须进行 100% 满水排泄试验，满水试验水必须达到器具溢水口处，再进行排放，并检查器具的溢水口及排水点的通畅情况，管路设备无堵塞及渗漏现象为合格。

"检查结论"应根据设计和施工规范要求，对试验结果作出明确评价。

签字栏应注明单位名称，应由施工单位专业施工员、专业质检员、项目专业技术负责人，监理单位专业监理工程师，建设单位及其他单位现场专业负责人签认。

通水试验记录

渝建竣-213-001

工程名称	××综合大楼工程	单位（子单位）工程名称		/
分部（子分部）工程		建筑给水排水及供暖（室内给水系统）		
试验部位	通水检查情况			备注
×××给水系统（一～二层）	同时打开低区1/2的配水点，供水流量正常，然后逐个打开给水阀门，出水正常，阀门无漏水现象			/
卫生器具	洗手池给水正常，开关无漏水现象，排水口通畅无积水，蹲便器给水正常，连接件无漏水现象，排水口畅通，有积水			/
检查结论	符合设计和规范要求。			

施工单位：	监理单位：	建设单位：	其他单位：
专业施工员： 专业质检员： 项目专业技术负责人： 年　月　日	专业监理工程师： 年　月　日	现场专业负责人： 年　月　日	现场专业负责人： 年　月　日

图 4-38　通水试验记录

4.7.7　系统吹洗（扫）记录

系统吹洗（扫）记录由施工单位项目专业技术负责人在各种管道吹洗（扫）的试验检查过程中组织专业施工员、专业质检员填写完成，由施工单位专业施工员、专业质检员、项目专业技术负责人，监理单位专业监理工程师，建设单位及其他单位现场专业负责人审核签认。

1. 样例

系统吹洗（扫）记录样例如图4-39所示。

系统吹洗（扫）记录

渝建竣-212-001

工程名称	××综合大楼工程	单位（子单位）工程名称	/
分部（子分部）工程	建筑给水排水及供暖（室内给水系统）		
管线编号	×××-01	工作介质	自来水
吹扫介质	/		
吹洗方法过程	从9点用自来水对低区给水系统进行冲洗，先主管后干管。最后支管单向冲洗，水压表压力为0.15MPa，冲洗速度为1.8m/s，冲洗到13:30，无杂质，停止冲洗。		
检查结论	符合设计和规范要求。		

施工单位：	监理单位：	建设单位：	其他单位：
专业施工员： 专业质检员： 项目专业技术负责人：	专业监理工程师：	现场专业负责人：	现场专业负责人：
年　月　日	年　月　日	年　月　日	年　月　日

图4-39　系统吹洗（扫）记录

2. 填表说明

"工程名称"与施工许可证一致。

"单位（子单位）工程名称"应与经审查批准的工程验收方案一致。

"分部（子分部）工程"应与经审查批准的工程验收方案一致。

"管线编号"按设计图纸填写。

"工作介质"处按管道工作时管道内实际介质填写。

"吹扫介质"处填写吹扫时使用的介质。

"吹洗方法过程"处填写吹洗流程、吹洗过程中试验压力、吹洗介质流速、检查情况等。注意吹洗压力不大于工作压力，吹洗流速不小于工作流速。

"检查结论"处填写是否符合设计和规范要求。

签字栏应注明单位名称，应由施工单位专业施工员、专业质检员、项目专业技术负责人，监理单位专业监理工程师，建设单位及其他单位现场专业负责人签认。

4.7.8　排水管道通球试验记录

排水管道通球试验记录由施工单位项目专业技术负责人在排水主立管及水平干管安装完毕后，做通球试验过程中组织专业施工员、专业质检员填写完成，由施工单位专业施工员、专业质检员、项目专业技术负责人，监理单位专业监理工程师，建设单位及其他单位现场专业负责人审核签认。

1. 排水管道通球试验方法

（1）排水主立管及水平干管安装完毕后，管道均应做通球试验，通球球径不小于排水管道管径的 2 / 3，通球率必须达到 100%。

（2）排水主立管通球试验应自立管顶部将试球投入，在立管底部引出管的出口处进行检查，通水将试球从出口冲出。

（3）横干管及引出管通球试验应将试球在检查管管段的始端投入，通水冲至引出管末端排出。室外检查井（结合井）处需加临时网罩，以便将试球拦截取出。

（4）通球试验以试球通畅无阻为合格。若试球不通，则要及时清理管道的堵塞物并重新试验，直到合格为止。

2. 样例

排水管道通球试验记录样例如图 4-40 所示。

3. 填表说明

"工程名称"与施工许可证一致。

"单位（子单位）工程名称"应与经审查批准的工程验收方案一致。

"分部（子分部）工程"应与经审查批准的工程验收方案一致。

"管线号"按设计图纸填写。

"管道内径"按实际检测管道内径填写。

"管道材质"按实际发生材料、设备项目填写，如 U-PVC 管、ABS 管、排水铸铁管、钢管等。

"球体外径"按球体实际外径填写。

"球体材质"按球体实际材质填写。

"检查情况"按实际检查情况填写。

"检查结论"处应填写试验结果是否符合设计和规范要求。

签字栏应注明单位名称，应由施工单位专业施工员、专业质检员、项目专业技术负责人，监理单位专业监理工程师，建设单位及其他单位现场专业负责人签认。

排水管道通球试验记录

渝建竣-216-001

工程名称		××综合大楼工程		单位（子单位）工程名称		/	
分部（子分部）工程		建筑给水排水及供暖（室内排水系统）					
序号	管线号	管道内径/mm	管道材质	球体外径/mm	球体材质	检查情况	
1	×××-01-01	150	U-PVC	100	塑料球	通畅无阻	
2	×××-01-02	150	U-PVC	100	塑料球	通畅无阻	
3	×××-01-03	150	U-PVC	100	塑料球	通畅无阻	
检查结论		符合设计和规范要求。					
施工单位：		监理单位：		建设单位：		其他单位：	
专业施工员： 专业质检员： 项目专业技术负责人： 年　月　日		专业监理工程师： 年　月　日		现场专业负责人： 年　月　日		现场专业负责人： 年　月　日	

图 4-40　排水管道通球试验记录

4.8 施工质量验收文件

建筑工程施工质量验收是工程质量控制非常关键的环节，按照《建筑工程施工质量验收统一标准》（GB 50300—2013）的规定，建筑工程施工质量验收应划分为检验批、分项工程、分部工程、单位工程。

4.8.1　检验批质量验收记录

检验批是施工过程中条件相同并有一定数量的材料、构配件或安装项目，由于其质量水平基本均匀一致，因此可以作为检验的基本单元，并按批验收。检验批是工程验收的最小单位，是分项工程、分部工程、单位工程质量验收的基础，检验批验收包括资料检查、主控项目和一般项目检验两个方面。检验批应由专业监理工程师组织施工单位项目专业质量检查员、专业工长、标准员进行验收。检验批可根据施工、质量控制和专业验收的需要，按工程量、楼层、施工段、变形缝进行划分。

检验批质量验收记录一般根据现场检查原始记录填写，现场检查原始记录应在单位工程竣工验收前保留，并可追溯。

1. 检验批质量验收合格的规定

（1）主控项目的质量经抽样检验均应合格。

（2）一般项目的质量经抽样检验合格。当采用计数抽样时，合格点率应符合有关专业验收规范的规定，且不得存在严重缺陷。对于计数抽样的一般项目，正常检验一次、二次抽样可按《建筑工程施工质量验收统一标准》（GB 50300—2013）判定。

（3）具有完整的施工操作依据、质量验收记录。

2. 样例

检验批质量验收记录样例如图 4-41 所示。

土方开挖（柱基、基坑、基槽土方开挖工程）
检验批质量验收记录
（Ⅰ）

010601 | 0 | 0 | 1

单位（子单位）工程名称	××综合大楼工程	分部（子分部）工程名称	地基与基础（土石方）	分项工程名称	土方开挖
施工单位	××建筑工程有限公司	项目负责人	×××	检验批工程量	200m³
分包单位		分包单位项目负责人		检验批部位	①轴~⑩轴/Ⓐ轴~Ⓕ轴土方开挖
施工依据	土方开挖专项施工方案		验收依据	《建筑地基基础工程施工质量验收标准》（GB50202—2018）	

		验收项目	设计要求及规范规定	最小/实际抽样数量	检查记录	检查结果
主控项目	1	标高/mm	0 -50	10/10	抽查10处，全部合格	√
	2	长度、宽度（由设计中心线向两边量）/mm	+200 -50	全/4	共4处，检查4处，全部合格	√
	3	坡率	设计值	10/10	抽查10处，全部合格	√
一般项目	1	表面平整度/mm	±20	10/10	抽查10处，合格8处	80.0%
	2	基底土性	设计要求	10/10	抽查10处，全部合格	100%
施工单位检查结果	专业工长（签字）： 标准员（签字）： 项目专业质量检查员（签字）： 年　　月　　日					
监理单位验收结论	专业监理工程师（签字）： 年　　月　　日					

图 4-41　检验批质量验收记录

3. 填表说明

"检验批工程量"指本检验批的工程量,应按工程实际填写,计量项目和单位按专业验收规范对检验批容量的规定。

"施工依据"可以填写所采用的国家标准、企业标准、地方标准或行业标准,也可以填写技术或施工标准、工艺规程、工法、施工方案等技术文件。

"验收依据"填写验收依据的标准名称及编号。

"设计要求及规范规定"填写专业验收规范中验收项目对应的内容。

"验收项目"按对应的"检验批质量验收记录"的验收项目的顺序,填写现场实际检查的验收项目,如果对应多行检查记录,验收项目不用重复填写。

"最小/实际抽样数量"填写规则如下:①对于材料、设备及工程试验类规范条文,非抽样项目,直接写"/";②对于抽样项目但样本为总体的,写"全/实际数量",例如"全/10",其中"10"指本检验批实际包括的样本总量;③对于抽样项目且按工程量抽样的,写"最小/实际抽样数量",例如"5 / 5",即按工程量计算,最小抽样数量为 5,实际抽样数量为 5;④本次检验批验收不涉及此验收项目的,此栏写"/"。

"检查记录"填写规则如下:①对于计量检验项目,采用文字描述方式,说明实际质量验收内容及结论;此类多为对材料、设备及工程试验类结果的检查项目;②对于计数检验项目,必须依据对应的"检验批验收现场原始记录"中验收情况记录,按相应形式填写。

4.8.2　分项工程质量验收记录

分项工程应由专业监理工程师组织施工单位项目专业技术负责人进行验收。分项工程可按主要工种、材料、施工工艺、设备类别进行划分。分项工程所包含的检验批均已完工且施工单位自检合格后,应填报分项工程质量验收记录。

1. 分项工程质量验收合格的规定

(1)所含检验批的质量均应验收合格。
(2)所含检验批的质量验收记录应完整。

2. 样例

分项工程质量验收记录样例如图 4-42 所示。

3. 填表说明

"分项工程工程量"指本分项工程的实际工程量,计量项目和单位按专业验收规范中对分项工程工程量的规定。

"说明"应填所含检验批的质量验收记录是否完整。

"施工单位检查结果"填写规则如下:①由施工单位项目专业技术负责人填写并签字;②若该分项工程为分包的项目,检查记录由分包单位验收责任人签字。当分包工程只有一个分项工程时,总包单位应参加验收并签字。

"监理单位验收结论"由专业监理工程师在确认各项验收合格后，填入"验收合格"，并填写日期及签字。

_____砖砌体_____ 分项工程质量验收记录

单位(子单位) 工程名称	××综合大楼工程		分部（子分部） 工程名称		主体结构分部/砌体结构子分部	
分项工程工程量	500m³		检验批数量		5个	
施工单位	××建筑工程有限公司		项目负责人	×××	项目技术 负责人	×××
分包单位	/		分包单位 项目负责人	/	分包内容	/
序号	检验批名称	检验批 工程量	部位/区段	施工单位检查结果		监理单位 验收结论
1	砖砌体	100m³	一层	合格		合格
2	砖砌体	100m³	二层	合格		合格
3	砖砌体	100m³	三层	合格		合格
4	砖砌体	100m³	四层	合格		合格
5	砖砌体	100m³	五层	合格		合格
6						
7						
8						
9						
10						
11						
12						
13						
14						
15						
说明：						
施工单位 检查结果	项目专业技术负责人(签字)： 年　　月　　日					
监理单位 验收结论	专业监理工程师(签字)： 年　　月　　日					

注：当分包工程只有一个分项工程时，总包单位应参加验收并签认。

图 4-42　分项工程质量验收记录

4.8.3 分部工程质量验收记录

施工单位在分部工程完成后进行自检，并核查各分部所含分部工程是否齐全，有无遗漏，全部合格后，填报分部工程质量验收记录。分部工程应由总监理工程师组织施工单位项目负责人和项目技术负责人等进行验收。

1. 分部工程划分原则

（1）可按专业性质、工程部位进行划分。

（2）当分部工程较大或较复杂时，可按材料种类、施工特点、施工程序、专业系统及类别将分部工程划分为若干子分部工程。

2. 分部工程质量验收合格标准

（1）所含分项工程的质量均应验收合格。

（2）质量控制文件应完整。

（3）有关安全、节能、环境保护和主要使用功能的抽样检验结果应符合相应规定。

（4）观感质量应符合要求。

3. 样例

分部工程质量验收记录样例如图4-43所示。

4. 填表说明

"子分部工程数量"指本分部工程所含有的实际发生的子分部工程的数量。

"企业技术（质量）部门负责人"为施工单位工程技术部门负责人，即部门经理，若是两个人则应写两个人的名字。

"施工单位检查结果"由填表人依据子分部工程验收记录填写是否符合要求。

"监理单位验收结论"由填表人依据子分部工程验收记录填写是否验收合格。

"质量控制文件"应按相应的"分部（子分部）工程质量控制资料核查记录"进行统计后填写。

"安全和功能检验结果"应按相应的"分部（子分部）工程安全和功能检验资料核查及主要功能抽查记录"进行统计后填写。

"观感质量检验结果"应按相应的"分部（子分部）工程观感质量检查记录"进行统计后填写。

"综合验收结论"应由总监理工程师与各方协商确认，取得一致意见后填写。

签字栏应由各方参加验收的代表亲自签名，以示负责，具体参建人员参考以下规定。

（1）地基与基础分部工程中的子分部工程的验收应由施工、勘察、设计单位项目负责人及监理单位总监理工程师参加并签字。

（2）主体结构、节能分部工程中的子分部工程的验收应由施工、设计单位项目负责人及监理单位总监理工程师参加并签字。

（3）其他子分部工程应由施工单位项目负责人和监理单位总监理工程师参加并签字。

（4）有分包单位的，分包单位也要参加并签字。

主体结构　　分部工程质量验收记录

单位(子单位) 工程名称	××综合大楼工程	子分部工程 数量	2	分项工程 数量	8
施工单位	××建筑工程有限公司	项目负责人	×××	企业技术(质量) 部门负责人	×××
分包单位	/	分包单位 项目负责人	/	分包内容	/

序号	子分部工程名称	施工单位检查结果	监理单位验收结论
1	砌体结构	合格	验收合格
2	砌体结构	合格	验收合格
3	砌体结构	合格	验收合格
4	砌体结构	合格	验收合格
5	混凝土结构	合格	验收合格
6	混凝土结构	合格	验收合格
7	混凝土结构	合格	验收合格
8	混凝土结构	合格	验收合格
质量控制资料		资料共××份，完整	验收合格
安全和功能检验结果		检验和抽样检测结果共××份， 符合有关规定	验收合格
观感质量检验结果		好	好
综合 验收 结论	所含（子分部）分项的质量均验收合格，质量控制资料完整，安全功能检验和抽样检测结果符合有关规定，观感质量好，同意验收。		

| 分包单位：

项目负责人：
(签字、加盖执业印章)

年 月 日 | 施工单位：

项目负责人：
(签字、加盖执业印章)

年 月 日 | 勘察单位：

项目负责人：
(签字、加盖执业印章)

年 月 日 | 设计单位：

项目负责人：
(签字、加盖执业印章)

年 月 日 | 监理单位：

总监理工程师：
(签字、加盖执业印章)

年 月 日 | 建设单位：

项目负责人：
(签字)

年 月 日 |

图 4-43　分部工程质量验收记录

4.8.4　单位工程质量验收

单位工程中的分包工程完工后，分包单位应对所承包的工程项目进行自检，并应按标准规定的程序进行验收。验收时，总包单位应派人参加。分包单位应将所分包工程的质量控制资料整理完整，并移交给总包单位。

单位工程完工后，施工单位应组织有关人员进行自检。总监理工程师应组织各专业监理工程师对工程质量进行竣工预验收。若存在施工质量问题，则应由施工单位整改。整改完毕后，由施工单位向建设单位提交工程竣工报告，申请工程竣工验收。建设单位收到工程竣工报告后，其项目负责人组织监理、施工、设计、勘察等单位项目负责人进行单位工程验收。

1. 单位工程划分原则

（1）具备独立施工条件并能形成独立使用功能的建筑物或构筑物为一个单位工程。

（2）对于规模较大的单位工程，可将其能形成独立使用功能的部分划分为一个子单位工程。

2. 单位工程质量验收合格标准

（1）所含分部工程的质量均应验收合格。

（2）质量控制文件应完整。

（3）所含分部工程中有关安全、节能、环境保护和主要使用功能的检验资料应完整。

（4）主要使用功能的抽查结果应符合相关专业验收规范的规定。

（5）观感质量应符合要求。

4.8.5 对施工质量不合格情况的处理规定

一般情况下，检验批检验时发现不合格现象应及时处理，但实际工程中不能完全避免不合格情况的出现。当建筑工程质量不符合要求时，应按下列规定进行处理。

（1）经返工或返修的检验批，应重新进行验收。

（2）经有资质的检测机构检测鉴定能够达到设计要求的检验批，应予以验收。

（3）经有资质的检测机构检测鉴定达不到设计要求，但经原设计单位核算认可能够满足安全和使用功能的检验批，可予以验收。

（4）经返修或加固处理的分项、分部工程，满足安全及使用功能要求时，可按技术处理方案和协商文件的要求予以验收。

工程质量控制文件应齐全完整，当部分资料缺失时，应委托有资质的检测机构按有关标准进行相应的实体检验或抽样试验。对于经返修或加固处理仍不能满足安全或重要使用功能的分部工程及单位工程，严禁验收。

4.9 竣工验收文件

4.9.1 工程竣工报告

工程预验收后、工程竣工验收前，施工单位项目负责人组织人员填写工程竣工报告，由监理单位总监理工程师，建设单位、施工单位及其他单位项目负责人审核签认。

1．样例

工程竣工报告样例如图 4-44 所示。

工程竣工报告

渝建竣-016-001

工程名称	××综合大楼工程			
工程地址	重庆市石桥铺渝州路××号			
合同开工日期	年　月　日	合同竣工日期	年　月　日	
实际开工日期	年　月　日	实际完工日期	年　月　日	
申请验收时间	×××			
工程范围及内容	本工程地处重庆市石桥铺渝州路××号,该综合楼为一幢十层的混凝土框架结构,建筑面积为18000㎡,完成本工程地基与基础、主体结构、给排水、建筑电气、通风空调及电梯分部工程。总造价181.00万元。			
提前/延期说明	无			
有无工程遗留事项	无			
施工单位(公章):　　　项目负责人:　　　年　月　日	监理单位(公章):　　　总监理工程师:　　　年　月　日	建设单位(公章):　　　项目负责人:　　　年　月　日	其他单位(公章):　　　项目负责人:　　　年　月　日	

图 4-44　工程竣工报告

2．填表说明

"工程名称"与施工许可证一致。

"工程地址"处应填写实际工程地址。

"实际完工日期"为监理单位组织的工程竣工预验收合格日期。

"申请验收时间"为施工单位拟进行工程竣工验收时间。

"工程范围及内容"处简要概括合同涵盖的工程范围及施工内容。

"提前/延期说明"处填写工程竣工验收提前或者延后的原因说明。

"有无工程遗留事项"处填写有或无因各种原因在竣工验收前不能完成的或者无法施工的具体事项，如有，具体内容见"工程遗留事项一览表"。

签字栏应注明单位名称，由建设、施工单位及其他单位项目负责人，监理单位总监理工程师审核签认，并加盖单位公章。

4.9.2 单位（子单位）工程质量竣工验收记录

单位工程完工且施工单位自检合格后，报请监理单位。监理单位组织进行工程预验收，合格后施工单位填写"单位（子单位）工程质量竣工验收记录"。

1. 样例

单位（子单位）工程质量竣工验收记录样例如图 4-45 所示。

单位(子单位)工程质量竣工验收记录

工程名称	××综合大楼工程	单位（子单位）工程名称	
结构类型		层数/建筑面积	16层/12000m²
施工单位	××建筑工程有限公司	施工单位技术负责人	×××
施工单位项目负责人	×××	施工单位项目技术负责人	×××
开工日期	年　月　日	完工日期	年　月　日

序号	项目	验收记录	验收结论
1	分部工程验收	共10分部，经查符合设计及标准规定10分部	所有分部工程质量验收合格
2	质量控制资料核查	共45项，经核查符合规定45项	质量控制资料全部符合有关规定
3	安全和使用功能核查及抽查结果	共核查33项，符合规定33项，共抽查10项，符合规定10项，经返工处理符合规定0项	核查及抽查项目全部符合规定
4	观感质量验收	共抽查27项，达到"好"和"一般"的27项，经返修处理符合要求的0项	好
综合验收结论		工程质量合格，符合设计和规范要求。	

参加验收单位	建设单位（公章）： 项目负责人： （签字） 年　月　日	监理单位（公章）： 总监理工程师： (签字、加盖执业印章) 年　月　日	施工单位（公章）： 项目负责人： (签字、加盖执业印章) 年　月　日	设计单位（公章）： 项目负责人： (签字、加盖执业印章) 年　月　日	勘察单位（公章）： 项目负责人： (签字、加盖执业印章) 年　月　日

图 4-45　单位（子单位）工程质量竣工验收记录

2. 填表说明

"施工单位技术负责人"为施工单位企业技术负责人，即施工单位总工程师。

"分部工程验收"处应由施工单位的项目经理组织有关人员逐个分部工程进行检查评定，并由监理单位在"验收结论"栏内写上是否符合规定的结论。

"质量控制资料核查"处应根据"单位（子单位）工程质量控制资料核查记录"的核查结论填写。建设单位组织由各方代表组成的验收组成员，或委托总监理工程师，根据"单位（子单位）工程质量控制资料核查记录"的内容，对资料进行逐项核查。

"安全和使用功能核查及抽查结果"处应根据"单位（子单位）工程安全和功能检验资料核查及主要功能抽查记录"的核查结论填写。对于分部工程验收时已经进行了安全和功能检测的项目，单位工程验收时不再重复检测。但要核查以下内容：①单位工程验收时按规定、约定或设计要求，需要进行的安全功能抽测项目是否都进行了检测；具体检测项目有无遗漏。②抽测的程序、方法是否符合规定。

"观感质量验收"处应根据"单位（子单位）工程观感质量检查记录"的检查结论填写。建设单位组织验收组成员，对观感质量进行抽查，共同作出评价。观感质量评价分为"好""一般""差"3 个等级。

"综合验收结论"应由参加验收的各方共同商定，并由建设单位填写，主要对工程质量是否符合设计和规范要求及总体质量水平做出评价。

签字栏签字的验收人员应由相应单位法人代表书面授权。

4.9.3　单位（子单位）工程质量控制资料核查记录

1. 样例

单位（子单位）工程质量控制资料核查记录样例如图 4-46 所示。

2. 填表说明

"单位（子单位）工程质量控制资料核查记录"共计 97 项内容（本样例检查 85 项）。地基与基础 14 项（本样例检查 12 项）；主体结构 12 项（本样例检查 10 项）；建筑装饰装修 10 项（本样例检查 7 项）；建筑屋面 10 项（本样例检查 9 项）；给排水与采暖 8 项（本样例检查 8 项）；建筑电气 8 项（本样例检查 7 项）；通风与空调 9 项（本样例检查 8 项）；电梯 8 项（本样例检查 7 项）；智能建筑 10 项（本样例检查 9 项）；建筑节能 8 项（本样例检查 8 项）。

由施工单位按照所列质量控制资料的种类、名称进行验收检查，并填写份数和核查意见，然后提交给监理单位验收。

其他各栏内容先由施工单位进行自查和填写。监理单位审查合格后，在"核查意见"栏填写对资料核查后的具体意见。监理单位具体核查人员在"核查人"栏签字。

总监理工程师确认符合要求后，在"结论"栏内填写综合性结论签字并加盖执业印章。施工单位项目负责人应在"结论"栏内签字并加盖执业印章确认。

单位(子单位)工程质量控制资料核查记录

工程名称			××综合大楼工程					
单位(子单位)工程名称					施工单位		××建筑工程有限公司	
序号	项目	资料名称	施工单位			监理单位		
			总份数	核查意见	核查人	核查份数	核查意见	核查人
1	地基与基础	图纸会审记录、设计变更通知单、工程洽商记录	28	完整	×××	28	完整	×××
2		工程定位测量、放线记录	56	完整		56	完整	
3		原材料出厂合格证书及进场检验、试验报告	36	完整		36	完整	
4		施工工艺试验资料	/	/		/	/	
5		施工试验报告及见证检测报告	33	完整		33	完整	
6		隐蔽工程验收记录	36	完整		36	完整	
7		重要部位的施工记录	20	完整		20	完整	
8		地基与基础结构检验及抽样检验资料	8	完整		8	完整	
9		分部(子分部)、分项工程质量验收记录	10	完整		10	完整	
10		工程质量事故处理资料	/	/		/	/	
11		新技术论证、备案及施工记录	1	完整		1	完整	
12		强制性条文检查记录资料	5	完整		5	完整	
13		工程地质施工勘察资料	1	完整		1	完整	
14		基坑支护、边坡工程资料	1	完整		1	完整	
1	主体结构	图纸会审记录、设计变更通知单、工程洽商记录	20	完整	×××	20	完整	×××
2		工程定位测量、放线记录	56	完整		56	完整	
3		原材料出厂合格证书及进场检验、试验报告	50	完整		50	完整	
4		施工工艺试验资料	/	/		/	/	
5		施工试验报告及见证检测报告	60	完整		60	完整	
6		隐蔽工程验收记录	58	完整		58	完整	
7		重要部位的施工记录	60	完整		60	完整	
8		主体结构检验及抽样检验资料	8	完整		8	完整	
9		分部(子分部)、分项工程质量验收记录	10	完整		10	完整	
10		工程质量事故(问题)处理资料	/	/		/	/	
11		新技术论证、备案及施工记录	1	完整		1	完整	
12		强制性条文检查记录资料	6	完整		6	完整	
1	建筑装饰装修	图纸会审记录、设计变更通知单、工程洽商记录	20	完整	×××	20	完整	×××
2		原材料出厂合格证书及进场检验、试验报告	5	完整		5	完整	
3		施工工艺试验资料	1	完整		1	完整	
4		施工试验报告及见证检测报告	4	完整		4	完整	
5		隐蔽工程验收记录	20	完整		20	完整	
6		重要部位的施工记录	/	/		/	/	
7		分部(子分部)、分项工程质量验收记录	20	完整		20	完整	
8		工程质量事故(问题)处理资料	/	/		/	/	
9		新技术论证、备案及施工记录	1	完整		1	完整	
10		强制性条文检查记录资料	/	/		/	/	

图 4-46 单位(子单位)工程质量控制资料核查记录

单位(子单位)工程质量控制资料核查记录

工程名称				××综合大楼工程				
单位(子单位)工程名称						施工单位	××建筑工程有限公司	
序号	项目	资料名称		施工单位			监理单位	
				总份数	核查意见	核查人	核查份数	核查意见	核查人

序号	项目	资料名称	总份数	核查意见	核查人	核查份数	核查意见	核查人
1	建筑屋面	图纸会审记录、设计变更通知单、工程洽商记录	2	完整	×××	2	完整	×××
2		原材料出厂合格证书及进场检验、试验报告	2	完整		2	完整	
3		施工工艺试验资料	1	完整		1	完整	
4		施工试验报告及见证检测报告	20	完整		20	完整	
5		隐蔽工程验收记录	20	完整		20	完整	
6		重要部位的施工记录	10	完整		10	完整	
7		分部（子分部）、分项工程质量验收记录	1	完整		1	完整	
8		工程质量事故（问题）处理资料	/	/		/	/	
9		新技术论证、备案及施工记录	1	完整		1	完整	
10		强制性条文检查记录资料	1	完整		1	完整	
1	给排水与采暖	图纸会审记录、设计变更通知单、工程洽商记录	5	完整	×××	5	完整	×××
2		原材料出厂合格证书及进场检验、试验报告	3	完整		3	完整	
3		管道、设备强度试验、严密性试验记录	5	完整		5	完整	
4		隐蔽工程验收记录	32	完整		32	完整	
5		系统清洗、灌水、通水、通球试验记录	23	完整		23	完整	
6		施工记录	23	完整		23	完整	
7		分项、分部工程质量验收记录	10	完整		10	完整	
8		新技术论证、备案及施工记录	1	完整		1	完整	
1	建筑电气	图纸会审记录、设计变更通知单、工程洽商记录	5	完整	×××	5	完整	×××
2		原材料出厂合格证书及进场检验、试验报告	6	完整		6	完整	
3		设备调试记录	2	完整		2	完整	
4		接地、绝缘电阻测试记录	1	完整		1	完整	
5		隐蔽工程验收记录	1	完整		1	完整	
6		施工记录	6	完整		6	完整	
7		分项、分部工程质量验收记录	12	完整		12	完整	
8		新技术论证、备案及施工记录	/	/		/	/	
1	通风与空调	图纸会审记录、设计变更通知单、工程洽商记录	6	完整	×××	6	完整	×××
2		原材料出厂合格证书及进场检验、试验报告	5	完整		5	完整	
3		制冷、空调、水管道强度试验、严密性试验记录	30	完整		30	完整	
4		隐蔽工程验收记录	20	完整		20	完整	
5		制冷设备运行调试记录	20	完整		20	完整	
6		通风、空调系统调试记录	10	完整		10	完整	
7		施工记录	23	完整		23	完整	
8		分项、分部工程质量验收记录	35	完整		35	完整	
9		新技术论证、备案及施工记录	/	/		/	/	

图 4-46（续）

单位(子单位)工程质量控制资料核查记录

工程名称			××综合大楼工程					
单位(子单位)工程名称						施工单位	××建筑工程有限公司	
序号	项目	资料名称	施工单位			监理单位		
			总份数	核查意见	核查人	核查份数	核查意见	核查人
1	电梯	图纸会审记录、设计变更通知单、工程洽商记录	3	完整	×××	3	完整	×××
2		设备出厂合格证书及开箱检验记录	5	完整		5	完整	
3		隐蔽工程验收记录	10	完整		10	完整	
4		施工记录	10	完整		10	完整	
5		接地、绝缘电阻试验记录	5	完整		5	完整	
6		负荷试验、安全装置检查记录	6	完整		6	完整	
7		分项、分部工程质量验收记录	10	完整		10	完整	
8		新技术论证、备案及施工记录	/	/		/	/	
1	智能建筑	图纸会审记录、设计变更通知单、工程洽商记录	5	完整	×××	5	完整	×××
2		原材料出厂合格证书及进场检验、试验报告	10	完整		10	完整	
3		隐蔽工程验收记录	12	完整		12	完整	
4		施工记录	12	完整		12	完整	
5		系统功能测定及设备调试记录	1	完整		1	完整	
6		系统技术、操作和维护手册	1	完整		1	完整	
7		系统管理、操作人员培训记录	1	完整		1	完整	
8		系统检测报告	1	完整		1	完整	
9		分项、分部工程质量验收记录	15	完整		15	完整	
10		新技术论证、备案及施工记录	/	/		/	/	
1	建筑节能	图纸会审记录、设计变更通知单、工程洽商记录	10	完整	×××	10	完整	×××
2		原材料出厂合格证书及进场检验、试验报告	10	完整		10	完整	
3		隐蔽工程验收记录	20	完整		20	完整	
4		施工记录	20	完整		20	完整	
5		节能检验报告	1	完整		1	完整	
6		设备系统节能检测报告	1	完整		1	完整	
7		分项、分部工程质量验收记录	10	完整		10	完整	
8		新技术论证、备案及施工记录	1	完整		1	完整	

结论:

工程资料齐全、有效,各种施工试验、系统调试记录等符合有关规范规定,工程质量控制资料核查通过,统一验收。

施工单位项目负责人:　　　　　　　　　　　　总监理工程师:
(签字、加盖执业印章)　　　　　　　　　　　(签字、加盖执业印章)

　　　　　年　　月　　日　　　　　　　　　　　　　　年　　月　　日

图 4-46（续）

4.9.4　单位（子单位）工程安全和功能检验资料核查及主要功能抽查记录

1. 样例

单位（子单位）工程安全和功能检验资料核查及主要功能抽查记录样例如图 4-47 所示。

单位（子单位）工程安全和功能检验资料
核查及主要功能抽查记录

序号	项目	安全和功能检查项目	施工单位			监理单位		
			总份数	核查意见	核查人	核查份数	核查意见	核查人
工程名称			××综合大楼工程					
单位（子单位）工程名称			施工单位		××建筑工程有限公司			
1	地基与基础	基岩持力层检验资料	1	完整、有效		1	完整、有效	
2		地基承载力检验报告	5	完整、有效		5	完整、有效	
3		桩基承载力检验报告	1	完整、有效		1	完整、有效	
4		锚杆（索）抗拔报告	1	完整、有效		1	完整、有效	
5		混凝土（砂浆）强度试验报告及评定	12	完整、有效		12	完整、有效	
6		桩身质量检测报告	1	完整、有效	×××	1	完整、有效	×××
7		结构尺寸、位置抽查记录	5	完整、有效		5	完整、有效	
8		结构实体检测报告	1	完整、有效		1	完整、有效	
9		地下室渗漏检测记录	4	完整、有效		4	完整、有效	
10		建筑物沉降观测测量记录	1	完整、有效		1	完整、有效	
11		土壤氡浓度检测报告	/	/		/	/	
12		基坑、边坡监测	1	完整、有效		1	完整、有效	
1	主体结构	混凝土强度评定	20	完整、有效		20	完整、有效	
2		砂浆强度评定	16	完整、有效		16	完整、有效	
3		结构尺寸、位置抽查记录	5	完整、有效		5	完整、有效	
4		结构实体检测报告	1	完整、有效		1	完整、有效	
5		建筑物垂直度、标高、全高测量记录	1	完整、有效		1	完整、有效	
6		预应力锚具静载锚固性能试验	5	完整、有效		5	完整、有效	
7		钢结构无损检测报告	5	完整、有效	×××	5	完整、有效	×××
8		高强度螺栓检测报告	5	完整、有效		5	完整、有效	
9		钢结构涂层检测报告	5	完整、有效		5	完整、有效	
10		木材含水率测定报告	/	/		/	/	
11		防护剂最低保持量及投入度测试报告	/	/		/	/	
12		铝合金	1	完整、有效		1	完整、有效	
13		钢管	/	/		/	/	
1	建筑装饰装修	有防水要求的地面蓄水试验记录	5	完整、有效		5	完整、有效	
2		有排水要求的地面泼水试验记录	5	完整、有效		5	完整、有效	
3		外窗气密性、水密性、耐风压检测报告	4	完整、有效		4	完整、有效	
4		幕墙气密性、水密性、耐风压检测报告	4	完整、有效		4	完整、有效	
5		室内环境检测报告	1	完整、有效		1	完整、有效	
6		抽气（风）道检查记录	1	完整、有效	×××	1	完整、有效	×××
7		后置埋件的现场拉拔试验报告	4	完整、有效		4	完整、有效	
8		外墙饰面块材的粘接强度检测报告	/	/		/	/	
9		建筑护栏性能试验报告	1	完整、有效		1	完整、有效	
10		幕墙、外窗、护栏等防雷及接地测试记录	1	完整、有效		1	完整、有效	
11		外墙淋水检验记录	5	完整、有效		5	完整、有效	

图 4-47　单位（子单位）工程安全和功能检验资料核查及主要功能抽查记录

单位(子单位)工程安全和功能检验资料
核查和主要功能抽查记录

工程名称			××综合大楼工程					
单位(子单位)工程名称			施工单位		××建筑工程有限公司			
序号	项目	安全和功能检查项目	施工单位			监理单位		
			总份数	核查意见	核查人	核查份数	核查意见	核查人
1	建筑屋面	屋面淋水或蓄水试验记录	2	完整、有效	×××	2	完整、有效	×××
1	给排水与采暖	给水管道通水试验记录	8	完整、有效	×××	8	完整、有效	×××
2		暖气管道、散热器压力试验记录	10	完整、有效		10	完整、有效	
3		卫生器具满水试验记录	6	完整、有效		6	完整、有效	
4		消防管道、燃气管道压力试验记录	3	完整、有效		3	完整、有效	
5		排水干管通球试验记录	10	完整、有效		10	完整、有效	
6		锅炉试运行、安全阀及报警联动测试记录	2	完整、有效		2	完整、有效	
1	建筑电气	建筑照明通电试运行记录	6	完整、有效	×××	6	完整、有效	×××
2		灯具固定装置及悬吊装置的载荷强度试验记录	5	完整、有效		5	完整、有效	
3		绝缘电阻测试记录	8	完整、有效		8	完整、有效	
4		剩余电流动作保护器测试记录	6	完整、有效		6	完整、有效	
5		应急电源装置应急持续供电记录	5	完整、有效		5	完整、有效	
6		接地电阻测试记录	2	完整、有效		2	完整、有效	
7		接地故障回路阻抗测试记录	3	完整、有效		3	完整、有效	
1	通风与空调	通风、空调系统试运行记录	4	完整、有效	×××	4	完整、有效	×××
2		风量、温度测试记录	5	完整、有效		5	完整、有效	
3		空气能量回收装置测试记录	6	完整、有效		6	完整、有效	
4		洁净室洁净度测试记录	5	完整、有效		5	完整、有效	
5		制冷机组试运行调试记录	4	完整、有效		4	完整、有效	
1	电梯	运行记录	1	完整、有效	×××	1	完整、有效	×××
2		安全装置检测报告	1	完整、有效		1	完整、有效	
1	智能建筑	系统试运行记录	2	完整、有效	×××	2	完整、有效	×××
2		系统电源及接地检测报告	3	完整、有效		3	完整、有效	
3		系统接地检测报告	1	完整、有效		1	完整、有效	
1	建筑节能	外墙节能构造检查记录或热工性能检验报告	2	完整、有效	×××	2	完整、有效	×××
2		设备系统节能性能检查记录	2	完整、有效		2	完整、有效	

结论：

施工单位项目负责人：　　　　　　　　　　　　总监理工程师：
(签字、加盖执业印章)　　　　　　　　　　　　(签字、加盖执业印章)

　　　　　　年　月　日　　　　　　　　　　　　　　年　月　日

注：抽查项目由验收组协商确定。

图 4-47（续）

2. 填表说明

单位（子单位）工程安全和功能检验资料核查和主要功能抽查记录共计 62 项内容（本样例检查 57 项）。地基与基础 12 项（本样例检查 11 项）；主体结构 13 项（本样例检查 10 项）；建筑装饰装修 11 项（本样例检查 10 项）；建筑屋面 1 项（本样例检查 1 项）；给排水与采暖 6 项（本样例检查 6 项）；建筑电气 7 项（本样例检查 7 项）；通风与空调 5 项（本样例检查 5 项）；电梯 2 项（本样例检查 2 项）；智能建筑 3 项（本样例检查 3 项）；建筑节能 2 项（本样例检查 2 项）。

由施工单位按照安全和功能检查项目种类、名称进行验收检查，并填写份数和核查意见，然后提交给监理单位验收。

抽查项目由验收组协商确定，抽查结果由监理单位核查并签署意见。"核查人"由施工单位和监理单位相关人员签字确认。总监理工程师确认符合要求后，在"结论"栏内填写综合性结论。施工单位项目负责人应在"结论"栏内签字并加盖执业印章确认。

4.9.5 单位（子单位）工程观感质量检查记录

单位（子单位）工程观感质量检查是在工程全部完工后进行的一项重要验收工作，是全面评价一个单位（子单位）工程的外观及使用功能质量的工作。

单位（子单位）工程观感质量检查记录由建设单位组织验收组成员，按照表中所列内容，共同实际检查，协商得出质量评价、综合评价和验收结论意见。参加验收的各方代表，经共同实际检查，如果确认没有影响结构安全和使用功能等问题，可共同商定评定意见。如有评价为"差"的项目，属于不合格项目，应予以返工修理。返工修理后的项目需重新检查验收。

1. 样例

单位（子单位）工程观感质量检查记录样例如图 4-48 所示。

2. 填表说明

单位（子单位）工程的观感质量评价分为"好""一般""差" 3 个等级。观感质量验收的方法、程序、评判标准等均与分部工程相同，不同的是检查项目较多，属于综合性验收。

"抽查质量状况"处可填写具体检查数据，原始记录附在本表后面。

3. 观感质量检查评价规则

（1）参加验收各方现场协商，确定评价规则。

（2）可参考下列评价规则。

① 有差评，则项目评价为差。

② 无差评，好评百分比≥60%，评价为好。

③ 其他，评价为一般。

单位(子单位)工程观感质量检查记录

序号	项目		抽查质量状况	质量评价
	工程名称		××综合大楼工程	
	单位(子单位)工程名称		施工单位 ××建筑工程有限公司	
1	地基与基础	结构外观尺寸	共查10项，好9项，一般1项，差0项	好
2		结构外观缺陷	共查10项，好8项，一般2项，差0项	好
3		结构缝处理	共查10项，好7项，一般3项，差0项	好
4		排水系统设置	共查10项，好4项，一般6项，差0项	一般
5		施工缝、后浇带处理	共查10项，好7项，一般3项，差0项	好
1	主体结构	结构外观尺寸	共查10项，好8项，一般2项，差0项	好
2		结构外观缺陷	共查10项，好8项，一般2项，差0项	好
3		结构缝处理	共查10项，好9项，一般1项，差0项	好
4		施工缝、后浇带处理	共查10项，好10项，一般0项，差0项	好
5		焊缝外观	共查10项，好9项，一般1项，差0项	好
6		涂层外观	共查10项，好8项，一般2项，差0项	好
1	建筑装饰装修	楼梯及踏步	共查10项，好9项，一般1项，差0项	好
2		护栏	共查10项，好9项，一般1项，差0项	好
3		门窗	共查10项，好8项，一般2项，差0项	好
4		雨罩、雨棚	共查10项，好8项，一般2项，差0项	好
5		台阶、坡道	共查10项，好9项，一般1项，差0项	好
6		散水	共查10项，好3项，一般7项，差0项	一般
7		室内墙面	共查10项，好10项，一般0项，差0项	好
8		室内顶棚	共查10项，好10项，一般0项，差0项	好
9		室内地面	共查10项，好8项，一般2项，差0项	好
10		室外墙面	共查10项，好9项，一般1项，差0项	好
11		细部处理	共查10项，好9项，一般1项，差0项	好
1	建筑屋面	女儿墙及管根等部位、泛水	共查10项，好8项，一般2项，差0项	好
2		雨水口	共查10项，好4项，一般6项，差0项	一般
3		变形缝处理	共查10项，好8项，一般2项，差0项	好
4		凸出屋面建(构)物	共查10项，好8项，一般2项，差0项	好
5		透气孔	共查10项，好9项，一般1项，差0项	好
6		屋面排水坡度	共查10项，好10项，一般0项，差0项	好
7		防水保护层	共查10项，好4项，一般6项，差0项	一般
8		瓦、檐处理	共查10项，好9项，一般1项，差0项	好
9		其他	共查10项，好8项，一般2项，差0项	好

图 4-48　单位（子单位）工程观感质量检查记录

单位(子单位)工程观感质量检查记录

工程名称		××综合大楼工程		
单位（子单位）工程名称		施工单位		××建筑工程有限公司
序号	项目		抽查质量状况	质量评价
1	给排水与采暖	管道接口、坡度、支架	共查10项，好7项，一般3项，差0项	好
2		卫生器具、支架、阀门	共查10项，好4项，一般6项，差0项	一般
3		检查口、扫除口、地漏	共查10项，好8项，一般2项，差0项	好
4		散热器、支架	共查10项，好9项，一般1项，差0项	好
1	建筑电气	配电箱、盘、板、接线盒	共查10项，好10项，一般0项，差0项	好
2		设备器具	共查10项，好9项，一般1项，差0项	好
3		开关	共查10项，好8项，一般2项，差0项	好
4		插座	共查10项，好9项，一般1项，差0项	好
5		防雷、接地	共查10项，好9项，一般1项，差0项	好
6		防火	共查10项，好8项，一般2项，差0项	好
1	通风与空调	风管、支架	共查10项，好8项，一般2项，差0项	好
2		风口、风阀	共查10项，好9项，一般1项，差0项	好
3		风机、空调设备	共查10项，好3项，一般7项，差0项	一般
4		管道、阀门、支架	共查10项，好10项，一般0项，差0项	好
5		水泵、冷却塔	共查10项，好6项，一般4项，差0项	一般
6		绝热	共查10项，好9项，一般1项，差0项	好
1	电梯	运行、平层、开关门	共查10项，好8项，一般2项，差0项	好
2		层门、信号系统	共查10项，好9项，一般1项，差0项	好
3		机房	共查10项，好8项，一般2项，差0项	好
1	智能建筑	机房设备安装及布局	共查10项，好8项，一般2项，差0项	好
2		现场设备安装	共查10项，好3项，一般7项，差0项	一般
	观感质量综合评价			

结论：

评价为好，观感质量验收合格。

施工单位项目负责人：　　　　　　　　　　　总监理工程师：
(签字、加盖执业印章)　　　　　　　　　　　(签字、加盖执业印章)
　　　　　　　　　年　　月　　日　　　　　　　　　　　　　　年　　月　　日

注：1. 对质量评价为差的项目应进行返修。

　　2. 观感质量现场检查原始记录应作为本表附件。

图 4-48（续）

4.9.6　工程质量保修通知书

根据《房屋建筑工程质量保修办法》规定，房屋建筑工程质量保修是指对房屋建筑工程竣工验收后在保修期限内出现的质量缺陷，予以修复。质量缺陷是指房屋建筑工程的质量不符合工程建设强制性标准以及合同的约定。房屋建筑工程在保修范围和保修期限内出现质量缺陷，施工单位应当履行保修义务。建设单位和施工单位应当在工程质量保修书中约定保修范围、保修期限和保修责任等，双方约定的保修范围、保修期限必须符合国家有关规定。房屋建筑工程保修期从工程竣工验收合格之日起计算。保修费用由质量缺陷的责任方承担。

房屋建筑工程在保修期限内出现质量缺陷，建设单位或者房屋建筑所有人应当向施工单位发出保修通知。施工单位接到保修通知后，应当到现场核查情况，在保修书约定的时间内予以保修。发生涉及结构安全或者严重影响使用功能的紧急抢修事故，施工单位接到保修通知后，应当立即到达现场抢修。发生涉及结构安全的质量缺陷，建设单位或者房屋建筑所有人应当立即向当地建设行政主管部门报告，采取安全防范措施；由原设计单位或者具有相应资质等级的设计单位提出保修方案，施工单位实施保修，原工程质量监督机构负责监督。

保修完成后，由建设单位或者房屋建筑所有人组织验收。涉及结构安全的，应当报当地建设行政主管部门备案。施工单位不按工程质量保修书约定保修的，建设单位可以另行委托其他单位保修，由原施工单位承担相应责任。

1. 房屋建筑工程的最低保修期限

（1）地基基础和主体结构工程，为设计文件规定的该工程的合理使用年限。

（2）屋面防水工程，有防水要求的卫生间、房间和外墙面的防渗漏，为5年。

（3）供热与供冷系统，为2个采暖期、供冷期。

（4）电气管线、给排水管道、设备安装，为2年。

（5）装修工程，为2年。

其他项目的保修期限由建设单位和施工单位约定。

2. 样例

工程质量保修通知书样例如图4-49所示。

工程质量保修通知书

  __××房地产开发公司__ ：

  我司承建贵单位的 _____××综合大楼_____ 工程，已于

_____ 年 _____ 月 _____日竣工验收合格，根据《中华人民共和国建筑法》

和《建设工程质量管理条例》的规定和工程承包合同的约定，将对本保修书所确定的

保修范围及期限履行保修义务。请密切合作，共同努力，完成好保修工作。

施工单位： ____(公章)____   法定代表人： _____

联 系 人： _____   电   话： _____

地   址： _____   邮   编： _____

                年 月 日

图 4-49 工程质量保修通知书

工 程 简 况

工程名称	××综合大楼工程	工程地址	
建筑面积		设计合理使用年限	50年
结构类型	框架结构	层数(高度)	
建设单位	××房地产开发公司	勘察单位	××勘察院
设计单位	××设计院	监理单位	××监理有限责任公司
施工单位	××建筑工程有限公司	开、竣工日期	年 月 日

承包主要内容：

地基与基础、主体结构、建筑屋面、建筑装饰装修、建筑给排水、建筑电气、建筑节能及施工承包合同约定的全部内容。

工程质量验收结论：

合格。

竣工时遗留问题说明：

无。

图 4-49（续）

保　修　说　明

　　根据《中华人民共和国建筑法》和《建设工程质量管理条例》的规定，建设工程自竣工验收合格之日起，在保修期内按合同承包的施工内容，由于施工原因造成的质量缺陷由本公司负责免费保修。其他原因造成的质量缺陷本公司也可履行保修，费用由责任方承担。

一、保修范围(以打"√"为准)

- ☑ 地基与基础工程

- ☑ 主体结构工程

- ☑ 地面与楼面工程

- ☑ 门窗工程

- ☑ 装修工程

- ☑ 屋面工程

- ☑ 建筑采暖卫生与煤气工程

- ☑ 建筑电气安装工程

- ☑ 通风与空调工程

- ☑ 电梯安装工程

- ☐ 其他

图 4-49（续）

二、保修期限

1. 房屋建筑的地基基础和主体结构工程，为设计文件规定的该工程的合理使用年限。

2. 屋面防水工程，有防水要求的卫生间、房间和外墙面的防渗漏，为5年。

3. 供热与供冷系统，为2个采暖期、供冷期。

4. 电气管线、给排水管道、设备安装，为2年。

5. 根据本工程特点，其他保修项目和期限当事人双方约定如下：

_____

_____

_____

国家法律、法规另有规定的，从其规定。

三、因用户使用不当或不可抗拒因素造成工程质量缺陷的和工程竣工验收后若再进行装修或改造，损伤结构、电器线路和管道所造成的质量后果，不属本公司负责保修范围。

四、工程竣工验收后，在保修期内，本公司将主动上门回访，并做好回访记录，及时保修。

五、工程竣工验收后，在保修范围和期限内，发现工程质量问题，请立即通知本公司，我们将根据反映问题的程度在 _____ 日之内到现场查看商榷保修事宜。

图 4-49（续）

同步训练 4

一、填空题

1. 建筑业企业资质分为_____、专业承包和_____三个序列。

2. 根据《关于做好房屋建筑和市政基础设施工程质量事故报告和调查处理工作的通知》（建质〔2010〕111 号），工程质量事故造成的人员伤亡或者直接经济损失，工程质量事故分为特别重大事故、_____、_____、_____4 个等级。

3. 施工组织设计按设计阶段和编制对象不同，分为施工组织总设计、_____和_____3 类。

4. 按照《建筑工程施工质量验收统一标准》（GB 50300—2013）的规定，建筑工程施工质量验收应划分为单位工程、_____、_____、_____。

5. 根据《建筑工程施工质量验收统一标准》（GB 20300—2013）的规定，单位工程的观感质量评价分为好、_____、_____3 个等级。

二、判断题

1. 施工总承包分为一、二、三级总承包。　　　　　　　　　　　　　　（　　）

2. 监理单位对分包单位资格的确认可以解除施工总承包单位应负的责任。　（　　）

3. 施工合同中已明确或经过招标确认的分包单位，可不再对分包单位资格进行报审。
　　　　　　　　　　　　　　　　　　　　　　　　　　　　　　（　　）

4. 重大事故是指造成 3 人以上 10 人以下死亡，或者 10 人以上 50 人以下重伤，或者1000 万元以上 5000 万元以下直接经济损失的事故。　　　　　　　　　（　　）

5. 根据《危险性较大的分部分项工程安全管理规定》的规定，实行施工总承包的，专项施工方案应当由施工总承包单位组织编制。　　　　　　　　　　　　（　　）

6. 对于超过一定规模的危大工程，施工单位可以不组织专家论证会对专项施工方案进行论证。　　　　　　　　　　　　　　　　　　　　　　　　　　　（　　）

7. 模板拆除时，应先支的先拆、后支的后拆，先拆非承重模板、后拆承重模板，并应从上而下进行拆除。　　　　　　　　　　　　　　　　　　　　　　（　　）

8. 分项工程应由专业监理工程师组织施工单位项目专业技术负责人等进行验收。
　　　　　　　　　　　　　　　　　　　　　　　　　　　　　　（　　）

9. 房屋建筑工程保修期从工程竣工验收合格之日起计算。　　　　　　　（　　）

10. 施工组织设计应由总监理工程师主持编制。　　　　　　　　　　　（　　）

三、单项选择题

1. 施工文件可分为（　　）类。

A. 7　　　　　　　　　B. 8　　　　　　　　　C. 9　　　　　　　　　D. 10

2. (　　) 不属于施工管理文件的内容。

    A. 工程概况表   B. 施工现场质量管理检查记录

    C. 施工日志   D. 施工组织设计

3. 施工单位组织的专家论证会要求专家符合专业要求且人数不得少于 (　　) 名。

    A. 3   B. 4   C. 5   D. 6

4. (　　) 不属于施工技术文件的内容。

    A. 图纸会审记录   B. 工程洽商记录

    C. 人、机、料动态表   D. 施工技术交底记录

5. 焊条重复烘干次数不得超过 (　　) 次,已经受潮或生锈的焊条不得再使用。

    A. 2   B. 3   C. 4   D. 5

6. 下列关于房屋建筑工程的最低保修期限说法错误的是 (　　)。

    A. 地基基础和主体结构工程,为设计文件规定的该工程的合理使用年限

    B. 屋面防水工程,有防水要求的卫生间、房间和外墙面的防渗漏,为 5 年

    C. 供热与供冷系统为 2 年

    D. 电气管线、给排水管道、设备安装为 2 年

7. 下列声像资料的拍摄内容属于工程施工阶段的是 (　　)。

    A. 工程立项

    B. 工程现场整体进展情况

    C. 工程原址、原貌及周边状况

    D. 工程竣工全貌

8. 工程施工质量验收时需要进行观感质量验收的是 (　　)。

    ①单位工程   ②分部工程   ③分项工程   ④检验批

    A. ①②   B. ②③   C. ①③   D. ②④

9. (　　) 是施工项目检查与验收的最小单位。

    A. 分项工程   B. 分部工程

    C. 检验批   D. 工序

10. 检验批的质量检查控制项目,一般由 (　　) 和一般项目组成。

    A. 主要项目   B. 主控项目

    C. 重要项目   D. 重点项目

11. 下列属于隐蔽工程的是 (　　)。

    A. 道路工程   B. 基础工程

    C. 屋面工程   D. 园林工程

12. 分项工程质量验收合格应符合分项工程所含的检验批 (　　) 合格质量的规定。

    A. 80%符合   B. 90%符合

    C. 75%符合   D. 应均符合

13. 深基坑工程开挖深度超过 (　　) 的基坑(槽)的土方开挖、支护、降水工程,施工单位应组织专家对专项方案进行论证。

    A. 5m(含 5m)   B. 3m(含 3m)

    C. 8m(含 8m)   D. 10m(含 10m)

四、案例分析

1. 某医院新建一栋综合楼，包括 1 个主楼、2 个附楼，中间有变形缝分隔。主楼为住院部，共 12 层；2 个附楼，其中一个为门诊楼，共 6 层，另一个为体检中心，共 3 层。①此项目的单位工程是什么？②可划分为哪几个子单位工程？③请说明如此划分的理由。

2. 某小区商住楼工程施工用工程材料、构配件、设备进场，施工单位对进场的原材料先进行了自检自验，确认合格后填写了工程材料报验单，连同出厂合格证、质量保证书、复试报告等一并报驻地监理工程师进行了质量认可。监理单位批复了建筑材料报审表。①承包单位提供工程材料、构配件和设备报验时必须提供哪些附件？②建筑材料报审表由哪个单位填报？

3. 某医院住院大楼工程完工，施工单位自检合格，报请监理单位组织进行了预验收。观感质量验收抽查 19 项，达到"好"和"一般"的 18 项，经返修处理符合要求的 1 项。根据背景资料，回答下列问题。

（1）（判断题）单位（子单位）工程质量竣工验收记录由监理单位负责填写。（　　）

（2）（判断题）"分部工程验收"由施工单位的项目经理组织有关人员逐个分部进行检查评定。（　　）

（3）（单选题）审查验收的分部工程全部符合要求，由监理单位在验收结论栏内填写（　　）的结论。

　　A. 情况属实　　　　　　　　　　B. 同意验收
　　C. 符合规范　　　　　　　　　　D. 好、一般、差

（4）（单选题）观感质量评价分为（　　）3 个等级。

　　A. 好、一般、差　　　　　　　　B. 优良、合格、差
　　C. 优秀、合格、差　　　　　　　D. 好、一般、不好

（5）（单选题）"综合验收结论"应由参加验收的各方共同商定，并由（　　）填写。

　　A. 施工单位　　　　　　　　　　B. 监理单位
　　C. 设计单位　　　　　　　　　　D. 建设单位

（6）（多选题）对于分部工程验收时已经进行了安全和功能性检测的项目，单位工程验收时不再重复检测，但要核查下列内容（　　）。

　　A. 单位工程验收时按规定、约定或设计要求，需进行的安全功能抽测项目是否都进行了检测，具体检测有无遗漏

　　B. 抽测的程序、方法是否符合规定

　　C. 抽测人员资质是否符合规范要求

　　D. 抽测结论是否达到设计要求及规范规定

　　E. 抽测公司资质是否符合要求

4. 某医院地基基础施工时发现基坑有部分区域分布下卧软弱层，经设计单位与勘察单位确定采用砾砂换土法处理。完成后通过了监理单位验收。平面图横向分布①～⑩轴，纵向分布Ⓐ轴～Ⓗ轴，深度平均 1.0m。施工单位：甲建筑工程公司，项目经理：张三，分包单位：乙建筑工程队，分包项目经理：李四，专业工长（施工员）：赵五，项目专业质量检查员：黄六，项目专业技术负责人：王七，施工班组长：张八，专业监理工程师：陈九。

请在表 4-2 中填写砂和砂石地基工程检验批质量验收记录。

表 4-2 砂和砂石地基检验批质量验收记录

01010201   001

单位（子单位） 工程名称			分部（子分部） 工程名称		分项工程名称	
施工单位			项目负责人		检验批容量	
分包单位			分包单位 项目负责人		检验批部位	
施工依据			《建筑地基基础工程施工规范》 （GB 51004—2015）	验收依据	《建筑地基基础工程施工质量验收 标准》（GB 50202—2018）	

验收项目			设计要求及 规范规定	最小/实际抽样 数量	检查记录	检查 结果
主控项目	1	地基承载力	不小于设计值	/	试验合格，报告编号	
	2	配合比	设计值	/	试验合格，报告编号	
	3	压实系数	不小于设计值	/	试验合格，报告编号	
一般项目	1	砂石料有机质含量（%）	≤5	12/12	抽查 12 处，合格 10 处	
	2	砂石料含泥量（%）	≤5	12/12	抽查 12 处，合格 11 处	
	3	砂石料粒径（mm）	≤50	12/12	抽查 12 处，合格 11 处	
	4	分层厚度（mm）	±50	12/12	抽查 12 处，全部合格	

施工单位 检查结果	专业工长： 项目专业质量检查员： 年　月　日
监理单位 验收结论	专业监理工程师： 年　月　日

5 单元

竣工图和竣工验收

思维导图

竣工图和竣工验收文件思维导图如图5-1所示。

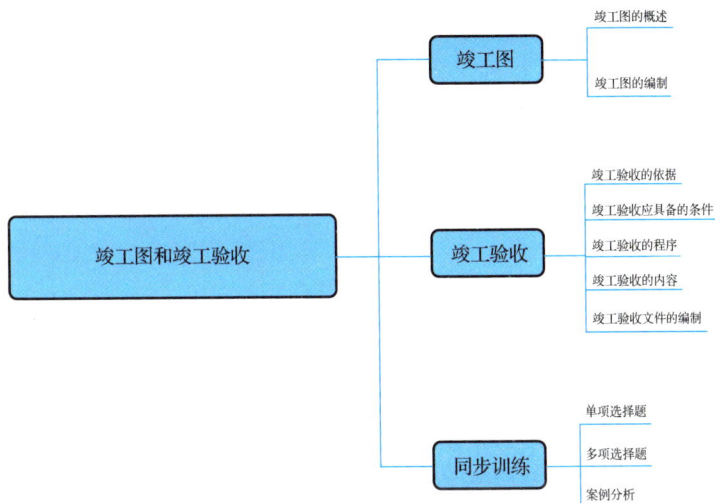

图 5-1　竣工图和竣工验收文件思维导图

学习目标

1. 知识目标

（1）了解竣工图和竣工验收文件的内容，以及竣工图的作用和编制竣工图的要求。

（2）理解工程竣工验收的程序。

（3）掌握竣工验收文件的编制方法。

2. 能力目标

（1）能够对一个工程项目的竣工图进行分类、组卷。

（2）能够整理工程项目的工程竣工文件。

3. 思政目标

（1）树立正确的学习观、价值观，积极学习新知识、新技术，自觉践行行业道德规范。

（2）树立"工程质量，百年大计"的强烈意识，严格遵守相关规范、规程、标准。

（3）培养公平公正、科学严谨、认真细致、求真务实的工作作风，养成独立思考、计划与总结的良好工作习惯。

▎课程导入

某大型剧院的工程项目，由 A 施工单位负责施工，B 监理单位负责施工阶段监理工作，建设单位为 C 单位。在全部工程完工后，进行了竣工验收，B 监理单位制定的工作流程为：竣工验收文件资料准备→申请工程竣工验收→审核竣工验收申请→签署工程竣工验收申请→组织工程验收。建设单位在工程竣工验收合格后 15 日内将有关文件资料报工程所在地的县级以上地方人民政府建设行政主管部门或其他有关部门备案。

根据上述材料分析竣工验收阶段的各流程分别由哪些单位完成。

5.1 竣工图

▎5.1.1 竣工图的概述

1. 竣工图的概念

竣工图是工程竣工后，真实反映建筑工程项目施工结果的图样。主要反映地上和地下建筑物、构筑物，以及设备、工艺管道、电气、自动化仪表等安装工程的真实情况，是工程竣工验收的必备条件，也是工程维修、管理、改建、扩建的依据。它是工程建设完成后的主要凭证材料，也是国家的重要技术档案资料之一。各项新建、改建、扩建项目均须编制竣工图。

2. 竣工图的内容

归档保存的竣工图一般分为综合图部分和单位工程竣工图部分。

综合图包括整个工程项目的总平面布置图、位置图、建筑用地范围内各种地下管线综合图、建筑群体的设计总说明书等。

单位工程竣工图包括单位工程综合图和各专业竣工图。单位工程综合图包括建筑平面布置图、室外（暖卫、燃气、给水、排水等）管线综合图、架空线路（电缆）综合图、土建专业及有关专业的设计说明等；各专业竣工图包括建筑竣工图、结构竣工图、暖卫和燃气竣工图、电气竣工图、通风和空调竣工图、电梯安装竣工图、工艺竣工图及标准图等。

3. 竣工图的作用

（1）竣工图是对工程进行交工验收、维护、改建、扩建的技术依据，是抗震、防灾、灾后恢复重建的重要保障。

（2）竣工图是城市规划、建设审批等活动的重要依据。

（3）竣工图是司法鉴定裁决的法律凭证。

（4）竣工图是工程决算的依据。

5.1.2　竣工图的编制

1. 编制竣工图的基本要求

（1）竣工图应按照单位工程并根据专业的不同，系统地进行分类和整理。

（2）凡按图施工没有变动的，由施工单位在施工图（新图）上加盖并签署竣工图章后，即可作为竣工图；引进工程应特别注意要将外商提供的最终版施工图加盖、签署竣工图章后作为竣工图。

（3）凡有一般性设计变更，在原图（新图）上修改并注明修改依据和更改日期，如设计变更通知单、施工说明等的文件编号，加盖并签署竣工图章后，即可作为竣工图。

（4）凡有结构形式、工艺、平面布置、项目等重大改变，或因其他原因造成重大修改，图面变更面积超过 1/3 的，应重新绘制竣工图。重新绘制的竣工图，仍按原图编号，末尾加注"竣"字，或在新图的图标内注明"竣工阶段"，加盖并签署竣工图章后，即可作为竣工图。

（5）编制竣工图必须编制各专业竣工图的图纸目录，凡有作废、补充、增加或修改的图纸，均应在施工图目录上标注清楚。作废的图纸在目录上划掉，补充的图纸必须在目录上列出图名和图号，并加盖竣工图章，由相关人员亲自签署姓名。

（6）竣工图的内容应真实、准确、完整、规范，修改必须到位，能够真实地反映项目竣工验收时的具体情况。另外还应保证图纸质量，做到规格统一、图面整洁、字迹清楚。

（7）工程文件的纸张应能够长期保存，且韧力大、耐久性强。图纸一般采用蓝图，竣工图应是新蓝图。图纸宜采用国家标准图幅，做到规格统一。

（8）竣工图书写应字迹工整，描绘实在，线条清晰，墨色均匀。计算机打印图必须清晰，不得使用计算机打印图的复印件作为竣工图。

（9）竣工图章或重新绘制竣工图图标的内容应填写完整，签字齐全、清楚，不得代签、盖私章或者打印签名。

（10）竣工图编制必须使用专业绘图工具、碳素墨水笔书写和绘制，不得使用其他墨水和颜色的笔绘制。

（11）大中型建设项目和城市住宅小区建设的竣工图，不得少于两套，一套移交生产使用单位保管，一套交有关主管部门或技术档案部门长期保存，关系到全国性特别重要的建设项目（如首都机场、南京长江大桥等），应增交一套给国家档案馆保存。小型建设项目的竣工图不得少于一套，移交生产使用单位保管。因编制竣工图需增加的施工图，由建设单位负责及时提供给施工单位，并在签订合同时，明确需要增加的份数。

2. 编制竣工图的分工

（1）建设项目实行总承包的各分包单位应负责编制分包范围内的竣工图，总包单位除应编制自行施工的竣工图外，还应负责汇总整理各分包单位编制的竣工图。总包单位在交工时应向建设单位提交总包范围内的各项完整、准确的竣工图。

（2）建设项目由建设单位分别包给几个施工单位承担的，各施工单位应负责编制所承包工程的竣工图，建设单位负责汇总整理。

（3）建设项目在签订承发包合同时，应明确规定竣工图的编制、检验和交接等问题。

（4）建设单位应组织、督促和协助各设计、施工单位检验各自负责的竣工图编制工作，发现有不准确或短缺的，要及时采取措施修改和补齐。

工程竣工图图例（图5-2）的基本内容应包括竣工图名称、编制单位、编制人、技术负责人、编制日期、监理单位、审核人、日期等。竣工图章的尺寸为50mm×80mm，其中竣工图一栏为15mm×80mm，其余行间距均为7mm，每列间距均为20mm。竣工图章应使用不易褪色的红印泥，应盖在图标题栏上方空白处。

某竣工图				
编制单位				
编制人	技术负责人		编制日期	
监理单位		审核人		日期

图5-2　工程竣工图图例

5.2　竣工验收

工程竣工验收指建设工程项目竣工后，建设单位会同设计、施工、设备供应单位及工程质量监督部门，对该项目是否符合规划设计要求及建筑施工和设备安装质量进行全面检验，取得竣工合格资料、数据和凭证。竣工验收是全面考核建设工作，检查是否符合设计要求和工程质量的重要环节，对促进建设项目（工程）及时投产、发挥投资效果、总结建设经验有重要作用。工程竣工验收文件包括勘察单位工程质量检查报告、设计单位工程质量检查报告、施工单位工程竣工报告、建设单位工程竣工验收报告、住宅质量保证书等。

5.2.1　竣工验收的依据

（1）上级主管部门对该项目批准的各种文件。

（2）可行性研究报告、初步设计文件及批复文件。

（3）施工图设计文件及设计变更洽商记录。

（4）国家颁布的各种标准和现行的施工质量验收规范。

（5）工程承包合同文件。

（6）技术设备说明书。

（7）从国外引进的新技术和成套设备的项目，以及中外合资建设项目，要按照签订的合同和进口国提供的设计文件等进行验收。

（8）关于工程竣工验收的其他规定。

5.2.2 竣工验收应具备的条件

建设单位在收到施工单位提交的工程竣工报告,并具备以下条件后,方可组织勘察、设计、施工、监理等单位有关人员进行竣工验收。

(1)完成了工程设计和合同约定的各项内容。

(2)施工单位在工程完工后对工程质量进行了检查,确认工程质量符合有关法律、法规和工程建设强制性标准,符合设计文件及合同要求,并提出工程竣工报告。

(3)对于委托监理的工程项目,监理单位对工程进行了质量评估,具有完整的监理文件,并形成工程质量评估报告。

(4)勘察、设计单位对勘察、设计文件及施工过程中由设计单位签署的设计变更通知书进行检查,并提出质量检查报告。质量检查报告应由该项目勘察、设计负责人和勘察、设计单位有关专业负责人审核签字。

(5)有完整的技术档案和施工管理文件,包括监理文件、施工质量保证资料、管理资料和评定资料,并符合国家城建档案业务技术的标准。

(6)有工程使用的主要建筑材料、建筑构配件和设备的进场试验报告。

(7)建设单位已按合同约定支付工程款。

(8)有施工单位签署的工程质量保修书。

(9)城乡规划行政主管部门对工程是否符合规划设计要求进行检查,并出具认可文件。

(10)有公安消防、环保等部门出具的认可文件或者准许使用文件。

(11)建设行政主管部门及委托的工程质量监督机构等有关部门责令整改的问题全部整改完毕。

5.2.3 竣工验收的程序

当工程项目满足竣工验收条件后,施工单位应在自查、自评工作完成后,填写工程竣工报验单,并将全部竣工资料报送项目监理机构,申请竣工验收。建设单位收到工程竣工报告后,应由建设单位(项目)负责人组织勘察、施工(含分包单位)、设计、监理等单位(项目)负责人和其他有关方面的专家,制定验收方案,进行单位(子单位)工程验收。

建设单位应按下列要求组织竣工验收。

(1)建设、勘察、设计、施工、监理单位分别汇报工程合同履约情况和在工程建设各个环节执行法律、法规和工程建设强制性标准的情况。

(2)审阅建设、勘察、设计、施工、监理单位的工程档案资料。

(3)实地查验工程质量。

(4)对工程勘察、设计、施工、设备安装质量和各管理环节等方面作出全面评价,形成经验收组人员签署的工程竣工验收意见。

5.2.4 竣工验收的内容

(1)检查工程是否按批准的设计文件建成,配套、辅助工程是否与主体工程同步建成。

(2)检查工程质量是否符合国家和相关设计规范及工程施工质量验收标准。

(3)检查工程设备配套及设备安装、调试情况,以及国外引进设备合同完成情况。

（4）检查概算执行情况及财务竣工决算编制情况。

（5）检查联调联试、动态检测、运行试验情况。

（6）检查环保、水保、劳动、安全、卫生、消防、防灾安全监控系统、安全防护、应急疏散通道、办公生产生活房屋等设施是否按批准的设计文件建成且合格，精测网复测是否完成，复测成果和相关资料是否移交设备管理单位，工机具、常备材料是否按设计配备到位，地质灾害整治及建筑抗震设防是否符合规定。

（7）检查工程竣工文件编制完成情况，竣工文件是否齐全、准确。

（8）检查建设用地权属来源是否合法，面积是否准确，界址是否清楚，手续是否齐备。

（9）检查工程档案是否齐全、系统、完整，全面反映工程建设活动和工程实际状况。

（10）工程档案已整理立卷，检查立卷符合本规范的规定。

（11）检查竣工图的绘制方法、图式及规格等是否符合专业技术要求，图面是否整洁且盖有竣工图章。

（12）检查文件的形成、来源是否符合实际，要求单位或个人签章的文件，其签章手续是否完备。

（13）检查文件的材质、阳面、书写、绘图、用墨、托裱等是否符合要求。

（14）检查电子档案格式、载体等是否符合要求。

（15）检查声像档案内容、质量、格式是否符合要求。

5.2.5　竣工验收文件的编制

1. 勘察单位工程质量检查报告的编制

工程竣工验收前，勘察单位应对勘察文件及变更情况进行检查，并形成工程质量检查报告。勘察单位工程质量检查报告包括以下内容。

（1）勘察文件概况（勘察内容、方法、勘察文件变更）及项目组成人员情况等。

（2）勘察报告审查意见及落实情况。

（3）参加工程验收及签证情况。

（4）勘察文件质量检查意见。

2. 设计单位工程质量检查报告的编制

工程竣工前，设计单位应对设计文件及设计变更进行检查，并形成工程质量检查报告。设计单位工程质量检查报告包括以下内容。

（1）工程设计概况及设计项目组成人员情况。

（2）施工图审查意见及落实情况。

（3）图纸会审、设计变更情况。

（4）参加工程验收及签证情况。

（5）设计文件质量检查意见。

3. 施工单位工程竣工报告的编制

工程预验收后、工程竣工验收前，施工单位项目负责人组织人员填写工程竣工报告（图4-44），由监理、建设单位项目负责人审核签认。

4. 建设单位工程竣工验收报告的编制

工程竣工验收合格后，建设单位应当及时提出工程竣工验收报告，并向建设行政主管部门或其委托的备案机关报送。

1）工程竣工验收报告内容

（1）工程概况及工程项目组成情况。

（2）工程内容及施工质量情况。

（3）建设单位执行基本建设程序情况。

（4）工程竣工验收时间、地点、程序、内容和组织形式。

（5）竣工验收组对工程勘察、设计、施工、监理等方面的评价。

（6）竣工验收组签署的工程竣工验收意见。

2）工程竣工验收报告附件

（1）施工许可证。

（2）施工图设计文件审查意见。

（3）施工单位在工程完工，确认工程质量符合有关法律、法规和工程建设强制性标准，符合设计文件及合同要求后，出具的工程竣工报告。

（4）对于委托监理的工程项目，监理单位对工程进行质量评估，确认具有完整的监理文件后，出具的工程质量评估报告。

（5）勘察、设计单位对勘察、设计文件及施工过程中由设计单位签署的设计变更通知书进行检查，确认符合相关规定后，出具的质量检查报告。

（6）规划行政主管部门对工程进行检查，确认符合规划设计要求后，出具的认可文件。

（7）有公安、消防、环保等部门出具的认可文件或者准许使用文件。

（8）市政基础设施工程应附有质量检测和功能性试验材料。

（9）施工单位签署的工程质量保修书。

（10）法律、法规、规章规定的其他有关文件。

5. 住宅质量保证书的编制

住宅质量保证书是房地产开发商将新建成的房屋出售给购买人时，针对房屋质量向购买者作出承诺保证的书面文件，具有法律效力，开发商应依据住宅质量保证书约定的房屋质量标准承担维修、补修的责任。

鉴于房屋的特殊属性，为了维护购房者的合法权益，国家对住宅质量进行了专项规定，要求开发商建造的房屋必须达到一定的标准，并要求开发商承担一定期限的保修责任。

房屋保修的事项通常应该由开发商负责，开发商委托物业管理公司等其他单位负责保修事宜的，必须在住宅质量保证书中对所委托的单位予以明示，保证购房者权益获得实际保护。

房地产开发企业应当在商品房交付使用时向购买人提供住宅质量保证书和住宅使用说明书。住宅质量保证书是房地产开发企业对所售商品房承担质量责任的法律文件，其中应当列明工程质量等级、保修范围、保修期和保修单位等内容。开发商应当按约定承担保修责任。

开发商在住宅质量保证书上注明的保修内容和保修期限不得低于国家规定。保修期从开发商将房屋交付给购房者之日起算。在办理房屋交付和验收手续时，必须有购房者对房屋设施设备正常使用的签字确认。

房屋在保修期内出现质量问题，如因保修单位维修导致房屋使用功能受到影响，或因主体结构质量不合格给购买人造成损失的，根据住宅质量保证书，开发商应承担赔偿责任。购买人认为主体结构质量不合格的，可以向住宅质量保证书中注明的工程质量监督单位申请重新核验，经核验确属不合格的，购买人有权退房。

同步训练 *5*

一、单项选择题

1. 工程竣工图及其他竣工文件应在（　　　）。
    A. 工程竣工半年后归档　　　　　　　　B. 工程竣工一年后归档
    C. 工程竣工并经验收合格后归档　　　　D. 工程竣工验收前归档

2. 竣工图应依据施工图、（　　　）、设计变更通知单、工程洽商记录（包括技术核定单）等绘制。
    A. 用地蓝线　　　　　　　　　　　　　B. 图纸会审记录
    C. 合同协议文件　　　　　　　　　　　D. 业主变更指示

3. 在工程竣工验收以后绘制的能够全面真实地反映建设工程项目施工结果的图样，称为（　　　）。
    A. 存档图纸　　　B. 竣工图　　　　C. 内业资料　　　　D. 施工图

4. （　　　）应组织竣工图的绘制、组卷工作。
    A. 建设单位　　　B. 施工单位　　　C. 监理单位　　　　D. 设计单位

5. 工程竣工验收后，工程档案须经城建档案管理机构（　　　），不合格的应由城建档案管理机构责成建设单位重新进行编制，符合要求后重新报送，直到符合要求为止。
    A. 鉴定　　　　　B. 验收　　　　　C. 检查　　　　　D. 评审

6. 建设工程竣工图必须是（　　　）。
    A. 使用后的施工图　B. 复印图　　　C. 新蓝图　　　　D. 初设图

7. 竣工图目录按（　　　）分别绘制。
    A. 形成时间　　　B. 大小　　　　C. 设计单号　　　　D. 专业

8. 利用施工图（蓝图）修改、绘制竣工图时，必须有的编制依据是（　　　）。
    A. 设计变更记录　　　　　　　　　　　B. 技术变更记录
    C. 设计单位提供的施工图　　　　　　　D. 修改依据

9. 竣工图必须（　　　）及时绘制。
    A. 随工程进度　　　　　　　　　　　　B. 在开工后
    C. 在完工后　　　　　　　　　　　　　D. 随工程开工

二、多项选择题

1．竣工图应按专业、系统进行整理，包括的内容有（　　）。

　　A．总平面布置图、位置图、建筑用地范围内各种地下管线综合图

　　B．结构竣工图、电气竣工图

　　C．通风和空调竣工图

　　D．地基基础图

2．凡由设计院编制的竣工图，其设计图签中必须明确竣工阶段，并由（　　）在设计图签中签字。

　　A．绘制人　　　　　　　　　　　B．技术负责人

　　C．项目经理　　　　　　　　　　D．总监理工程师

3．竣工图必须具有（　　）的特征。

　　A．客观性　　　　　　　　　　　B．原始性

　　C．记录性　　　　　　　　　　　D．准确性

三、案例分析

1．某大楼装饰工程的施工内容包括室内精装修、水电安装、外立面改造等。按照施工合同要求，施工单位在工程交工验收时，必须提交完整的竣工档案。根据背景资料，解答下列问题。

（1）（判断题）该装饰工程可以按各楼层来绘制装饰竣工图。（　　）

（2）（判断题）施工单位完成竣工图的编制套数应以双方施工合同约定为准，如果没有约定，则可只绘制一套竣工图。（　　）

（3）（单选题）该工程可以采用（　　）进行竣工图的绘制。

　　A．修改底图法　　　　　　　　　B．重新绘制法

　　C．盖竣工图章　　　　　　　　　D．绘制竣工图标

（4）（单选题）按照竣工图编制依据的内容，工程施工过程中可以收集形成的竣工图编制依据有（　　）。

　　A．设计变更记录　　　　　　　　B．施工合同

　　C．施工技术交底　　　　　　　　D．专项施工方案

（5）（单选题）根据竣工图的编制内容，装饰竣工图的第一张图纸应该是（　　）。

　　A．一层平面竣工图　　　　　　　B．排水竣工图

　　C．竣工图说明　　　　　　　　　D．装饰竣工图目录

（6）（多选题）该工程需要绘制的竣工图包括（　　）。

　　A．装饰竣工图　　　　　　　　　B．给排水竣工图

　　C．电气竣工图　　　　　　　　　D．消防竣工图

　　E．总平面竣工图

2．某建设单位拟修建一栋单体住宅楼，建筑面积为 1.8 万 m^2，共 33 层（99m）。按照施工合同要求，施工单位在工程交工验收时，必须提交 4 套完整的竣工档案。目前该工程已经完成基础、主体分部的施工内容，装饰、给排水、电气分部正在施工中。根据背景资料，解答下列问题。

（1）（判断题）施工单位应在施工过程中随工程进度进行竣工图的编制。（　　　）

（2）（判断题）竣工图是工程交工验收的必备条件之一。（　　　）

（3）（单选题）施工单位应完成竣工图的编制套数为（　　　）。

  A．1 套   B．至少 2 套

  C．3 套   D．4 套

（4）（单选题）根据竣工图编制依据的介绍，该工程施工准备阶段可以收集形成的竣工图编制依据有（　　　）。

  A．施工图   B．施工合同

  C．施工组织设计   D．专项施工方案

（5）（单选题）按照竣工图的编制方法，该工程现阶段可以按照重新绘制法形成的竣工图是（　　　）。

  A．建筑竣工图   B．结构竣工图

  C．主体结构竣工图   D．基础竣工图

（6）（多选题）该工程现阶段可以绘制的竣工图包括（　　　）。

  A．基础平面竣工图   B．主体结构竣工图

  C．基础剖面竣工图   D．基础大样竣工图

  E．结构竣工图

6 单元

工程竣工验收备案与档案移交

思维导图

工程竣工验收备案与档案移交思维导图如图 6-1 所示。

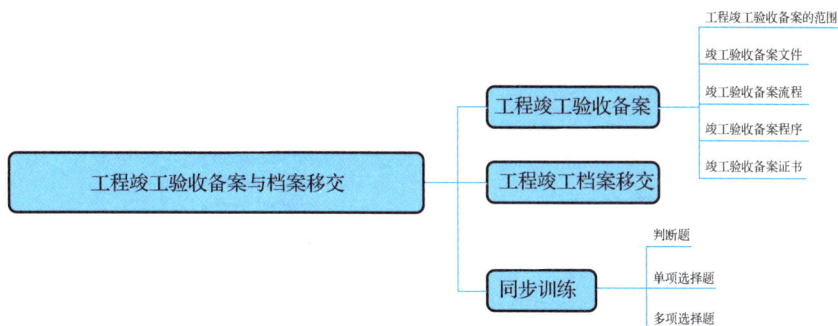

图 6-1　工程竣工验收备案与档案移交思维导图

学习目标

1．知识目标

（1）了解竣工验收备案程序。

（2）理解竣工验收备案文件。

（3）掌握档案移交的顺序。

2．能力目标

（1）能够对建筑工程档案进行移交。

（2）能够整理竣工验收备案文件。

3．思政目标

（1）树立正确的学习观、价值观，积极学习新知识、新技术，自觉践行行业道德规范。

（2）树立"工程质量，百年大计"的强烈意识，严格遵守相关规范、规程、标准。

（3）培养公平公正、科学严谨、认真细致、求真务实的工作作风，养成独立思考、计划与总结的良好工作习惯。

▌课程导入

某大型剧院的工程项目，由 A 施工单位负责施工，B 监理单位负责施工阶段监理工作，建设单位为 C 单位。该工程完工后，进行了竣工验收，B 监理单位制定的工作流程为：准备竣工验收文件资料→申请工程竣工验收→审核竣工验收申请→签署工程竣工验收申请→组织工程验收。建设单位在工程竣工验收合格后 15 日内，将有关文件资料报工程所在地的县级以上地方人民政府建设行政主管部门或其他有关部门备案。根据上述材料分析工程竣工验收备案应提交哪些文件？

6.1 工程竣工验收备案

根据《房屋建筑和市政基础设施工程竣工验收备案管理办法》第四条，建设单位应当自工程竣工验收合格之日起 15 日内，依照本办法规定，向工程所在地的县级以上地方人民政府建设行政主管部门备案。工程竣工验收备案不免除参建各方的质量责任，而是对工程建设参建各方质量行为进行规范化、制度化约束的强制性控制手段。

6.1.1 工程竣工验收备案的范围

凡在中华人民共和国境内新建、扩建、改建各类房屋建筑和市政基础设施的工程的竣工验收，均应按有关规定进行备案。抢险救灾工程、临时性房屋建筑工程和农民自建低层住宅工程，暂不列入此备案范围。军用房屋建筑工程竣工验收备案，按照中央军事委员会的有关规定执行。

国务院建设行政主管部门和有关专业部门负责全国工程竣工验收的监督管理工作，县级以上地方人民政府建设行政主管部门负责本行政区域内工程的竣工验收备案管理工作。

6.1.2 竣工验收备案文件

建设单位办理工程竣工验收备案应当提交下列文件。

（1）工程竣工验收备案表。

（2）工程竣工验收报告。工程竣工验收报告应当包括工程报建日期，施工许可证号，施工图设计文件审查意见，勘察、设计、施工、工程监理等单位分别签署的质量合格文件和验收人员签署的竣工验收原始文件，市政基础设施的有关质量检测和功能性试验资料，以及备案机关认为需要提供的有关资料。

（3）法律、行政法规规定应当由规划、环保等部门出具的认可文件或者准许使用文件。

（4）法律规定应当由公安消防部门出具的对大型的人员密集场所和其他特殊建设工程验收合格的证明文件。

（5）施工单位签署的工程质量保修书。

（6）法规、规章规定必须提供的其他文件。

（7）住宅工程提交的住宅质量保证书和住宅使用说明书。

▌6.1.3　竣工验收备案流程

竣工验收备案流程如图 6-2 所示。

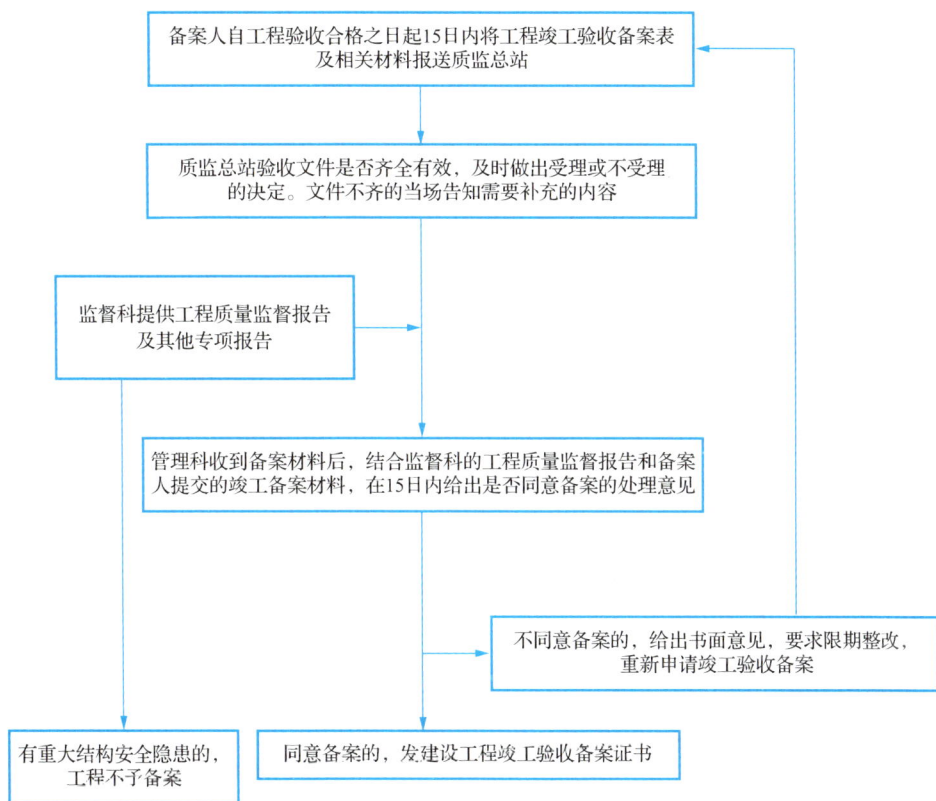

图 6-2　竣工验收备案流程

▌6.1.4　竣工验收备案程序

（1）施工单位自检合格，并且符合房屋建筑和市政基础设施工程竣工验收规定的要求后，方可进行竣工验收。

（2）由施工单位在工程完工后向建设单位提交工程竣工报告，申请竣工验收，并由总监理工程师签署意见。

（3）对符合竣工验收要求的工程，建设单位负责组织勘察、设计、监理等单位组成的专家组实施验收。

（4）建设单位必须在竣工验收 7 个工作日前将验收的时间、地点及专家组人员名单书面通知负责监督该工程的工程质量监督机构。

（5）工程竣工验收合格之日起 15 个工作日内，建设单位应及时提出竣工验收报告，向工程所在地县级以上地方人民政府建设行政主管部门及备案机关备案。

（6）工程质量监督机构应在竣工验收之日起 5 个工作日内，向备案机关提交工程质量监督报告。

（7）备案机关在验证竣工验收备案文件齐全后，在竣工验收备案表上签署验收备案意见并签章。竣工验收备案表一式两份，一份由建设单位保存，另一份留备案机关存档。

备案机关发现建设单位在竣工验收过程中有违反国家有关建设工程质量管理规定行为的，应当在收讫竣工验收备案文件 15 日内，责令停止使用，重新组织竣工验收。备案机关决定重新组织竣工验收并责令停止使用的工程，建设单位在备案之前已投入使用或者建设单位擅自继续使用造成使用人损失的，由建设单位依法承担赔偿责任。

建设单位在工程竣工验收合格之日起 15 日内未办理工程竣工验收备案的，备案机关责令限期改正，处 20 万元以上 30 万元以下罚款。建设单位采用虚假证明文件办理工程竣工验收备案的，工程竣工验收无效，备案机关责令停止使用，重新组织竣工验收，处 20 万元以上 50 万元以下罚款；构成犯罪的，依法追究刑事责任。

6.1.5 竣工验收备案证书

建筑工程竣工经验收合格后，方可交付使用。依据有关规定，我国房屋经过验收和验收合格的标志是取得建筑工程竣工验收备案证。

根据《关于加强住宅工程质量管理的若干意见》（建质〔2004〕18 号）的规定：各地建设行政主管部门要加强对住宅工程竣工验收备案工作的管理，将竣工验收备案情况及时向社会公布；单体住宅工程未经竣工验收备案的，不得进行住宅小区的综合验收；住宅工程经竣工验收备案后，方可办理产权证。

6.2 工程档案移交

根据《建设工程文件归档规范（2019 年版）》（GB/T 50328—2014）的规定，对列入城建档案管理机构接收范围的工程，工程竣工验收备案前，应向当地城建档案管理机构移交一套符合规定的工程档案。

停建、缓建建设工程的档案，可暂由建设单位保管。

对改建、扩建和维修工程，建设单位应组织设计、施工单位对改变部位据实编制新的工程档案，并应在工程竣工验收备案前向城建档案管理机构移交。

当建设单位向城建档案管理机构移交工程档案时，应提交移交案卷目录，办理移交手续，双方签字、盖章后方可交接。

工程档案移交应符合下列规定，移交顺序如图 6-3 所示。

（1）施工单位应向建设单位移交施工文件。

（2）实行施工总承包的，各专业承包单位应向施工总承包单位移交施工文件。

（3）监理单位应向建设单位移交监理文件。

（4）工程档案移交时应及时办理相关移交手续，填写工程档案移交书、移交目录。

（5）建设单位应按国家有关法规和标准的规定向城建档案管理部门移交工程档案，并办理相关手续。

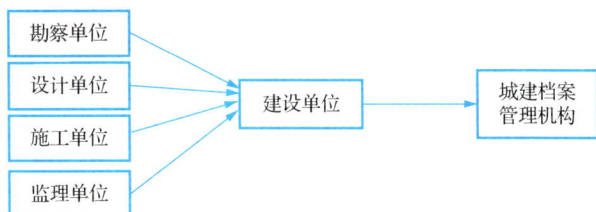

图 6-3　工程档案移交顺序

同步训练 6

一、判断题

1. 建设单位应负责向城建档案管理机构移交工程档案。　　　　　　　　　　（　　）

2. 单位工程质量验收合格后，建设单位应在规定时间内将工程竣工验收报告和有关文件报建设行政管理部门备案。　　　　　　　　　　　　　　　　　　　　　　（　　）

3. 工程竣工验收备案不免除参建各方的质量责任。　　　　　　　　　　　（　　）

4. 建设单位采用虚假证明文件办理工程竣工验收备案的，工程竣工验收无效，应重新组织竣工验收。　　　　　　　　　　　　　　　　　　　　　　　　　　　（　　）

5. 单体住宅工程未经竣工验收备案的，不得进行住宅小区的综合验收。　　（　　）

6. 住宅工程经竣工验收备案前，可办理产权证。　　　　　　　　　　　　（　　）

二、单项选择题

1. 应在竣工验收后（　　）日内办理竣工验收备案。
　　A．10　　　　　　　　B．15　　　　　　　　C．20　　　　　　　　D．30

2. 对改建、扩建和维修工程，建设单位应当组织设计、施工单位对改变部位据实编制新的工程档案，并应在工程（　　）向城建档案管理机构移交。
　　A．竣工验收后 2 个月　　　　　　　　B．竣工验收后 3 个月
　　C．竣工验收备案前　　　　　　　　　D．竣工验收备案后

3. 勘察、设计单位应做好工程文件的形成、积累和立卷归档工作，并将本单位形成的工程档案向（　　）移交。
　　A．城建档案管理机构　　　　　　　　B．施工单位
　　C．建设单位　　　　　　　　　　　　D．监理单位

三、多项选择题

1. （　　　）应按有关规定进行备案。
   - A. 抢险救灾工程
   - B. 新建市政基础设施
   - C. 临时性房屋建筑工程
   - D. 扩建房屋建筑工程
   - E. 农民自建低层住宅工程

2. 下列说法正确的是（　　　）。
   - A. 施工单位应向监理单位移交施工文件
   - B. 分包单位应向建设单位移交分包资料
   - C. 监理单位应向建设单位移交监理文件
   - D. 勘察单位应向监理单位移交勘察资料
   - E. 设计单位应向建设单位移交设计资料

3. 建设单位办理工程竣工验收备案应当提交（　　　）。
   - A. 工程竣工验收备案表
   - B. 工程质量保修书
   - C. 中标通知书
   - D. 建设工程监理合同
   - E. 工程竣工验收报告

7 单元

建筑工程资料管理软件应用

思维导图

建筑工程资料管理软件应用思维导图如图 7-1 所示。

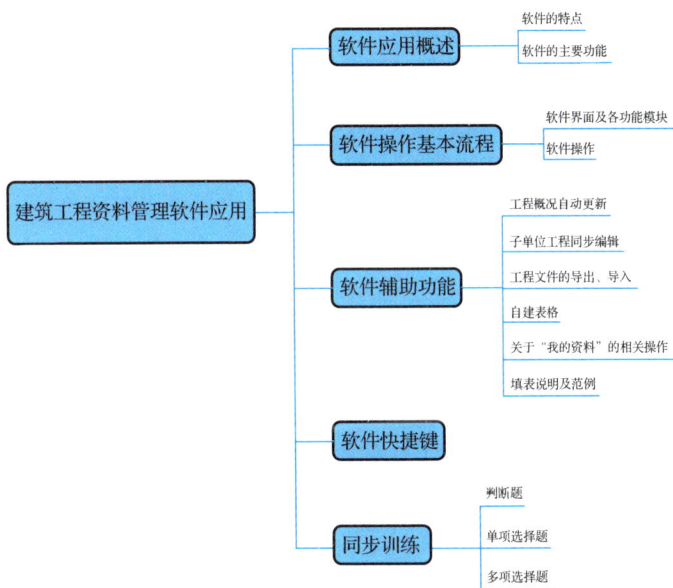

图 7-1　建筑工程资料管理软件应用思维导图

学习目标

1. 知识目标

（1）了解品茗施工文件管理软件的特点和主要功能。

（2）掌握品茗施工文件管理软件的基本操作。

2. 能力目标

能够利用软件编制工程资料。

3. 思政目标

（1）树立正确的学习观、价值观，积极学习新知识、新技术，自觉践行行业道德规范。

（2）树立"工程质量，百年大计"的强烈意识，严格遵守相关规范、规程、标准。

（3）培养公平公正、科学严谨、认真细致、求真务实的工作作风，养成独立思考、计划与总结的良好工作习惯。

课程导入

信息化时代的到来，使建筑工程项目管理变得更便捷、高效、可控，建筑工程资料管理软件应用是资料员必须掌握的一门技术，通过对资料管理软件的学习，应能够完成建筑工程全过程的资料填写工作。

7.1 软件应用概述

施工文件的制作与管理是工程管理工作的重要组成部分。施工文件是工程建设及竣工验收的必备条件，也是对工程进行检查、维护、管理、使用、改建和扩建的原始依据。任何一项工程，如果施工文件不符合标准规定，则判定该项工程不合格，对工程质量具有否决权。

然而，当前整个建筑行业中施工资料的制作与管理环节比较薄弱：填制手段落后，效率低下；书写工具不符合要求，字迹模糊；资料管理混乱，漏填、丢失现象严重。目前，施工文件的制作与管理无法满足建筑工程档案整理办法的基本要求，而且制约了施工企业的进一步发展。

为更好服务建筑行业，针对"施工文件的制作与管理"这一相对薄弱的环节，杭州品茗安控信息技术有限公司研制开发了品茗施工文件管理软件。该软件改变了过去落后的手工资料填制方式，极大地提高了资料员的工作效率，并且制作的资料样式美观，归档规范。该软件是依据最新国家/地方标准编制的施工文件编写管理软件，包含多个专业模块的资料内容，因地区制宜，每个地区都有对应的软件版本，让施工文件管理更专业、高效。

7.1.1 软件的特点

品茗施工文件管理软件的特点有：便捷的工程概况输入、焕然一新的操作界面、更具人性化的操作流程、智能自动创建关联表格、多个子单位同步编辑、数据表格实时刷新汇总、多专业表格同一工程编辑、试块送检智能提醒、成果输出智能打印、检验批容量自动关联抽样数量、检验批容量多样性匹配计算、原始记录自动生成。

7.1.2 软件的主要功能

品茗施工文件管理软件的主要功能如表 7-1 所示。

表 7-1　功能介绍

功能	功能说明
关联填表	自动关联导入工程概况信息，可在工程概况信息中进行编辑，直接修改工程概况内容
自动计算	所有包含计算的表格，用户只需填写基础数据，软件会根据用户定义的计算公式自动计算
查找替换	工程通用信息可用该功能统一指定替换
自动生成分部、分项表格	根据检验批表格自动生成分部和分项表
导入、导出	表格可以在不同工程之间相互导入、移动，也可将所填表格导出为文本、Excel、PDF 格式，或者将 Excel、Word 和文本文件批量导入文件夹
自动编号	自动填写表格编号，对当前模板下已编号的表格，可以重新编号
排序功能	上下移动：调整客户建立表格的顺序 左右移动：改变表格的从属关系 随意移动：可将创建完成的表格随意拖动
智能评定	软件可根据用户填入的实测数据进行智能评定，并给出评定结果
表格套打	对于有特殊需要的客户，软件提供了表格套打功能
表格自动打印	表格填写完成后，可以批量打印整个工程表格，也可以按照编制日期进行分批打印，按需要进行打印设置
汇总组卷	自动进行分项、分部（子分部）单位工程汇总统计，自动生成有关参建各方及城建档案管理机构所需案卷
图形插入	可以自由插入不同格式的图片文件，也可以插入不同版本的 CAD 工程矢量图，还可以直接调入 CAD 软件，对图形进行截图插入
专家评语模板	质量验收专家组编制表格填写规范结论，减少手动表格填写工作量，保障表格填写符合规范要求
盖章、电子签名	根据当地规范设置盖章、电子签名，可实现电子存档
数据自动保存及备份	软件可自动保存用户所填数据，也可自动备份工程，同时可以人工备份确保数据不丢失
附件管理	工程中的所有附件可以利用该功能进行统一管理
用户权限管理	根据规范要求可实现表格填写权限的全面分配，保障软件使用安全
回收站	表格误删时，可以从回收站轻松找回

7.2　软件操作基本流程

7.2.1　软件界面及各功能模块

软件安装成功之后，桌面上会生成快捷方式图标，双击该图标，即可启动品茗施工文件管理软件。

软件界面介绍

1. 主工具栏

主工具栏如图 7-2 所示，各按钮功能如下。

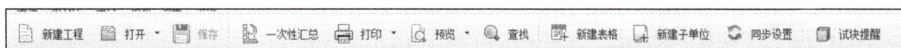

图 7-2　主工具栏

（1）新建工程：为工程进行新建的第一步操作。

（2）打开：可以打开移动设备及计算机其他位置保存的工程，也可以利用下拉菜单中相关选项中直接切换。

（3）保存：在编辑表格的过程中，可以随时单击"保存"按钮对输入内容进行保存。

（4）一次性汇总：将分部（子分部）、分项等信息统计到相应汇总表中，并补全误删的汇总表。

（5）打印：可以批量打印整个工程表格，也可以按照编制日期进行分批打印。

（6）预览：表格打印前预览及套打预览。

（7）查找：对工程或模板中的表格进行查找、替换、定位。

（8）新建表格：该新建表格界面中包括整个模板的所有节点。

（9）新建子单位：当有多个单位工程时，可以通过该按钮来增加单位工程以实现同步。

（10）同步设置：设置工程是否同步。

（11）试块提醒：记录混凝土试块浇筑信息，智能提醒送检，同条件可自动累计试块温度，支持列表打印。

2. 编辑工具栏

编辑工具栏第一行如图 7-3 所示。各图标名称从左到右依次为撤销、恢复、字体设置、字体大小设置、粗体、斜体、下划线、水平居左、水平居中、水平居右、垂直居上、垂直居中、垂直居下、自动适应单元格大小、画线类型、画线工具、橡皮擦、插入行、插入列、追加行、追加列、删除行、删除列、行组合、列组合、合并及拆分单元格、格式刷、画删除线。

试块提醒

图 7-3　编辑工具栏第一行

编辑工具栏第二行如图 7-4 所示，各图标名称及功能如下。

图 7-4　编辑工具栏第二行

（1）原始记录：生成原始记录附表。

（2）生成学习数据：随机生成数据，并可设置数据生成方式。

（3）评语库：包含各种常见评语。

（4）评定：包括施工单位评定、监理单位评定和评定设置 3 个选项。

（5）混凝土评定：将同一强度登记混凝土试块报告数据输入后，软件自动进行混凝土/砂浆强度评定。

（6）变量设置：设置实测项目的变量允许值，以便进行评定。

（7）签名：由非重复性的 32 位字符组成的标识（采用数字签名技术内核算法，具有极高的安全性）构成电子签名系统。

（8）特殊字符：提供所需的工程专业特殊字符。

（9）设置日期：选择资料所需的日期及日期格式。

（10）标记符号：对表中数据进行标记。

（11）插入图片：可插入不同格式的图片和 CAD 矢量图形。

（12）自动适应纸张大小：编辑完的资料根据内容自动调整，以适应打印纸张的大小。

（13）单元格锁定及解锁：单元格锁定后无法再进行修改，若需要修改则需再次单击该按钮进行编辑。

（14）拆行显示：使单元格的内容根据单元格大小分成多行显示。

（15）显示网格线：显示单元格边框网格。

（16）填表说明及范例：查看填表说明及范例，范例可直接复制进表格（暂时只用于部分建筑专业）。

3．工程菜单栏

1）"工程"下拉菜单

"工程"下拉菜单如图 7-5 所示，其中各选项功能如下。

图 7-5　"工程"下拉菜单

（1）新建工程：该选项可为创建工程提供不同模板。

（2）打开：可以打开保存在不同目录、不同存储设备中的工程文件。

（3）保存：可以批量保存当前正在编辑的所有表格。

（4）导出：将当前工程导出存储在不同目录或不同的存储设备中，可用于工程备份。

（5）导入：将已导出的工程重新加载到软件中。

（6）备份：对当前操作工程状态进行备份。

（7）恢复：对备份过的工程进行恢复。

（8）设置工程密码：修改当前工程密码；未设置密码需加密的，初始密码为空；已设密码需取消加密的，修改密码设为空即可。

（9）退出：退出本系统。

2）"素材库"下拉菜单

"素材库"下拉菜单如图 7-6 所示，其中各选项功能如下。

（1）下载文档：链接到逗逗网，可下载规范、图集、交底、表格示例、培训课件等相关资料。

（2）查看已下载：查看本地已下载的素材。

图 7-6　"素材库"下拉菜单

3）"工具"下拉菜单

"工具"下拉菜单如图 7-7 所示，其中各选项功能如下。

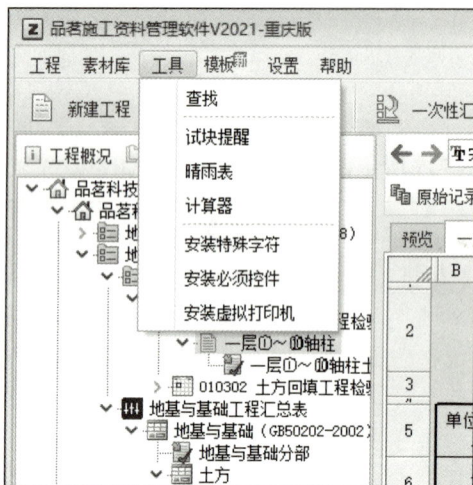

图 7-7　"工具"下拉菜单

（1）查找：对工程或模板中的表格进行查找、定位（关键字列表式搜索）。

（2）试块提醒：记录混凝土试块浇筑信息，智能提醒送检，同条件可自动累计试块温度，支持列表打印。

（3）晴雨表：自动生成当天的气象信息，并且可以打印当月的气象信息（Word 格式）。

（4）计算器：满足基本的计算需求。

（5）安装特殊字符：特殊字符异常时，可用此修复。

（6）安装必须控件：再次注册核心控件。

（7）安装虚拟打印机：无法正常导出 PDF 文件时，可用此修复。

4）"模板"下拉菜单

"模板"下拉菜单如图 7-8 所示。

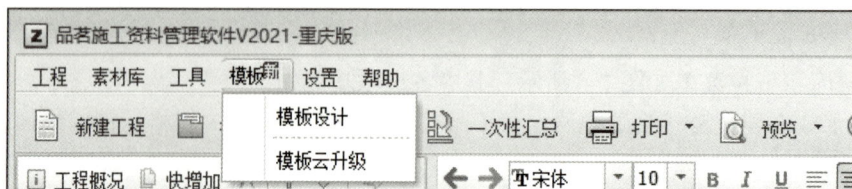

图 7-8　"模板"下拉菜单

（1）选择"模板设计"选项进入"模板设计"界面，如图 7-9 所示，其中各选项功能如下。

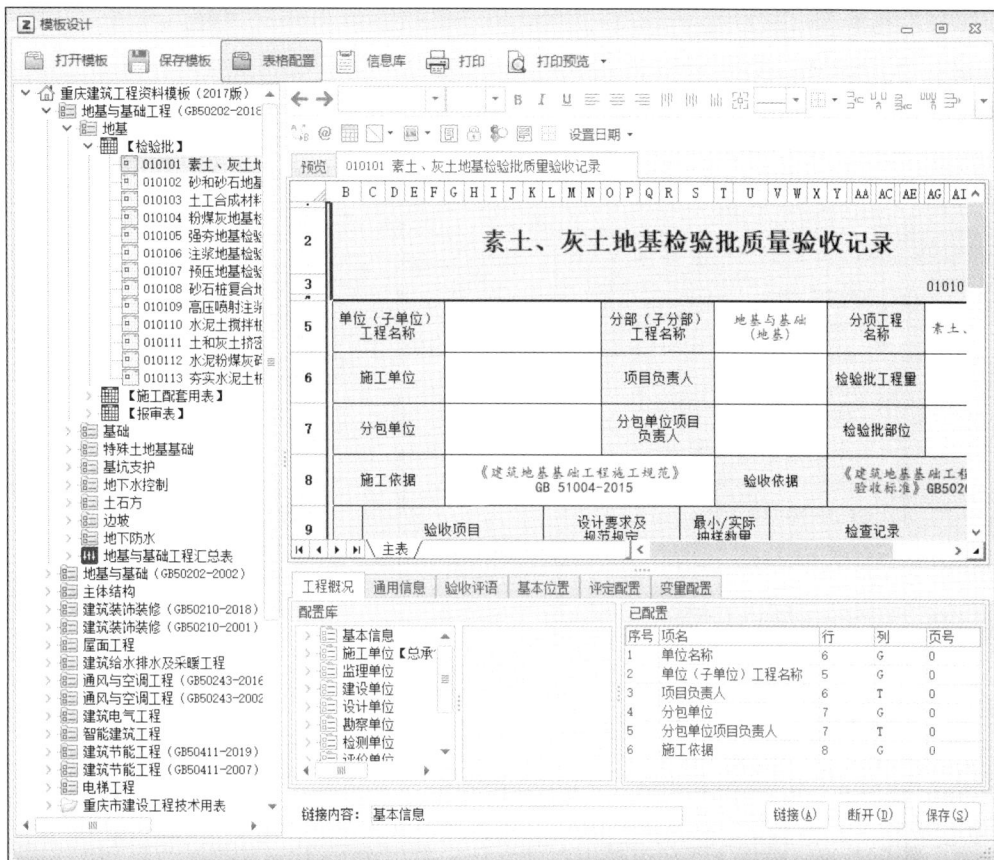

图 7-9　"模板设计"界面

① 打开模板：打开当前安装目录下所选专业模板。

② 保存模板：对当前模板中正在编辑的表格进行批量保存。

③ 表格配置：对打开的模板表格进行编辑、修改、配置。

④ 信息库：允许用户对当前模板的工程概况信息库进行添加、修改、删除等操作。

⑤ 打印、打印预览：打印（预览）模板样表。

（2）模板云升级：软件中涉及的模板有更新时，可自行检测提醒进行升级。

5）"设置"下拉菜单

"设置"下拉菜单如图 7-10 所示，其中各选项功能如下。

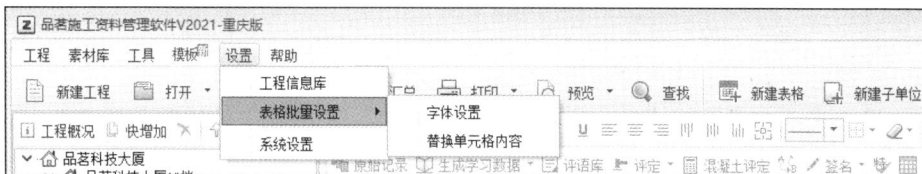

图 7-10　"设置"下拉菜单

（1）工程信息库：可以更改及添加信息库中的内容。

（2）表格批量设置：可以对表格中的内容的字体及对齐方式进行设置，也可以对表格内容进行批量替换。

（3）系统设置："系统设置"界面如图 7-11 所示，用户可根据自己的操作习惯来进行设置。

6）"帮助"下拉菜单

"帮助"下拉菜单如图 7-12 所示。

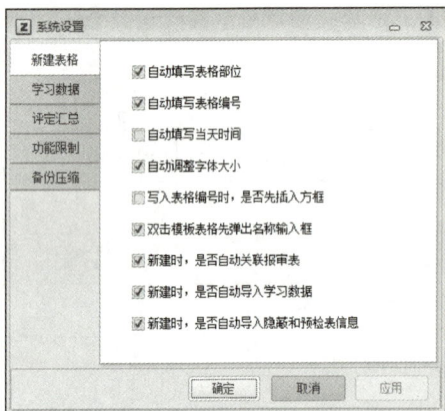

图 7-11　"系统设置"界面

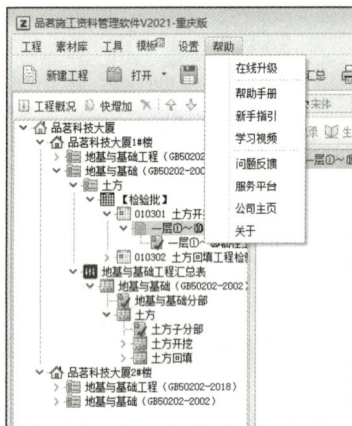

图 7-12　"帮助"下拉菜单

其中各选项功能如下。

（1）在线升级：在联网状态下，如果版本有更新，使用"在线升级"选项可升至最新版本。

（2）帮助手册：选择该选项可弹出帮助文档，也可按 F1 快捷键弹出。

（3）新手指引：指引新用户新建、编辑工程。

（4）问题反馈：提供一个直接反馈问题的渠道，将用户问题直接发送到品茗逗逗服务网上。

（5）服务平台：访问品茗逗逗用户中心，提供信息共享、问题反馈等服务。

（6）公司主页：访问品茗公司网站。

（7）关于：查看当前版本信息。

7）工具目录操作栏

工具目录操作栏如图 7-13 所示，其中各选项功能如下。

（1）工程概况：对当前工程概况进行更新（可单独更新子单位信息）。

（2）快增加：对检验批类表格进行批量复制。

（3）删除：删除工程目录中的节点。

（4）上移、下移：跟节点移动功能类似，对表格的排列顺序进行调整。

（5）报审表：在不同形式的报审表之间进行切换，可通过依次选择"设置"→"系统设置"→"功能限制"选项进行设置。

8）右键菜单

右键菜单包括目录树右键菜单和表格编辑右键菜单。

（1）目录树右键菜单如图 7-14 所示，其中各选项功能如下。

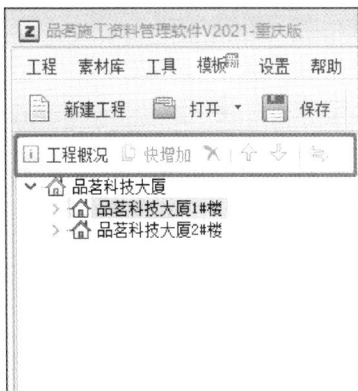

图 7-13　工具目录操作栏

图 7-14　目录树右键菜单

① 查找：在工程目录中进行关键字查找。

② 新建表格：创建新的表格。

③ 添加到我的资料：可以对检验批的表格进行再利用，避免反复填写。

④ 自建表格：用户可以新建 Word 或 cell 类型的表格，并进行编辑。

⑤ 一次性汇总：可以将做好的检验批汇总在对应的分部分项工程中。

⑥ 重命名：对当前选中节点的名称进行修改，包括工程名称及下属所有节点的名称。

⑦ 编号排序：当节点移动后，使用该选项可以对移动后的所有节点重新按顺序编号。

⑧ 删除：对节点进行删除。

⑨ 展开：将该节点下包含的所有子节点表格完全展开。

⑩ 折叠：将该节点下包含的所有子节点表格收拢。

⑪ 导入文件：在工程任意节点下都可以导入 Word、Excel 等文件。

⑫ 导出文件：导出文件类型有 cell、xls、pdf 格式。

⑬ 节点属性：查看当前节点属于哪种类型的表格。

导出文件

（2）表格编辑右键菜单如图 7-15 所示，其中各选项功能如下。

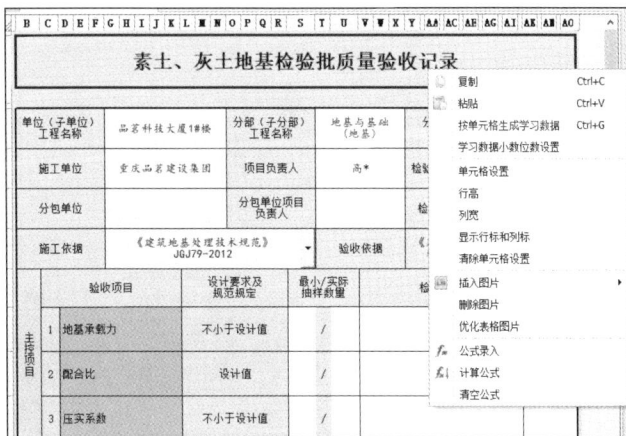

图 7-15　表格编辑右键菜单

① 复制：对当前选中单元格中的内容进行复制。

② 粘贴：将复制的内容粘贴到选中的单元格中。

③ 按单元格生成学习数据：只对选中的单元格进行学习数据生成。

④ 学习数据小数位数设置：可以对生成的学习数据设置保留的小数位数。

⑤ 单元格设置：可以设置单元格的类型，如数值型或者文本型。

⑥ 行高：对当前选中的行进行高度调整。

⑦ 列宽：对当前选中的列进行宽度调整。

⑧ 显示行标和列标：显示所有的行标和列标，行以数字 1、2、3 等顺序排序，列以字母 A、B、C 等顺序排序。

⑨ 清除单元格设置：清除选中单元格设置的格式等。

⑩ 插入图片：可插入以下类型的图片。

a. 用品茗画图程序绘制的图片。

b. 截取图片，可以随意截取当前选中单元格范围的图片。

c. BMP、JPG 等常见图片格式的图片文件。

d. 用 AutoCAD 软件保存的图片文件。

e. 调用操作系统画图板，并用画图板保存所绘制的图片。

⑪ 删除图片：删除当前单元格中的图片。

⑫ 优化表格图片：清除当前单元格所包含的所有图片。

⑬ 公式录入：用平台所提供的函数配置公式。

⑭ 计算公式：对当前表格配置好的公式进行计算。

⑮ 清空公式：清空当前所选单元格中的公式。

7.2.2 软件操作

1. 新建工程

步骤一：软件登录。

首次打开软件，软件自动跳转至登录界面，若要新建工程，则可单击"新建工程"按钮（图 7-16）打开"新建-选择模板"对话框。

新建工程

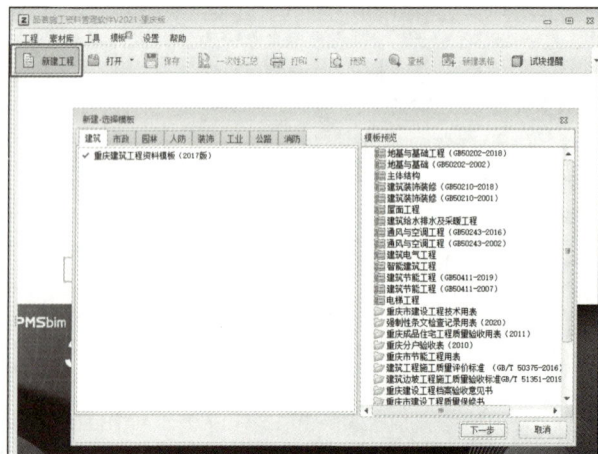

图 7-16 "新建工程"按钮

选择工程专业及模板名称，对话框右侧显示模板的预览节点，如图 7-17 所示。

图 7-17 选择工程专业及模板名称

单击"下一步"按钮，进行工程概况的填写。

步骤二：输入工程概况信息（图 7-18）。

在左边项目栏中进行项目切换，在右边信息库中输入相应的工程概况（可通过导出、导入工程概况信息进行快速填写），可在"单位（子单位）工程名称"文本框中添加多个子单位。

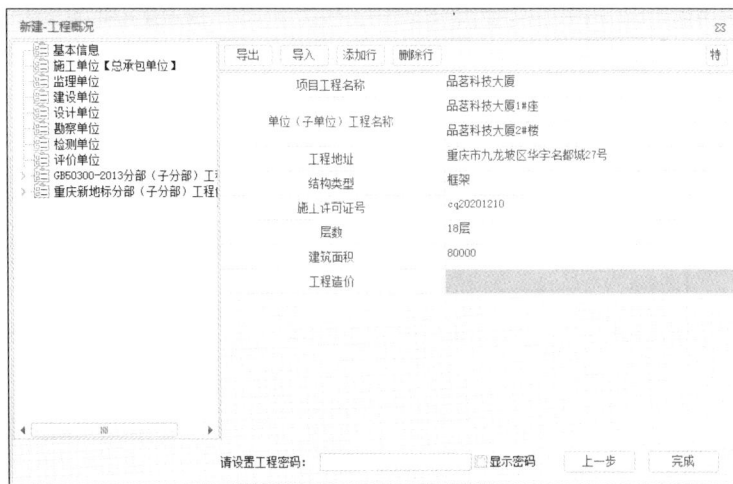

图 7-18 输入工程概况信息

新建工程时，在"新建-工程概况"对话框中可输入工程密码进行加密，如图 7-19 所示。密码长度为 6～15 个字符（区分大小写），可为空（不设置加密）。单击"完成"按钮后，完成工程的新建，进入工程的主界面。

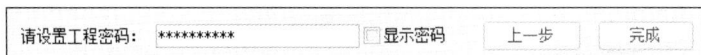

图 7-19 设置工程密码

步骤三：创建表格（图 7-20）。

单击"新建表格"图标，在弹出的对话框中，选择要创建的子分部，如基础，这时该子分部下的检验批及相关技术配套用表和报审表都已经列出，在右侧验收部位文本框中输入相关的验收部位名称，勾选要创建的检验批表格，如需同时创建施工技术配套用表，打开"施工配套用表"选项卡，输入表格名称，勾选施工配套用表后可以切换到其他分部、子分部、分项节点及其他的通用表格节点上，重复新建步骤，完成后单击"确定"按钮，表格即创建完毕。

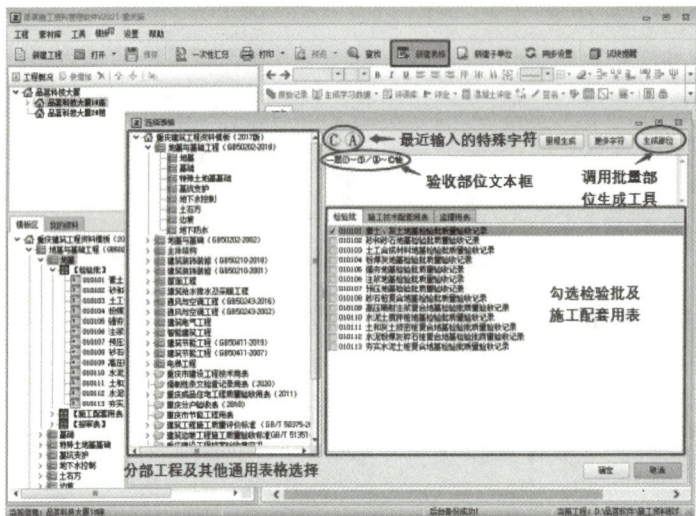

图 7-20　创建表格

上述操作步骤完成以后，一个新的工程便创建完毕，对应表格如图 7-21 所示。

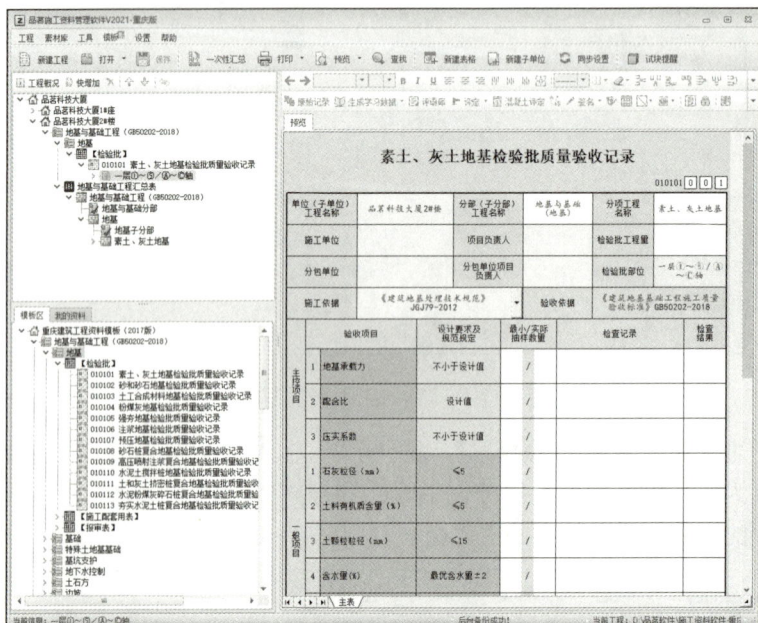

图 7-21　表格创建完成效果

用户可以右击相关表格，在弹出的快捷菜单中选择"全选"或者"反选"选项来快速选表，如图 7-22 所示。

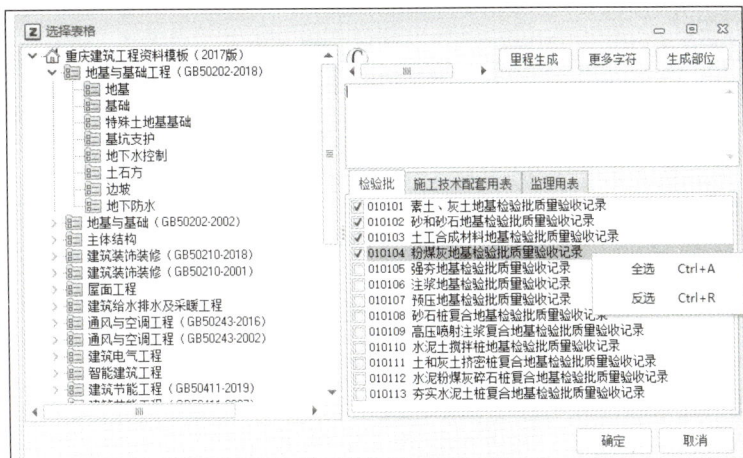

图 7-22　快速选表

2. 工程展开与表格编辑

步骤一：工程展开。

工程建好后，可以右击该工程，在弹出的快捷菜单中选择"展开"选项（图 7-23），展开当前工程下所有的表格，选择要编辑的表格双击。

图 7-23　工程展开

步骤二：表格编辑。

双击表格，表格出现在右边编辑区域内，如图 7-24 所示。表格的文字输入、学习数据生成、示例数据导入、检验批评定，都可通过表格编辑栏的按钮进行操作。也可以多张表格同时打开，选中要编辑的表格，逐个双击添加到右边的编辑栏。

混凝土评定的表格编辑

219

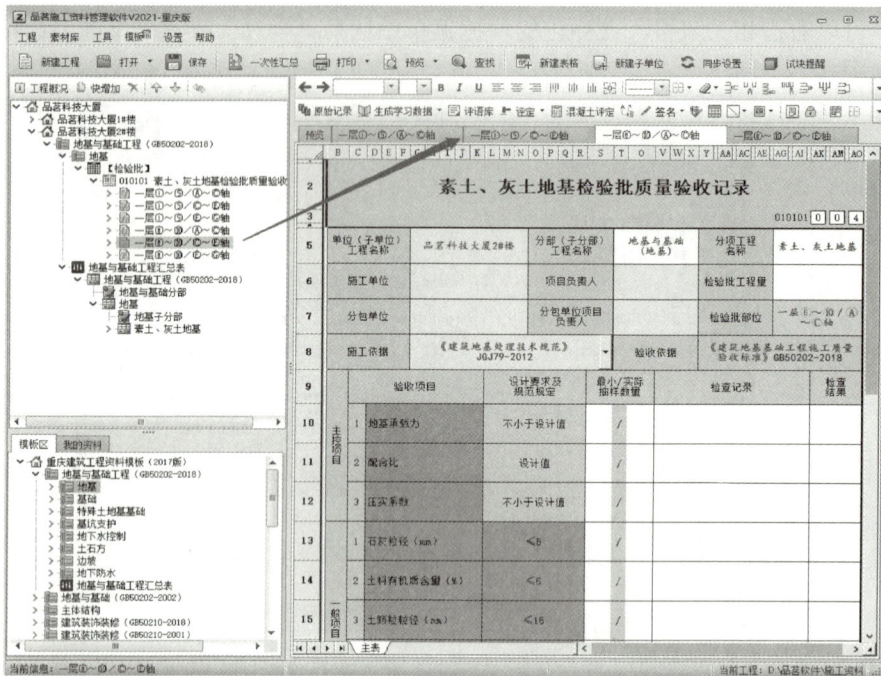

图 7-24　表格编辑

3. 保存表格（图 7-25）

表格编辑完成后，可以双击表格名称保存退出，也可以单击对话框上方的"保存"按钮进行保存。多表一起保存时，可以右击表格空白区域，在弹出的快捷菜单中选择"保存所有页"选项，也可以选择"工程"下拉菜单中的"保存"选项来快速进行多表保存。

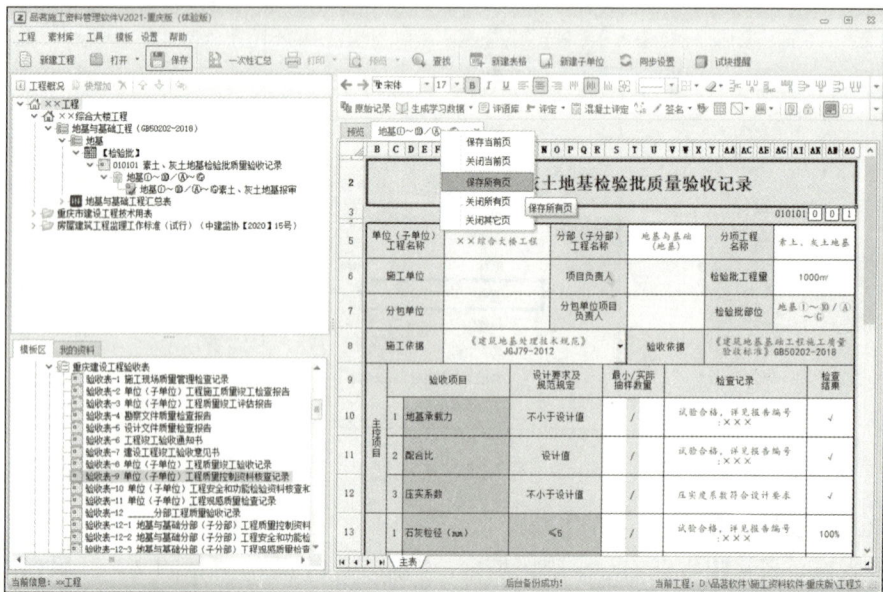

图 7-25　保存表格

4. 汇总及报审表关联

汇总及报审表关联可通过"一次性汇总"按钮完成，如图 7-26 所示。

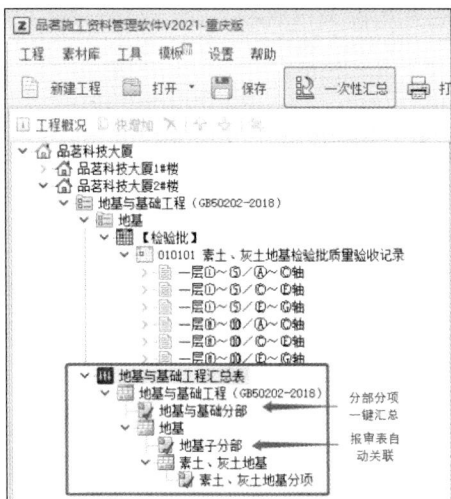

图 7-26 汇总及报审表关联

5. 表格打印

表格打印输出有两种方式：普通打印和批量打印。

1）普通打印

如果要打印单表，可以直接单击"打印"按钮快速打印，如图 7-27 所示。不需要设置，直接打印输出。可以通过软件的状态栏显示信息查看是否打印成功。

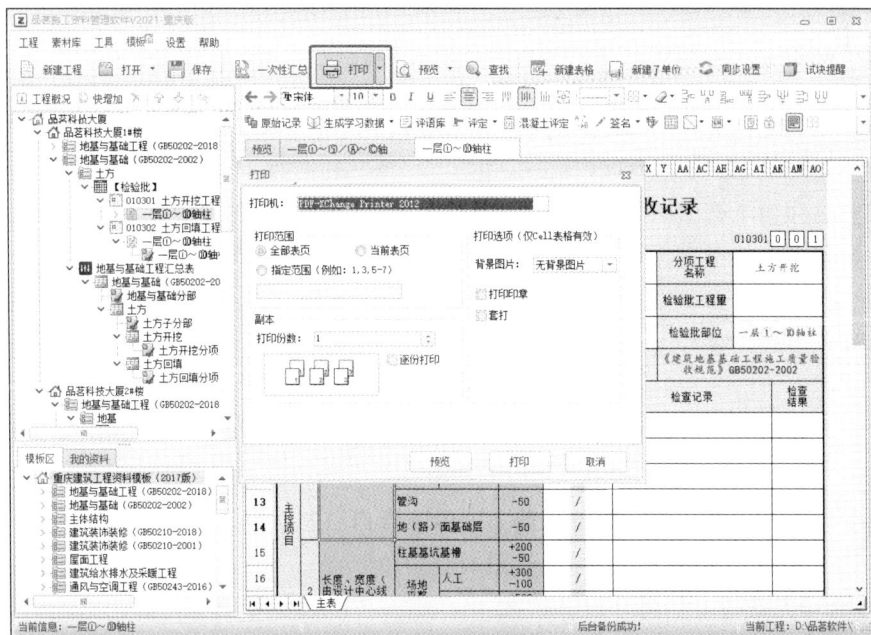

图 7-27 普通打印

2）批量打印

如果要多表打印，可以先选择要打印的节点，如土方子分部，再单击"打印"下拉按钮，在弹出的下拉菜单中选择"批量打印"选项，在打开的"批量打印"对话框中进行相关设置后单击"打印"按钮，进行批量打印，如图 7-28 所示。

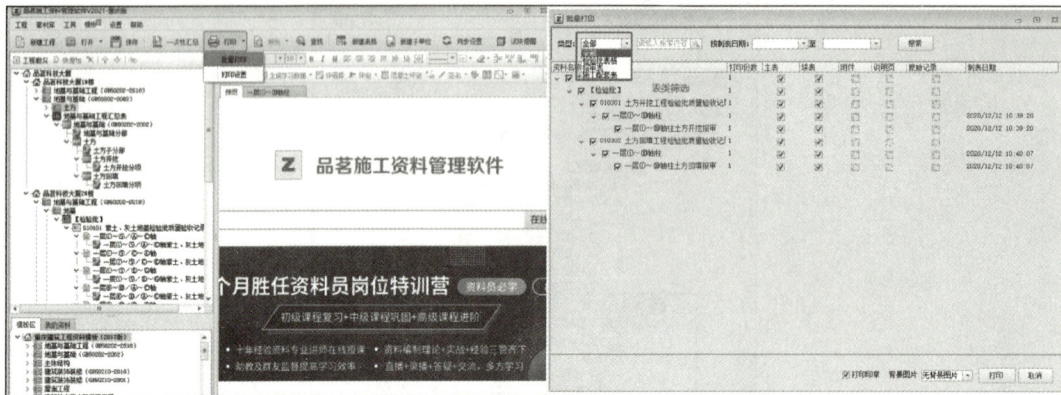

图 7-28　批量打印

7.3 软件辅助功能

7.3.1　工程概况自动更新

通过软件可一次性更新已建工程数张表格表头信息，如图 7-29 所示。

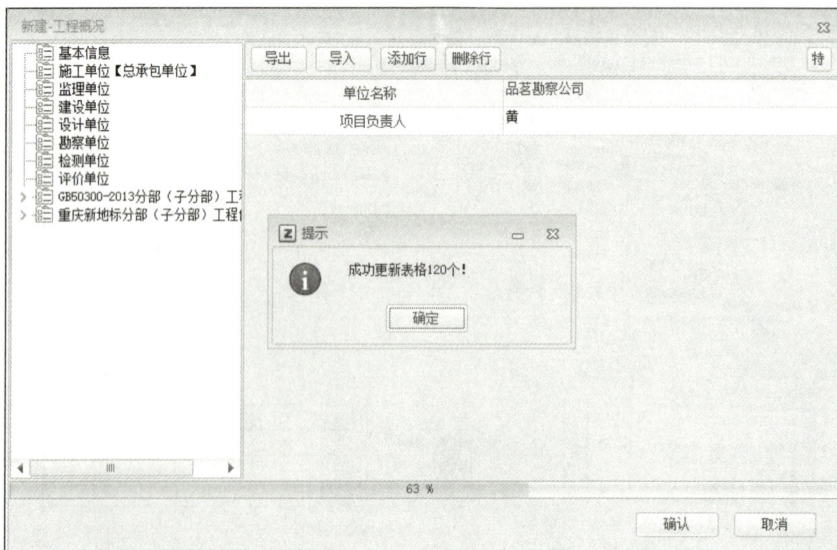

图 7-29　工程概况自动更新

7.3.2　子单位工程同步编辑

当同一单位工程中包含多个结构类似的子单位工程时，可通过此功能更便捷地编辑资料。

1. 新增子单位工程

有两种新增子单位工程的方式：第一种是在新建工程时通过单击"添加行"按钮增加子单位工程，如图 7-30 所示；第二种是通过单击"新建子单位"按钮增加，如图 7-31 所示。

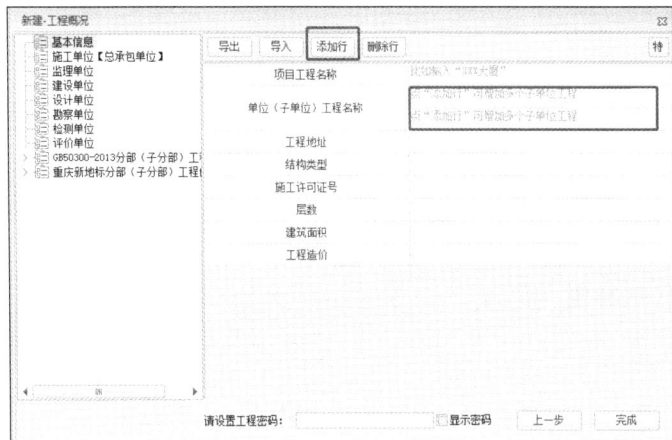

多个子单位工程的
同步新建

图 7-30　通过单击"添加行"按钮增加子单位工程

如图 7-31 所示，选择复制子单位工程后，新建的"品茗科技大厦 3#楼""品茗科技大厦 4#楼"中的表格除了工程名称外都将和"品茗科技大厦 2#楼"相同，同时涉及学习数据部分将全部随即刷新。

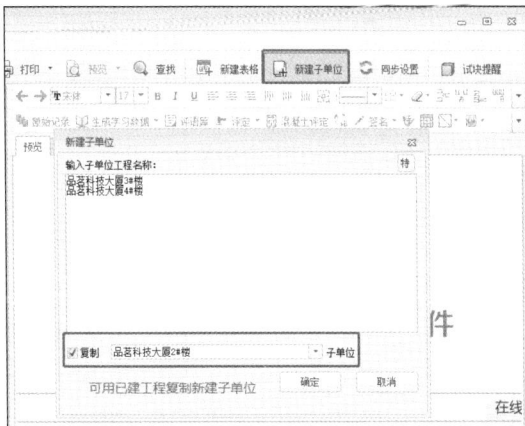

图 7-31　通过单击"新建子单位"按钮增加子单位工程

2. 子单位同步设置

在图 7-32 中，通过"同步设置"按钮将新建表格同步增加到"品茗科技大厦 2#楼""品茗科技大厦 3#楼""品茗科技大厦 4#楼"这 3 个子单位工程中。

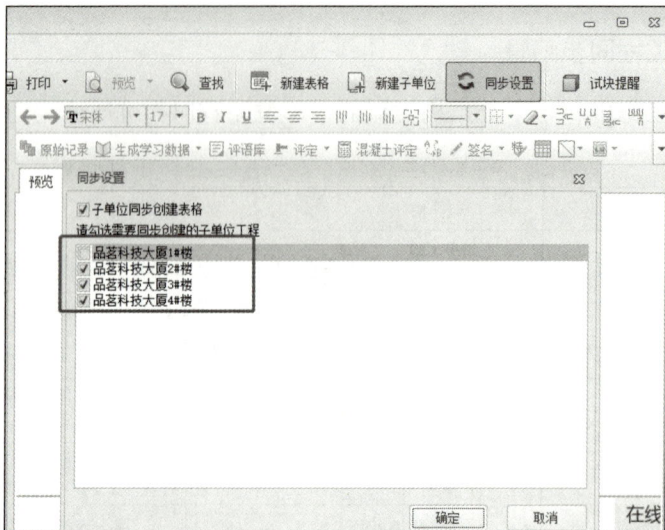

图 7-32　子单位同步设置

7.3.3　工程文件的导出、导入

1. 工程文件的导出

当需要备份工程文件，或者需要将工程文件转移时，可以在"工程"下拉菜单中选择"导出"选项导出工程文件，如图 7-33 所示，并将其复制到一个软件环境中。

若需要打印或审阅工程文件，则可右击工程节点，在弹出的快捷菜单中选择"导出子节点表格为 pdf 文件"选项将其制作成 pdf 文件，如图 7-34 所示。

图 7-33　"导出"选项

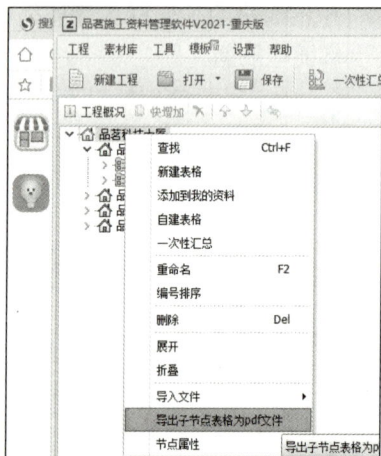

图 7-34　"导出子节点表格为 pdf 文件"选项

2. 工程文件的导入

右击空白处，在弹出的快捷菜单中依次选择"导入文件"→"导入为同级节点"/"导入为子节点"选项，如图 7-35 所示。

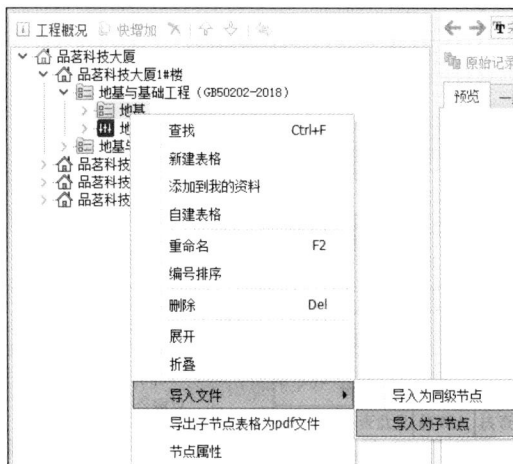

图 7-35　导入外部文件

7.3.4　自建表格

右击空白处，在弹出的快捷菜单中选择"自建表格"选项，打开"自建表格"对话框，如图 7-36 所示，在"自建表格"对话框中进行相应操作即可。

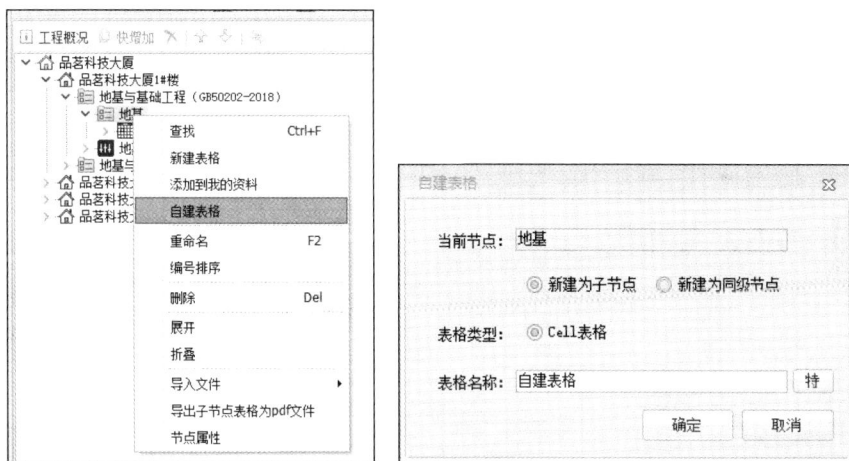

图 7-36　自建表格

7.3.5　关于"我的资料"的相关操作

1. 将工程添加至"我的资料"

选择表格，然后右击，在弹出的快捷菜单中选择"添加到我的资料"选项，如图 7-37 所示。添加完成后，效果如图 7-38 所示。

2. 将"我的资料"中的表格添加至工程

在"我的资料"中右击目标表格，在弹出的快捷菜单中选择"复制到工程"选项，如图 7-39 所示。打开如图 7-40 所示的"选择位置"对话框，选中相应的单选按钮后，单击"确定"按钮，效果如图 7-41 所示。

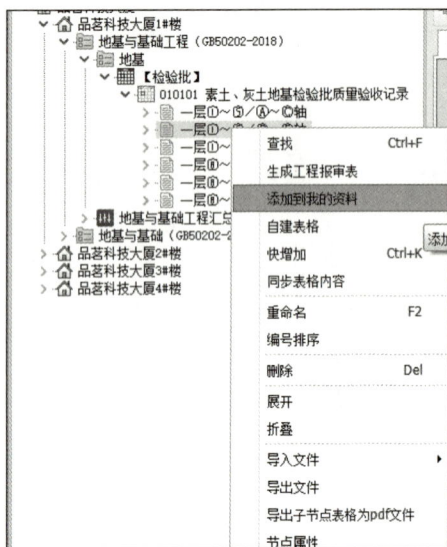

图 7-37　"添加到我的资料"选项

图 7-38　添加后效果

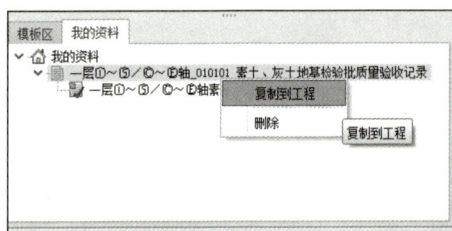

图 7-39　选择目标

图 7-40　选择位置

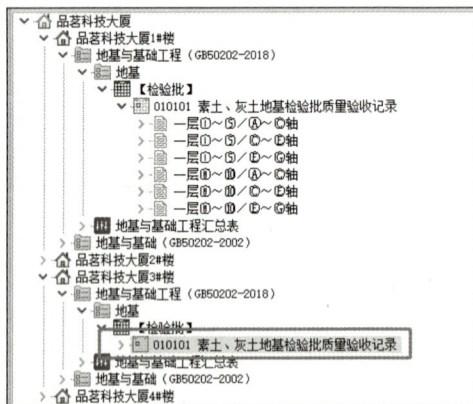

图 7-41　效果图

7.3.6　填表说明及范例

1. 规范查看

单击"填表说明及范例"图标，打开"填表说明及范例"对话框，选择"填表说明"

选项，再单击"对比查看"按钮即可进行查看，如图 7-42 所示。

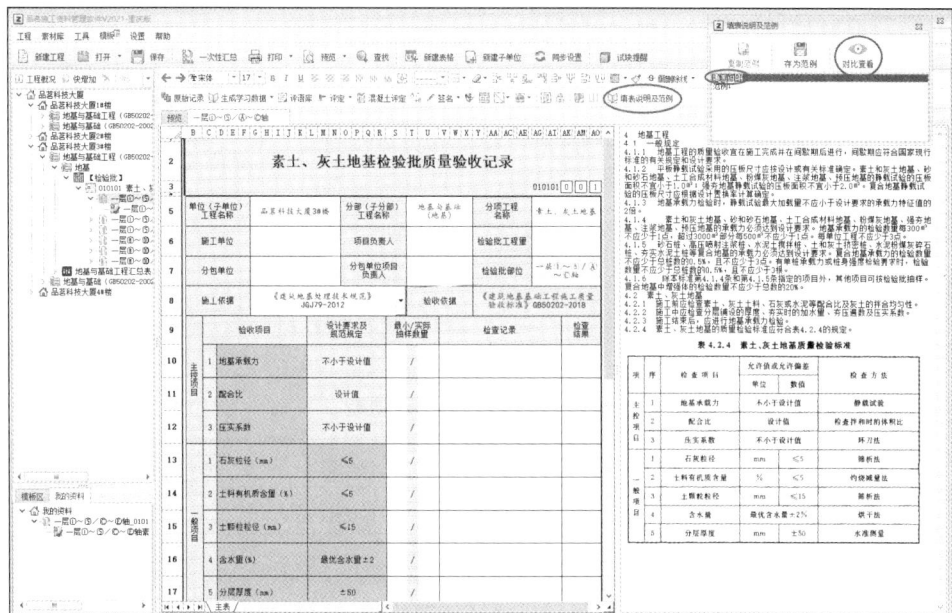

图 7-42　规范查看

2. 表格范例查看

可在"填表说明及范例"对话框中单击"复制范例"按钮，直接把范例信息填入表格中。也可自定义填写好的表格，单击"存为范例"按钮，方便下次调用，如图 7-43 所示。

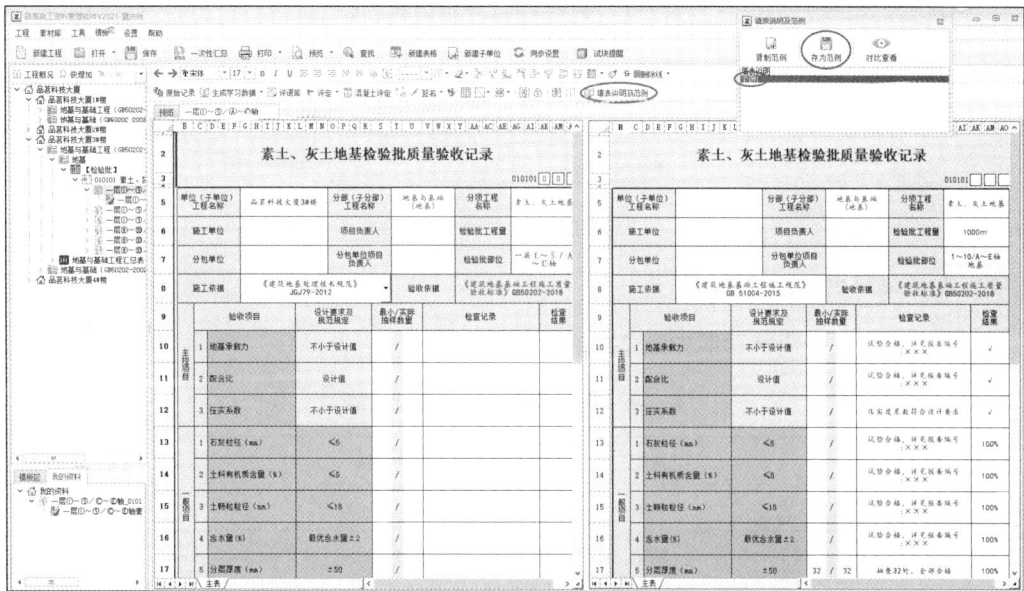

图 7-43　表格范例查看

7.4 软件快捷键

灵活使用快捷键将显著提高工作效率。

1. 全界面快捷键

全界面快捷键功能如表 7-2 所示。

表 7-2　全界面快捷键功能

快捷键	功能	快捷键	功能
Ctrl+N	新建工程	Ctrl+O	打开工程
Ctrl+F	查找与定位	Ctrl+J	新建表格
Ctrl+P	表格打印	Shift+Ctrl+P	打印预览
Alt+F4	软件关闭	Esc	弹窗关闭

2. 选中节点上的快捷键

选中节点上的快捷键功能如表 7-3 所示。

表 7-3　选中节点上的快捷键功能

快捷键	功能
F2	重命名节点
Ctrl+K	快速增加节点
Delete	删除节点

3. 表格编辑中的快捷键

表格编辑中的快捷键功能如表 7-4 所示。

表 7-4　表格编辑中的快捷键功能

快捷键	功能	快捷键	功能
Ctrl+C	复制	Ctrl+X	剪切
Ctrl+V	粘贴	Ctrl+Enter	换行
Ctrl+Z	撤销	Delete	删除
Ctrl+S	保存	Ctrl+D	单元格属性
F2	表页重命名	Ctrl+G	按单元格生成学习数据

同步训练 7

一、判断题

1. 建筑工程资料管理软件可以进行自动评定与自动计算。　　　　　　（　　）

2. 表格编辑完毕后，多表一起保存时，可以右击，在弹出的快捷菜单中选择"保存所有页"选项，也可以选择"工程"下拉菜单中的"保存"选项来快速进行多表保存。

（　　）

3. 如果要打印单表，不可以直接单击"打印"按钮，需要设置，才能打印输出。

（　　）

4. 表格打印有两种方式：普通打印和批量打印。　　　　　　　　　　（　　）

二、单项选择题

1. 保存的快捷键是（　　　）。

　　A．Ctrl+C　　　　　　B．Ctrl+X　　　　　　C．Ctrl+S　　　　　　D．Ctrl+Z

2. 当工程文件需要备份或转移时，可以在"工程"下拉菜单中选择（　　　）选项。

　　A．保存　　　　　　B．导出　　　　　　C．恢复　　　　　　D．打开

3. 若要查看软件自带的部分表格范例，则可单击（　　　）按钮直接把范例信息填入表格中。

　　A．存为范例　　　　B．我的资料　　　　C．复制范例　　　　D．打开

三、多项选择题

1. 下列选项中，属于建筑工程资料管理软件具有的功能的是（　　　）。

　　A．选取表式　　　　　　　　　　　　B．制图

　　C．增加资料　　　　　　　　　　　　D．编辑资料

　　E．打印输出

2. 建筑工程资料管理软件是根据（　　　），并结合各省市的工程资料管理标准或规程及其施工质量验收规范的标准用表等，分部编制的适合各省市具体情况的软件系统。

　　A．建筑工程施工质量验收统一标准　　　B．建设工程文件归档整理规范

　　C．质量管理条例　　　　　　　　　　　D．强制性条文

　　E．设计标准

项 目 实 训

8.1 混凝土强度试验强度代表值的确定

1. 实训目的

（1）熟悉《混凝土强度检验评定标准》（GB/T 50107—2010）。

（2）了解混凝土强度试验过程。

（3）掌握混凝土强度代表值的确定方法。

2. 实训内容

根据《混凝土强度检验评定标准》（GB/T 50107—2010）中混凝土的取样与试验等内容，完成任务：混凝土强度试验强度代表值的确定。

3. 实训步骤与指导

按照规范规定进行混凝土取样，以及试件的制作、养护和试验。依据《混凝土强度检验评定标准》（GB/T 50107—2010）第 4.3.1 条，确定每组混凝土强度代表值。

《混凝土强度检验评定标准》（GB/T 50107—2010）第 4.3.1 条：混凝土试件的立方体抗压强度试验应根据现行国家标准《混凝土物理力学性能试验方法标准》（GB/T 50081—2019）的规定执行。每组混凝土试件强度代表值的确定应符合下列规定。

（1）取 3 个试件强度的算术平均值作为每组试件的强度代表值。

（2）当一组试件中强度的最大值或最小值与中间值之差超过中间值的 15% 时，取中间值作为该组试件的强度代表值。

（3）当一组试件中强度的最大值和最小值与中间值之差均超过中间值的 15% 时，该组试件的强度不应作为评定的依据。

注意： 对掺矿物掺合料的混凝土进行强度评定时，根据设计规定，可采用大于 28 天龄期的混凝土试件。

4. 实训成果记录

混凝土试件强度代表值计算表如图 8-1 所示。

表 8-1　混凝土试件强度代表值计算表

组别	序号	试件强度	强度代表值	计算过程
第一组	1			
	2			
	3			
第二组	1			
	2			
	3			
第三组	1			
	2			
	3			
第四组	1			
	2			
	3			
第五组	1			
	2			
	3			
第六组	1			
	2			
	3			

8.2 混凝土试块强度统计、评定

1. 实训目的

（1）熟悉《混凝土强度检验评定标准》（GB/T 50107—2010）。

（2）掌握混凝土强度评定方法。

（3）学会运用不同的统计方法对混凝土强度进行评定。

2. 实训内容

根据《混凝土强度检验评定标准》（GB/T 50107—2010）中混凝土强度的检验评定等内容，完成以下任务。

（1）确定混凝土强度试验强度代表值。

（2）混凝土试块强度统计、评定记录。

3. 实训步骤与指导

1）标准差已知的统计方法

（1）实训条件及资料。

对于连续生产的混凝土，当其生产条件在较长时间内能保持一致，且同一品种、同一强度等级混凝土的强度变异性保持稳定时，按照《混凝土强度检验评定标准》(GB/T 50107—2010) 第 5.1.2 条规定进行评定，1 个检验批的样本容量应为连续的 3 组试件，其强度应同时符合下列规定：

$$m_{f_{cu}} \geqslant f_{cu,k} + 0.7\sigma_0 \tag{8.1}$$

$$f_{cu,min} \geqslant f_{cu,k} - 0.7\sigma_0 \tag{8.2}$$

检验批混凝土立方体抗压强度的标准差应按下式计算：

$$\sigma_0 = \sqrt{\frac{\sum_{i=1}^{n} f_{cu,i}^2 - n m_{f_{cu}}^2}{n-1}} \tag{8.3}$$

当混凝土强度等级不高于 C20 时，其强度的最小值尚应满足下式要求：

$$f_{cu,min} \geqslant 0.85 f_{cu,k} \tag{8.4}$$

当混凝土强度等级高于 C20 时，其强度的最小值尚应满足下式要求：

$$f_{cu,min} \geqslant 0.90 f_{cu,k} \tag{8.5}$$

式中，$m_{f_{cu}}$——同一检验批混凝土立方体抗压强度的平均值，精确到 0.1N/mm^2；

$f_{cu,k}$——混凝土立方体抗压强度标准值，精确到 0.1N/mm^2；

σ_0——检验批混凝土立方体抗压强度的标准差，精确到 0.01N/mm^2，当 σ_0 计算值小于 2.5N/mm^2 时，应取 2.5N/mm^2；

$f_{cu,i}$——前一个检验期内同一品种同一强度等级的第 i 组混凝土试件的立方体抗压强度代表值 N/mm^2，精确到 0.1N/mm^2；该检验期应不得小于 60 天，也不得大于 90 天；

n——前一检验期内的样本容量，在该期间内样本容量不应少于 45；

$f_{cu,min}$——同一检验批混凝土立方体抗压强度的最小值，精确到 0.1N/mm^2。

（2）实训成果记录（表 8-4）。

2）标准差未知的统计方法

当样本容量不少于 10 组时，按照《混凝土强度检验评定标准》(GB/T 50107—2010) 第 5.1.3 条规定进行评定。

强度应同时满足下列要求：

$$m_{f_{cu}} \geqslant f_{cu,k} + \lambda_1 \cdot S_{f_{cu}} \tag{8.6}$$

$$f_{cu,min} \geqslant \lambda_2 \cdot f_{cu,k} \tag{8.7}$$

同一检验批混凝土立方体抗压强度的标准差，应按下列公式计算：

$$S_{f_{cu}} = \sqrt{\frac{\sum_{i=1}^{n} f_{cu,i}^2 - n \cdot m_{f_{cu}}^2}{n-1}}$$

式中，$S_{f_{cu}}$——同一检验批混凝土立方体抗压强度的标准差，精确到 0.01N/mm^2，当 $S_{f_{cu}}$ 计算值小于 2.5N/mm^2 时，应取 2.5N/mm^2；

n——本检验期内的样本容量；

λ_1、λ_2——合格评定系数，按表 8-2 取用。

表 8-2　混凝土强度的合格评定系数

试件组数	10～14	15～19	≥20
λ_1	1.15	1.05	0.95
λ_2	0.90		0.85

3）非统计方法

当用于评定的样本容量小于 10 组时，应采用非统计方法评定混凝土强度。

《混凝土强度检验评定标准》（GB/T 50107—2010）第 5.2.2 条：按非统计方法评定混凝土强度时，其强度应同时符合下列规定：

$$m_{f_{cu}} \geqslant \lambda_3 \cdot f_{cu,k}$$

$$f_{cu,min} \geqslant \lambda_4 \cdot f_{cu,k}$$

式中，λ_3、λ_4——合格评定系数，按表 8-3 取用。

表 8-3　混凝土强度的非统计法合格评定系数

混凝土强度等级	<C60	≥C60
λ_3	1.15	1.10
λ_4	0.95	

4. 实训成果记录

混凝土试件抗压强度统计评定表如表 8-4 所示。

表 8-4　混凝土试件抗压强度统计评定表

工程名称					施工单位			
强度等级					养护方法			
统计日期					结构部位			
试件组数 n	强度标准值 $f_{cu,k}$/MPa	强度平均值 $m_{f_{cu}}$/MPa	强度最小值 $f_{cu,min}$/MPa		标准差 $S_{f_{cu}}$/MPa	合格评定系数 λ_1 λ_2	试件组数 $n=$	
						合格评定系数 λ_3 λ_4	混凝土强度等级	
每组强度代表值/MPa								
评定方法	方法一：统计方法（$n \geqslant 10$）				方法二：统计方法（$n<10$）			
	$f_{cu,k}+\lambda_1 \cdot S_{f_{cu}}$		$\lambda_2 \cdot f_{cu,k}$		$\lambda_3 \cdot f_{cu,k}$		$\lambda_4 \cdot f_{cu,k}$	
判定式	$m_{f_{cu}} \geqslant f_{cu,k}+\lambda_1 \cdot S_{f_{cu}}$		$f_{cu,min} \geqslant \lambda_2 \cdot f_{cu,k}$		$m_{f_{cu}} \geqslant \lambda_3 \cdot f_{cu,k}$		$m_{f_{cu}} \geqslant \lambda_4 \cdot f_{cu,k}$	
结果								
结论								
签字栏	施工单位				监理单位		建设单位	
	专业技术负责人	审核人		统计人				

8.3 图纸的折叠

1. 实训目的

（1）熟悉《技术制图 复制图的折叠方法》（GB/T 10609.3—2009）。
（2）掌握不同图幅图纸折叠的原则。
（3）了解不同图幅图纸折叠的方法。

2. 实训内容

根据《技术制图 复制图的折叠方法》（GB/T 10609.3—2009）完成任务：任选一种图幅的图纸，完成图纸折叠的练习。

A1 图纸的折叠方法

3. 实训步骤与指导

（1）按照 3 人一组进行分组。
（2）按照规范要求完成图纸剪裁、图纸折叠。
（3）按小组提交折叠好的图纸。

8.4 单位（子单位）工程观感质量验收

1. 实训目的

（1）熟悉《建筑工程施工质量验收统一标准》（GB 50300—2013）。
（2）了解单位（子单位）工程观感质量验收的内容。
（3）了解观感质量验收的评价方法。

2. 实训内容

根据《建筑工程施工质量验收统一标准》（GB 50300—2013）附录 H 的要求，完成以下任务。
（1）按照 5～10 人一组进行分组，并确定 1 人担任"总监理工程师"。
（2）任选一个或几个检查项目开展观感质量验收，制定检查方案和标准。
（3）完成观感质量检查记录。

3. 实训步骤与指导

根据《建筑工程施工质量验收统一标准》（GB 50300—2013）的规定，单位工程的观感质量评价分为"好"、"一般"和"差"3 个等级。观感质量验收的方法、程序、评判标准等均与分部工程相同，不同的是检查项目较多，属于综合性验收。

单位（子单位）工程观感质量检查记录由建设单位组织验收组成员，按照表中所列内容，共同实际检查，协商得出质量评价、综合评价和验收结论意见。参加验收的各方代表，经共同实际检查，如果确认没有影响结构安全和使用功能等的问题，可共同商定评定意见。在"结论"栏内填写"工程观感质量综合评价为好（或一般），验收合格"。如有评价为"差"的项目，属于不合格项目，应予以返工修理，修理后需重新检查验收。"抽查质量状况"栏内可填写具体检查数据。

评价规则如下。

（1）参加验收各方现场协商，确定评价规则。

（2）观感检查项目可参考下列评价规则。

① 有差评，项目评价为差。

② 无差评，好评百分比≥60%，评价为好。

③ 其他，评价为一般。

4. 实训成果记录

单位（子单位）工程观感质量检查记录如表 8-5 所示。

表 8-5　单位（子单位）工程观感质量检查记录

工程名称			施工单位					
序号		项目	抽查质量状况					质量评价
1	建筑与结构	主体结构外观	共检查　　项，好　　项，一般　　项，差　　项					
2		室外墙面	共检查　　项，好　　项，一般　　项，差　　项					
3		变形缝、雨水管	共检查　　项，好　　项，一般　　项，差　　项					
4		屋面	共检查　　项，好　　项，一般　　项，差　　项					
5		室内墙面	共检查　　项，好　　项，一般　　项，差　　项					
6		室内顶棚	共检查　　项，好　　项，一般　　项，差　　项					
7		室内地面	共检查　　项，好　　项，一般　　项，差　　项					
8		楼梯、踏步、护栏	共检查　　项，好　　项，一般　　项，差　　项					
9		门窗	共检查　　项，好　　项，一般　　项，差　　项					
10		雨罩、台阶、坡道、散水	共检查　　项，好　　项，一般　　项，差　　项					
1	给排水与供暖	管道接口、坡度、支架	共检查　　项，好　　项，一般　　项，差　　项					
2		卫生器具、支架、阀门	共检查　　项，好　　项，一般　　项，差　　项					
3		检查口、扫除口、地漏	共检查　　项，好　　项，一般　　项，差　　项					
4		散热器、支架	共检查　　项，好　　项，一般　　项，差　　项					
1	通风与空调	风管、支架	共检查　　项，好　　项，一般　　项，差　　项					
2		风口、风阀	共检查　　项，好　　项，一般　　项，差　　项					
3		风机、空调设备	共检查　　项，好　　项，一般　　项，差　　项					
4		管道、阀门、支架	共检查　　项，好　　项，一般　　项，差　　项					
5		水泵、冷却塔	共检查　　项，好　　项，一般　　项，差　　项					
6		绝热	共检查　　项，好　　项，一般　　项，差　　项					
1	建筑电气	配电箱、盘、板、接线盒	共检查　　项，好　　项，一般　　项，差　　项					
2		设备器具、开关、插座	共检查　　项，好　　项，一般　　项，差　　项					
3		防雷、接地	共检查　　项，好　　项，一般　　项，差　　项					
4		防火	共检查　　项，好　　项，一般　　项，差　　项					
1	智能建筑	机房设备安装及布局	共检查　　项，好　　项，一般　　项，差　　项					
2		现场设备安装	共检查　　项，好　　项，一般　　项，差　　项					
1	电梯	运行、平层、开关门	共检查　　项，好　　项，一般　　项，差　　项					
2		层门、信号系统	共检查　　项，好　　项，一般　　项，差　　项					
3		机房	共检查　　项，好　　项，一般　　项，差　　项					
观感质量综合评价								

结论：

施工单位项目负责人：　　　　　　　　　　　　　　　　　　　　总监理工程师：

8.5 编制施工日志

1. 实训目的

（1）掌握施工日志记录的编制原则。

（2）了解编制施工日志的意义及内容。

（3）掌握根据每日施工情况记录施工日志的方法。

2. 实训内容

工程项目名称：某学校办公楼项目。

今日施工情况：钢筋班组（李忠等 5 人）制作六层Ⓕ～Ⓖ轴柱钢筋，使用 GQ40 钢筋切断机、GW40-1 钢筋弯曲机，设备运行良好；木工班组（刘亮等 4 人）搭设五层Ⓗ～Ⓛ轴柱模板，使用 FO/23B 塔机吊装，设备运行良好；因搅拌站停电，混凝土停止供应，导致原计划开展五层Ⓓ～Ⓔ轴屋面板混凝土浇筑暂停。

今日技术质量安全工作情况：钢筋加工工作项目部技术员刘磊对钢筋班组李忠进行技术、安全交底。五层柱模板支护前，现场监理、项目部技术人员、施工队技术人员对钢筋绑扎进行了检查，检查结果合格，可以进行下道工序施工。一批防水卷材到场，由施工单位专业技术负责人、质检员、专业工长、材料员和监理工程师共同检验，验收合格并取样复试。

根据上述情况，完成以下任务。

（1）按照 3 人一组进行分组。

（2）自行制作施工日志表格，并完成编写。

3. 实训步骤与指导

施工日志为动态收集整理表，单位工程施工过程中，由施工单位项目管理人员收集整理。

"日期"为当日日期。

"星期"为当日星期数。

"平均气温"为当日平均气温。

"气象"分上午气象和下午气象。

"施工部位"处需注明施工图纸桩号、位置。

"出勤人数"处应填写当日出勤人数总和。

"当日施工内容"填写施工现场全部工作内容。

"操作负责人"处由操作负责人本人签字。

"设计变更"处需注明设计变更名称（编号）。

"文号"为文件顺序号。

"通知单位"处需注明通知单位全称。

"技术交底"处需注明技术交底名称。

"接受交底人"处由接受交底人本人签字。

"隐蔽工程验收部位"处需注明施工图纸桩号、位置。

"混凝土、砂浆试块制作"处需注明混凝土、砂浆试块制作标号、数量。

"材料进场、送检情况"处需注明材料进场检查情况及试件送检情况。

"质量"处填写施工现场质量情况。

"安全"处填写施工现场安全情况。

"其他"处填写其他施工事项。

"工长"处由相关工长签字。

如果施工日志由记录员整理记录,"记录员"处需签字注明。

4. 实训成果记录

施工日志如表 8-6 所示。

表 8-6 施工日志

日期		星期		平均气温	气象	
					上午	下午
施工部位		出勤人数				
当日施工内容				操作负责人		
设计变更		文号		通知单位		
技术交底				接受交底人		(签字)
隐蔽工程验收部位						
混凝土、砂浆试块制作						
材料进场、送检情况						
质量						
安全						
其他						
工长				记录员		

8.6 隐蔽工程验收

1. 实训目的

(1)掌握隐蔽工程的概念和意义。

(2)了解隐蔽工程验收的过程及内容。

(3)掌握填写隐蔽工程验收文件的方法。

2. 实训内容

工程项目:某学校办公楼项目。

监理单位:甲监理有限责任公司。

施工单位:乙建筑工程有限公司。

隐蔽工程验收情况：在第三层（标准层）框架柱钢筋遮蔽前，对第①～④轴区域内框架柱钢筋进行隐蔽工程验收，监理单位专业监理 A、施工单位专业技术负责人 B、专业质检员 C、专业工长 D 参与验收。验收情况如下：该区域 KZ1 钢筋采用 4Φ25+8Φ20，箍筋Φ8@100/200；KZ2 钢筋采用 4Φ22+8ϕ18，箍筋ϕ8@100/200；KZ3 钢筋采用 4Φ20+8Φ16，箍筋ϕ8@150/200；②～③轴/ B轴柱箍筋轻微锈蚀；柱钢筋采用电渣压力焊，保护层厚度为 30mm。

根据上述情况，完成以下任务。

（1）按照 3 人一组进行分组。

（2）自行制作隐蔽检查记录表，并完成编写。

3. 实训步骤与指导

"工程名称"与施工许可证一致。

"单位（子单位）工程名称"应与经审查批准的工程验收方案一致。

"分部（子分部）工程"应与经审查批准的工程验收方案一致。

"图号"为施工图编号。

"隐蔽内容"如管道焊接隐蔽检查记录；穿墙、穿楼板套管，刚性或柔性套管的隐蔽检查记录；管道穿越防火分区、穿墙、穿楼板设置的防火套管、阻火圈的隐蔽检查记录。

"附图"为对隐蔽内容进行补充说明所必需的图纸、图片。

"质量证明文件"包括当前隐蔽验收内容所必需的质量证明文件的名称，证、单编号及检测结论。

"检查结论"需明确检查结果，体现当前部位相关工程是否能够隐蔽。

签字栏应注明单位名称，应由施工单位项目专业技术负责人、监理单位专业监理工程师、建设单位及其他单位现场专业负责人签认。

4. 实训成果记录

工程隐蔽检查记录如表 8-7 所示。

表 8-7　工程隐蔽检查记录

工程名称		单位（子单位）工程名称		
分部（子分部）工程		图号		
隐蔽部位				附图
隐蔽内容				
质量证明文件				
名称	证、单编号	检测结论		
检查结论				
施工单位： 专业施工员： 专业质检员： 项目专业技术负责人： 　年　月　日	监理单位： 专业监理工程师： 　年　月　日	建设单位： 现场专业负责人： 　年　月　日		其他单位： 现场专业负责人： 　年　月　日

8.7 编制工作联系单

1. 实训目的

（1）掌握工作联系单的编制原则。

（2）掌握工作联系单的填写方法。

2. 实训内容

工程项目：某学校办公楼项目。

监理单位：甲监理有限责任公司。

施工单位：乙建筑工程有限公司。

监理单位需要检查施工单位的资质副本、项目组人员的资质证件等，监理单位要求施工单位于 5 天内提供资料。

根据上述情况，完成以下任务：

（1）按照 2 人一组进行分组。

（2）自行制作工作联系单表格，并完成编写。

3. 实训步骤与指导

"事由"应填写通知内容的主题词，相当于标题。

"内容"包括施工过程中，与监理有关的某一方需告知另一方某一事项或督促某项工作，提出某项建议等。

"发文单位"有权签发的负责人应为建设单位的现场代表、施工单位的项目经理、监理单位的项目总监理工程师、设计单位的本工程设计负责人及项目其他参建单位的相关负责人等。

4. 实训成果记录

工作联系单如表 8-8 所示。

表 8-8　工作联系单

工程名称：

致：

事由：

内容：

项目负责人（签字）：　　　　　　　　　　　发文单位（盖章）：

年　月　日

8.8 建筑工程质量验收划分

1. 实训目的

（1）熟悉《建筑工程施工质量验收统一标准》（GB 50300—2013）。

（2）掌握工程项目质量验收划分的原则和方法。

（3）了解质量验收划分的作用。

2. 实训内容

根据《建筑工程施工质量验收统一标准》（GB 50300—2013）中第四部分建筑工程质量验收的划分及附录 B 建筑工程的分部工程、分项工程划分等内容，完成以下任务。

工程项目：某学校办公楼项目（图 8-1）。

监理单位：甲监理有限责任公司。

施工单位：乙建筑工程有限公司。

项目概况：办公楼共 5 层，建筑结构形式为框架结构，建筑结构类别为乙类，合理使用年限为 50 年，抗震设防烈度为 8 度，建筑耐火等级为二级，防水等级为 Ⅱ 级，基础类型为独立基础，地基基础设计等级为乙类，无人防。

构造特征如下。

地基与基础：混凝土强度等级为 C30。

竖向构件：框架柱混凝土强度等级为 C40；外墙用 M5.0 砂浆砌 250mm 厚 MU5 混凝土空心砌体，外贴 80mm 聚苯乙烯泡沫板保温层；内墙用 M5.0 砂浆砌 150mm 厚 MU7.5 混凝土空心砌体，外贴 80mm 聚苯乙烯泡沫板保温层。

横向构件：梁、板、楼面板混凝土强度等级为 C30，现浇。

装饰装修：在外墙保温层外涂防水涂料；室内墙面涂乳胶漆，过道、卫生间为铝扣板吊顶；卫生间地面为防滑地砖，其余房间地面为瓷砖。

屋面构造：设 150mm 保温层、30mm 找坡层、2 层 1.5mm 防水卷材、30mm 细石混凝土找平层。

机电设备：有供配电系统、低压配电系统、照明与应急系统、防雷接地系统、综合布线系统、有线电视系统、广播系统、火灾报警级联动系统等。

根据上述情况，完成以下任务。

（1）按照 3 人一组进行分组。

（2）根据《建筑工程施工质量验收统一标准》（GB 50300—2013）第四部分建筑工程质量验收的划分及附录 B 建筑工程的分部工程、分项工程划分等内容，为满足本单位工程施工质量验收的要求，对该建筑工程进行质量验收划分。

办公楼标准层

（a）

图 8-1　某学校办公楼

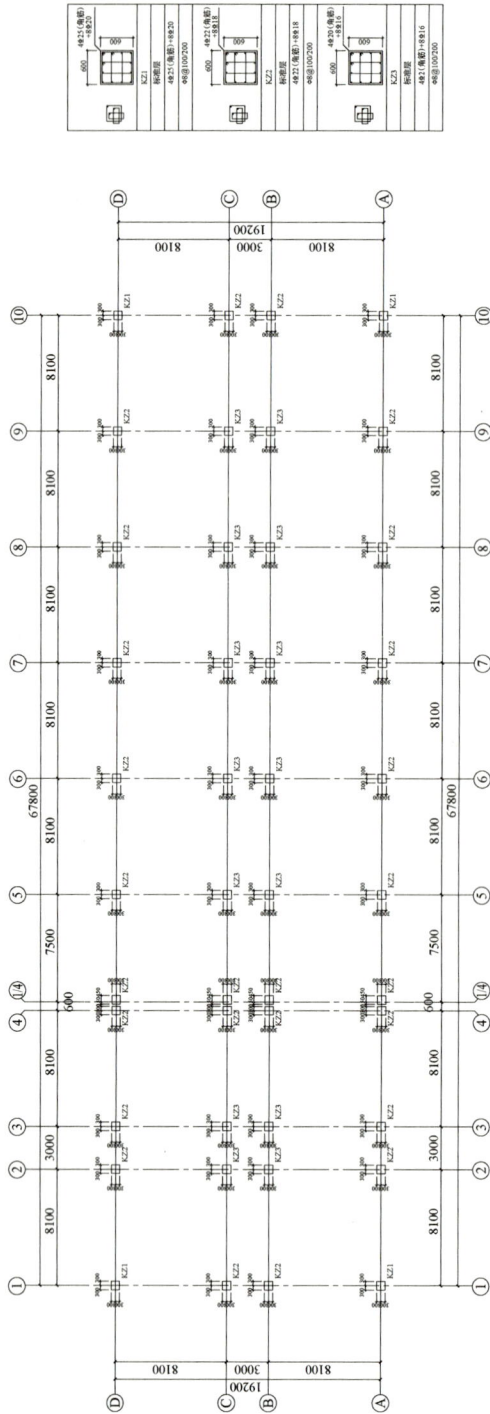

标准层柱定位图

(b)

图 8-1（续）

3. 实训步骤与指导

工作准备：搜集相关资料，包括文件、规范、技术标准等。

背景材料：分析已给的背景资料和图纸。

熟悉《建筑工程施工质量验收统一标准》（GB 50300—2013）中有关分项、检验批划分的规定。

逐项确认分部工程、子分部工程、分项工程、检验批数量和内容。

4. 实训成果记录

单位工程划分的表格如表 8-9 所示。

表 8-9 单位工程划分的表格

单位工程	分部工程	子分部工程	分项工程	检验批

参 考 文 献

戴成元，2018. 资料员速学手册 [M].3 版. 北京：化学工业出版社.

李光，2018. 建筑工程资料管理实训（土建类专业适用）[M].3 版. 北京：中国建筑工业出版社.

梁鸿颉，赫璐，2016. 建筑工程资料管理 [M]. 北京：中国建材工业出版社.

廖礼平，2014. 建筑工程资料管理（含实训）[M]. 南京：东南大学出版社.

刘兵伟，2016. 建筑工程资料管理 [M]. 北京：人民邮电出版社.

宋岩丽，荀慧霞，2018. 建筑工程竣工验收与资料管理 [M].2 版. 西安：西安电子科技大学出版社.

孙刚，刘志麟，2018. 建筑工程资料管理 [M].2 版. 北京：北京大学出版社.

王辉，陈丙义，2019. 建筑工程资料管理实训 [M].3 版. 北京：化学工业出版社.

谢咸颂，陈锦平，2009. 建筑工程资料管理 [M]. 北京：化学工业出版社.

中华人民共和国住房和城乡建设部，2010. 建筑工程资料管理规程（JGJ/T 185—2009）[S]. 北京：中国建筑工业出版社.

中华人民共和国住房和城乡建设部，中华人民共和国国家质量监督检验检疫总局，2013. 建设工程监理规范（GB/T 50319—2013）[S].
    北京：中国建筑工业出版社.

中华人民共和国住房和城乡建设部，中华人民共和国国家质量监督检验检疫总局，2014. 建筑工程施工质量验收统一标
    准（GB 50300—2013）[S]. 北京：中国建筑工业出版社.

中华人民共和国住房和城乡建设部，中华人民共和国国家质量监督检验检疫总局，2020. 建设工程文件归档规范（2019 年版）
    （GB/T 50328—2014）[S]. 北京：中国建筑工业出版社.

《住房和城乡建设行业专业人员知识丛书》编委会，2019. 资料员专业知识 [M]. 北京：中国环境出版集团.